神話學
Mythologies

羅蘭・巴特（Roland Barthes）／著
江灝／譯
許綺玲／審訂

導讀

今日，《神話學》，直到明天過後

國立中央大學法文系教授　許綺玲

羅蘭・巴特（Roland Barthes）於一九五四年至一九五六年間，以類似專欄作家的身分為《新文學》（*Lettres Nouvelles*）撰寫「每月小神話」（petites mythologies du mois）。一九五七年結集成書出版，並加入一篇序文、一篇跋文，訂名為《神話學》。跋文〈今日神話〉是在五十三則長短文都已刊登後才撰寫的，用以展現學術性或科學性。就書的編排順序來看，作者希望讀者先讀短文，再看跋文。換言之，這一閱讀順序暗示的是：短文不是在示範方法的套用，而跋文介紹的理論架構毋寧是為了替短文整理出一個概略性的分析模式，並釐清立場。據說出書當時賣得並不好，且不出意料，左派媒體禮貌喝采，右派媒體不懷好意，冷嘲熱諷。當時並未料到這本書的影響潛力，細水長流。

對巴特的書寫歷程而言，這本書可說標示了他初期的一個轉折：一來，他正如一九五〇年代的知識分子，積極介入社會，針對時事和流行文化，藉文筆針砭。二來，最後組成這本書的兩大部分，顯示巴特正準備以研究者之姿，從筆戰時評轉向以結構性為目標的批判，即一種以系統認知為旨的分析論述。這本書因而可說是一股發展中之研究新方向的先鋒，即一般所謂的結構主義社會符號學。

於是，一九六〇年前後的巴特一度潛心於掌握及活用符號學，也留下了《流行體系》等可觀的研究著作。然而，他自始至終若即若離，一直不肯自認為是符號學者。其對手亦不以為然。對手甚至包括「專業」的符號學家，曾對他的理論方法毫不客氣地批評。即使一九九七年在臺灣首度由桂冠出版的《神話學》中譯本，導讀的一大重點也仍放在符號學觀點，多方面檢討了巴特方法及用語所欠缺的嚴謹度。

時至今日，再對他的理論援引正確與否進行學術論文式的審查，顯然並無太大意義。當時的巴特尚且才剛接觸索緒爾的語言學。即使他所跨及的多元領域令某些學者不以為然，巴特仍忠於他所洞見和想像的貫穿可能。除了當時蔚為顯學的符號學之外，其他如佛洛伊德在《夢的解析》一書中所揭示的夢的明顯內容與潛藏內容之關係解譯、馬克思的共產主義思想，和涂爾幹（Émile Durkheim）、牟斯（Marcel Mauss）等人的社會學與人類學，再加上同時期學者德塞圖（Michel de Certeau）、列斐伏爾（Henri Lefebvre）有關日常生活的論述等，均對巴特的想法有所助益。我們也不能忘了他多次提及小說家福樓拜（Gustave Flaubert）對十九世紀布爾喬亞階級之「愚蠢」的極度反諷；巴舍拉（Gaston Bachelard）對自然元素的詩性關照借予他解析神話的細膩語彙。此外，巴特曾潛心專研劇場美學，布萊希特（Bertolt Brecht）的疏離表演法，以及他所欣賞的當代劇作家阿達莫夫（Arthur Adamov）、維瓦涅（Michel Vivaner）的語言，都提供了有趣的觀點。他的書寫從不帶有拘泥方法的痕跡，更不是生硬無味的分析報告，反而充滿了豐富的比喻、犀利的修辭，不時閃現著機智文雅的幽默感，讓反諷的藝術與溫柔堅定的語氣毫無違和感；他擅用古神話、史詩的相關語彙，漂亮地發揮點睛之效；其特有的書寫策略，還包括時而借用古字以重振元義，時而自創新詞（諸此種種都造成了翻譯上的難度！），在社論文體的創新方面有目共睹。長遠來看，說巴特是擅長議論的散文作家也許更為洽當。而舊詞新用的「神話學」，儼然成為一種新的文類，不時有模仿者、後繼者出現，比如許奈德曼（Daniel Schneiderman）的《我們的神話》[1]。最近的《新神話學》[2]於《神話學》出

1 《我們的神話》出版於一九九五年（*Nos Mythologies*, Paris, Plon, 1995）。在此之前，舉幾個有名的例子，比如莫杭（Edgar Morin）針對大眾文化精神的討論接近神話學的批判（*L'esprit du temps, essai sur la culture de masse*, Paris, Grasset, 1962）。培瑞克（Georges Perec）在小說《一個睡覺的人》（*Un homme qui dort*, Denoël, 1967）有一段諷擬之作。艾可（Umberto Eco）也曾有意仿寫，後來轉為完全不同的各種文類風格模擬（*Diario minimo*, 1962, 1976，英譯為 *Misreading*）。

2 *Nouvelles mythologies*（主編：Jérome Garcin, Paris, Editions du Seuil, 2007.）

版五十周年的時機問世，一方面向巴特致敬，另一方面以輕鬆樂觀的語調點名進入數位化普及時代的新神主。

巴特自己在後來常見的《神話學》法語版本中，再增添一篇無標題的前言，寫於一九七〇年。文中他特別強調對於時間距離的意識，因不僅各方面的神話承載物已日新月異，且他自知原來的解析方法已不足適用，需有所調整，以應對越來越複雜的神話喬裝樣貌，同時也需要更精確的語彙來指名神話的性質。確實，巴特所言的社會神話始終存在，隨著全球化更加興旺，而揭穿神話的必要性也日益急迫。一九七〇年代如此，時隔半個多世紀，當年提出神話學的初衷，在二十一世紀今天的臺灣看來，依然有重要的意義，或該說，非常、非常地重要。

「神話」何指，巴特已在他的理論篇詳細評介。在此不妨再換個方式簡單說明，就從神話之原義切入：神話其一根源，原本指先民對各種神祕的大自然現象所賦予的故事性、擬人化解釋。若以文化／自然二元觀來講，是用文化（人的角度）試圖解釋自然。而巴特的「神話」弔詭地顛倒原義，凸顯的是現今人們集體將廣義的文化（人為造成的）現象視為「自然而然」的現象，將原本取決於社會權力分配和歷史發展制約下的意識型態視為恆久不變的自然存在，並四處散播為常識、規範、俗見、人性、或「眾所周知」的道理等，溶入具體（無名）的千百種表述，反覆出現於各種媒介，如新聞、廣告、消費宣傳、影視、娛樂、宗教宣導、文藝批評等，由公共管道直入個人私生活領域。

根據巴特的看法，神話無論具有如何絢爛的外觀，其符號運作的公式歸結起來則彷彿百寶箱盒中盒的雙層結構，跋文有詳細的說明，不再贅述。神話解釋學從針對表意符號入手，更重要的是舉發背後的價值觀與社會意識型態。「解析神話者」的工作即闡明示意符號的運作系統以揭穿社會謊言，或約定俗成、似是而非之見。又因神話的示意系統並非主客體互動的溝通型式，接收者往往處於單向、被動、近似催眠的狀態，神話解析者的使命便是試圖喚醒世人。然而巴特在跋文中表達他對神話解析者自視為超脫神話陷阱之外、居於遠觀群眾的孤高位置，感到幾分焦慮。他更意識到：處於特定歷史階段，必得承受眼界的局限。簡言之，從一開頭他對自我角色便有所省思：一邊試圖扮演科學專家，將世物當作「研究客體」，一邊又以「一般人」的身份，在這些迷人的世物間生活，甚至享受。這樣的矛盾，巴特始終保持警覺，自覺的矛盾與不斷的批判皆已成為日常。在他日後的著作中即使不明言神話，仍不斷在解析各種類似神話的現象。

當年，巴特抨擊套套邏輯的貧乏（發大財就是發大財！）、解剖反智主義與民粹主義的空洞政治口號，分析體育英雄名號的形成，檢視政壇、影視、布道大師等偶像明星的塑造，揭穿「和平化」政宣用語的企圖，提出必要支持罷工行動的理由等……，即使放到今日世界，仍有一針見血的勁道。今天，一切都在加速動盪之中，我們豈不都應該學著解析神話？比如與日漸氾濫的假新聞奮戰，但不只要揪出無中生有的新聞或扭曲事實的操作，還要剖析任何媒體言論試圖掩蔽痕跡的框飾，揭穿那些佯裝溫儒者的偽善；有時牽動隻字片語便足以左右社會風向。

從火星到牛排，從茶花女到脫衣舞，從聲樂到算命，巴特談到了許許多多上世紀的事物，提醒讀者神話觸及的廣幅面。然而，他終究難以預見今日我們面對的全球危機：當年新興消費主義社會大力稱頌推銷的那些時髦而誘人的塑膠製品、洗潔精、保養品、汽車、旅遊產物，還有牛肉等美食文化，……日積月累，如今對地球生態與萬物生存所造成的危害竟是如此巨大！

此刻再讀《神話學》，能不深深感慨？就在今天，慘痛的歷史彷若重現、一件件似曾相識，洪水前所未有地氾濫，而熊熊大火四起，人們不禁想問：誰能射下那逼人的九道烈日……？

就在二〇一九年初秋的今天，麥田出版社同步推出了完整（一篇不刪！）的《神話學》全新譯本和《新神話學》，恰似雙聚焦或長景深，給了我們回望漫長來時路的一個機會，……在下一波的神話新世，或者下一次的大災難來臨前。

目錄

第二部分　今日神話

增補序言（一九七〇）

《神話學》各篇文章撰寫於一九五四至一九五六年間，集結成書的單行本則於一九五七年出版。

寫這本書出於兩種決心：一是對所謂大眾文化的語言提出意識型態的批判，二是對該語言進行初步的符號學分析、拆解。我那時剛讀了索緒爾的著作，從中得到一股信念：若將「集體表象」視為符號系統來處理，就有望擺脫純粹「恭恭敬敬」的揭露行為，進而能夠**鉅細靡遺地**闡明「神話製造的過程」（**mystification**）——這種過程將小布爾喬亞轉變為普遍的自然狀態。

當初催生出這本書的兩項動機，今日顯然無法再以同一種方式描繪了（因此我堅持不對此書做任何修改）。倒不是因為分析的素材消失不見了，而是因為對意識型態的強烈需求突然再度出現（一九六八年五月學運），使得意識型態變得更加細緻入微，或至少要求達到這項標準；而在《神話學》一書跋文〈今日神話〉中首創的符號學分析，如今已發展得更為成熟、精確、複雜、細分（至少對我來說是如此）。而在這個時代、在我們西方，這種分析方式已經成為理論的舞臺，臺上搬演的是某種「符徵解放」的大戲。因此，我已不可能按照過去的形式（也是本書現有的形式）續寫新的神話學篇章。

然而，終究留存下來的，除了主要敵人（布爾喬亞的規範）之外，就是這兩項動機的必要結合：若無細緻精良的分析工具，就不再進行揭露神話的工作了；最終若沒能被認定為**符號破壞者**（sémioclastie），那所謂的符號學也就不成立了。

R. B.（羅蘭．巴特）

一九七〇年二月

初版序言（一九五七）

本書各文大約撰寫於一九五四至一九五六的兩年期間，每月一篇，取時事入題。我當時試圖固定針對法國日常生活的「神話」展開思索。這趟思索旅程所運用的素材包羅萬象（報紙文章、週刊照片、電影、表演、展覽），主題選擇也相當隨興：當然，選的都是我本人感興趣的時事話題。

這個思索的緣起，就是面對「自然而然」的事物時那股不耐煩的焦躁感：報紙、藝術及常識不斷利用這種「自然」來妝點現實。我們就生活在這個現實之中，話雖如此，它依然完完全全屬於歷史的現實：總之，我發現，在時事的記載中，自然與歷史時時刻刻都混淆難分，這令我頗為難受。我想在表面那看似美觀得體的「理所當然」（ce-qui-va-de-soi）之中，重新捕捉意識型態的濫用現象。我認為，那股濫用就暗藏於「理所當然」的表象之下。

在我看來，神話的概念從一開始就闡明了這些虛假的事實：那時，我是以傳統上的意義來理解神話這個詞。但我已經確信一件事——我後來的所有推論都試圖從這點出發——，那就是：神話是一種言語。因此，我留意的是那些表面上與所有的文學風馬牛不相及的現象（摔角比賽、烹調好的菜餚、塑膠製品展覽），我並不打算偏離我們這個布爾喬亞世界的一般符號學範疇，而我之前所撰文章涉及的是文學的面向。不過，也是在探究了一定數量的時事現象之後，我才嘗試以系統的方式界定當代神話：當然，我為此撰寫了一篇理論長文，置於書末，其目的只是將前面分析過的素材進一步系統化而已。

這些文章按月寫成，並未打算發展出有組織的架構：主要透過「強調」與「重複」來建立篇章之間的關聯。我不知道是否真如諺語所說，「樂見重來」（les choses répétées plaisent），但至少我認為，不斷地重複是有意義的。我在這整本書中探求的，就是「意義」（意指作用）。這些真的是**我想要的**意義嗎？換句話說，是否有一種神話學家的神話修辭？當然。而且讀者之後會自行發現我的賭注押在哪裡。但說真的，我不完全同意問題應該這樣問。「揭露神話意義」（去神話化，démystification）——我們又用了一個已經用過頭的詞——並不是什麼有如奧林帕斯諸神一般莊嚴的行動。我想說的是，我可不贊成傳統的信念：認為學者的客觀性與作家的主觀性會自然地分離，彷彿一方「自由無拘」，另一方「使命堅強」，雙方都恰如其分地掩蓋或昇華他們所在處境的真實界線。我所求的是完完全全生活在時代的矛盾中，而且不妨讓嘲諷成為獲致真理的條件。

R.B.（羅蘭．巴特）

第一部分

神話分析

1 摔角世界

因生命重大事件而作的手勢
所傳達強調的真理
波特萊爾（Charles Baudelaire）

摔角競技最大的效用在於，它是一項過度、極端的表演（spectacle excessif）。我們眼前目睹的，想必就是古代戲劇的那種誇張表現方式。而且摔角比賽是露天演出的，因為，使其成為馬戲團或競技場的關鍵要素，不在於天空（上流社會慶典專屬的浪漫價值），而在於光量的稠密、直瀉而下的特性：摔角比賽即便在巴黎最髒汙不堪的空間深處舉行，也帶有燦爛陽光下的盛大表演之本質，如我們在希臘劇場及鬥牛比賽中所見：天光處處灑落，不留暗角，轉化為永不衰退的激情。

有些人認為摔角是低級、難看的運動。其實，摔角不是一種運動，而是一種表演，摔角比賽中展現的痛苦雖不雅觀，卻不比阿荷諾芙（Arnolphe）或安朵瑪克（Andromaque）[1]的折磨更令人難受。當然，還有一種假的摔角，大費周章地耍耍正規運動的無謂花招；這實在窮極無聊。真正的摔角，不恰當地被稱為「業餘」摔角，卻是在二流的場館進行，觀眾在那裡自然而然會融入搏鬥引人入勝的狀態，就像郊區電影院的觀眾一樣。同一些人隨後對摔角運動的弄虛造假感到憤憤不平（不過，這應該能去除它的難看不雅）。觀眾根本不在乎格鬥是否有作假的成分，這極有道理；他們完全信賴表演的首要功效，也就是消除一切動機與一切結果：對觀眾來說，重要的不是他們相信什麼，而是他們看到什麼。

這些觀眾非常了解摔角與拳擊之間的區別：他們明白拳擊是一項標準嚴峻（janséniste）的運動，以傑出能力的展現為基礎；觀眾可以為拳擊格鬥的結局賭上一把：對摔角比賽而言，這種賭注毫無任何意義。拳擊比賽是一條在觀眾眼前一一構成的故事線；在摔角場上剛好相反，每一個瞬間環節都各自分明，沒有延續感。觀眾對運氣的浮現興趣缺缺，他們所期盼的是某些痛苦與激情的瞬間形象。因此，摔角要求迅速解讀並置的意義（sens juxtaposé），卻不必讓每一則意義相互串連。業餘摔角選手對搏鬥的合理結局不感興趣，相反地，拳擊比賽總牽涉到「欲知結果如何」的科學。換句話說，摔角是每時每刻大小表演的總和，每一個單一表演都起不了作用：每一個時刻都迫使人對痛苦激情有全盤認識，這份痛苦直接而獨立地突然湧現，不以延續到結局圓滿收尾。

如此說來，摔角選手的任務重點便不在取勝，而是分毫不差地完成觀眾期待他做出來的動作。人們常說，柔道包含了祕而不宣的一部分象徵功能；即便在展現效力的時刻，動作依然克制有度，精確、簡短，勾畫精準不偏，而且是不占空間的線條。摔角卻反而呈現了誇張的姿態，將其象徵作用充分發揮到極致。在柔道中，一個人在即將倒地前，會迴身一轉，退後閃躲，避免敗陣，要是眼看敗局已定，他會立即結束比賽；反觀，在摔角比賽中，選手倒地前則極盡誇張之能事，欲讓觀眾眼裡深深目睹他表現令人難受的無力回天。

這種誇張的功能確實與古代戲劇表演的誇大演法如出一轍，後者的原動力、語言、配件（面具與厚底鞋）都有助於解釋明顯可見的誇張手法之必要性。被擊倒的摔角手的姿態向所有人宣告了敗績，但他絕不掩飾失敗，反而以音樂延長號（point d'orgue）的方式強化並維持這一幕，與古代面具用來表示表演的悲劇氣氛作用相同。在摔角場，猶如在古代劇場，選

1 阿荷諾芙為莫里哀經典喜劇《太太學堂》（*L'École des femmes*, 1663）中的角色；安朵瑪克則為拉辛悲劇《安朵瑪克》（*Andromaque*, 1668）中的角色。

手不以展現自身痛苦為恥，他們懂得哭泣流淚，見淚心喜。

於是，摔角的每一個符號都蘊含了澈底的明晰性，因為人們總是想要立刻理解一切。兩位對手一登上摔角場，觀眾一眼就可看出角色的作用。就像戲劇表演，每一個體態類型會過度地表現指派給格鬥者的角色。陶凡（Thauvin），五十多歲，肥胖鬆垮，雌雄難辨的醜陋傢伙，總是讓人很想幫他取一些女人味的綽號。他的肉體展示了醜惡難看的特性，因為他的任務就是要在「卑猥下流」（salaud，一切摔角比賽的核心概念）的傳統觀念中，表現出身體使人反感的形象。因此，由陶凡蓄意引起的噁心感，在符號的範疇中延伸極遠。此處不但運用醜陋來象徵卑劣，還把這種醜陋完全集中在身體特別令人厭惡的性質上：一塊慘白、凹陷的腐肉（觀眾稱陶凡為一堆「爛肉」〔barbaque〕），似乎人群激昂的指責不再提升到評判的地步，而是直達情緒最深處。觀眾會瘋狂地黏附著後來所見到的陶凡形象，這副形象與他一開始的身體模樣完全一致：他的動作，完美呼應了他這號人物本質上的黏著性。

因此，摔角手的身體才是格鬥的首要關鍵。我從一開始就知道，陶凡的所有行徑，他的不忠、殘忍以及懦弱，都不會背棄他給我的初次印象：醜陋下流。我相信他會高明地完成從頭到尾的所有動作（某種程度上醜陋難看的動作），如此便能大量地完成最令人厭惡的卑猥形象，如流水一樣滿出來：真是有如章魚一般的醜惡傢伙。摔角手因而擁有與義大利喜劇人物同樣不容置疑的體態，透過服飾與姿態，提前展示人物未來會具備的內涵：正如彭大龍（Pantalon）永遠只能是一位滑稽的戴綠帽先生，阿勒甘（Arlequin）則只是精明狡詐的僕從，而道克特（Docteur）卻是愚蠢的學究。同樣地，陶凡永遠只會是卑劣的叛徒，黑妮耶（Reinières，高大、金髮、身子柔弱、頭髮凌亂）只會是雖處被動卻撩人心神的形象，馬佐（Mazaud，傲慢的小公雞）只會是令人發笑的自命不凡模樣，還有歐沙諾（Orsano，女性化的年輕爵士樂迷，一出場時穿著藍色與粉色的晨衣），雙倍尖刻的人物，是愛記仇的「臭婊子」（因為我不認為愛麗榭—蒙馬特〔Élysée-Montmartre〕[2]的觀眾會遵循《利特雷語彙辭典[3]》〔*Littré*〕的指示，認為「臭婊子」這個字也可以用於男性）。

因此，摔角手的體態確立了一個基本符號，該符號含納了整場比賽的萌芽狀態。但這株根芽迅速增生繁衍，因為就是在比賽的每個時刻、在每個新出現的情勢之下，摔角手的身體隨興之所至，向觀眾散布了絕妙的娛樂效果，這種興致自然而然與姿勢融合無間。不同的意義路線相互闡明，形成最明白易懂的表演。摔角有如一種區辨的（diacritique）書寫：摔角

2 法國巴黎的一座音樂廳，開業於一八〇七年。

3 由十九世紀詞彙學者艾密爾・利特雷（Émile Littré, 1801-1881）編纂，是法語詞彙的重要參考書。

手在身體的基本象徵意義之外，安排了插曲式、卻總是恰如其分的解釋，不停地運用姿勢、態度及模仿，幫助觀眾解讀比賽，讓意圖最大程度地顯現出來。此時，摔角手把好對手壓在自己膝下，咧嘴露出卑猥笑容，宣告勝利；他向人群投以一抹自負的微笑，預告他即將報復雪恥；如果倒在地上無法動彈，他會用胳膊奮力拍打地面，向眾人展現自身處境不堪忍受的狀態；最後，他確立了一整套複雜的符號，意在使人明白，他理所當然體現了難搞伙伴（**mauvais coucheur**）的娛人形象，滔滔不絕地編造、誇大他的不滿心情。

因此，這是一齣真正的**人間喜劇**（Comédie Humaine），激情的最為社會性的細微之處（自命不凡、正當權利、費心打磨的殘忍、「酬報」〔paiement〕的道理）總是很幸運地應合最明確的符號，能夠用來盛接它們、表達它們，將它們成功地推送至比賽場地的各處邊角。到了這個地步，情感是否真實無欺已不再重要。觀眾要求的是表達情感的形象，而非情感本身。真實與否的問題，在摔角比賽與在戲劇表演中都是一樣的。在兩者當中，人們所期盼的，通常是隱密的道德情勢清晰易懂的表現。為了外部符號而把內在掏空，藉由形式將內涵耗盡，這正是光彩奪目的古典藝術的原則。摔角是訴諸當下、立即生效的啞劇，比舞臺上的啞劇有效得多，因為摔角手的姿勢無須任何編造，亦無須任何布景，一言以蔽，無須任何轉譯，即可顯得真實。

摔角比賽的每一個時刻便有如代數式，立即揭露了原因與其呈現出來的結果之間的關係。業餘摔角手**目睹**道德機制如此完美地運作，必然產生某種智力上的快意感：某些摔角選手，簡直是喜劇名角，與莫里哀劇中的角色一樣逗人發笑，因為這些選手成功地強迫別人立即解讀其內在世界：有一位摔角選手，性格傲慢、可笑（正如我們會說阿巴貢〔**Harpagon**〕[4]也代表一種性格），他名叫阿爾芒．馬佐（**Armand Mazaud**），總是透過他如數學般嚴謹的改編、轉錄，博得滿堂大笑，將姿勢的花樣推展到其象徵意義最遠端的極限，並賦予比賽有如經院哲學大辯論那般的激動與精確，箇中關鍵在於同時兼顧高傲的得意洋洋與形式上對真實的關注。

如此，呈現給觀眾的，是關於痛苦、失敗與正義的宏大表演。摔角以悲劇面具所有的誇大方式展示人的痛苦：選手承受被對方擒拿之苦——人們視之為殘忍的對待（手臂被扭壓，大腿被壓制）——，呈現出痛苦的極端形象。他讓大家注視他因為不堪忍耐苦痛而極度扭曲的臉孔，有如一幅聖母哀悼耶穌的聖殤（**Pietà**）原始場景。我們很清楚，在摔角比賽中，克

4 阿巴貢是莫里哀喜劇《吝嗇鬼》（*L'Avare*, 1668）的主人公，生性多疑，嗜錢如命，乃歐洲文學四大吝嗇鬼之一。

制是不恰當的，因為這與表演的刻意賣弄背道而馳，也與苦痛的展示相左——展示痛苦正是比賽的最終目的。因此，所有引發痛苦的行為都特別引人入勝，就像魔術師高高舉起撲克牌給大家看，而我們仍無法理解原因不明的痛苦；一個根本殘忍的隱密動作違背了摔角比賽的不成文規則，不具備任何社會學的效力，有如一個異常或多餘的動作。相反地，痛苦則看似以理由充分且令人信服的方式來承受，因為所有人都應該不只察覺到這個人在受苦，主要還必須了解他為何受苦。摔角選手所謂的擒拿之法，就是隨便一個動作都可以讓對手動彈不得，沒完沒了，任憑擺布，這種動作的功能正是在於以約定俗成（因此清楚明白）的方式，打造一場展現痛苦的表演，有條不紊地設置痛苦的情境：倒地者有氣無力讓獲勝者（暫時占上風）立足在殘忍之上，並將施刑者這股恐怖的自在悠緩傳送給觀眾，施刑者很清楚接下來的動作是什麼：猛力毆打已無力還擊的對手臉部，用拳頭沉重而均勻地重擊對手的脊梁骨，至少要完成這些動作，做做表面樣子。摔角是唯一展現這些外在折磨形象的運動。但是，在此，這幅痛苦的形象只在擂臺上出現，觀眾其實不希望參賽者真的受苦，他們只是在品賞一幅畫像的完美模樣。摔角並非真正的凌虐式表演，它只是一種明晰易解的表演。

還有一種比擒拿更令人嘆為觀止的摔角術，叫作「前臂擊」（manchette），前臂重重的拍擊聲，偷襲的一拳猛擊對手胸膛，伴隨著酥軟無力的聲響，戰敗者的身體誇張、大幅度地倒地不起。在「前臂擊」這招當中，敗局至為明顯，在那定奪勝敗的最極致瞬間，姿勢就只是象徵而已；這有點偏離太遠，脫離了摔角的道德規範，其中一切符號都應該極度明確，但不該透露其清晰的意圖；觀眾會大喊：「假的！」，並非因為缺少實際的痛苦而感到遺憾，而是在指責唬人的把戲：如同戲劇表演，過分真誠或過分做作，皆使我們偏離了遊戲規則。

摔角手利用某種身體姿勢，將其組織起來，使其發揮作用，在觀眾眼前展開敗陣的完整形象，關於這點，我已說了很多。蒼白而高大的身軀頹軟無力、倒落地面，或拍打著雙臂癱倒在纜繩上，大塊頭摔角手的有氣無力，被擂臺上彈力十足的地面可憐兮兮地投映出來，沒有什麼比這個畫面更能清楚、熱切地表達戰敗者的典型頹勢。若沒有這一切回彈的動作，摔角手的身軀就只是散落在地面的一堆髒污之物，喚起一切的激昂與喝采。此處，頗有古風的象徵意義達到了巔峰，只會令人聯想到拉丁式凱旋的豐富意涵。在其他的場合，從選手的扭打纏鬥之中湧現的，也依然是一個充滿古風的形象、求饒者的形象、任憑擺布者的形象，屈膝跪地，雙臂高舉過頭，被戰勝者來自上方的垂直壓力慢慢壓低、俯首稱臣。與柔道相反，摔角中的戰敗不是講定的符號，一旦獲得意義，就要立刻拋棄。戰敗不是結局，正好相反，它是一個過程、一種展示，重現了當眾受苦與受辱的古老神話，例如十字架與示眾柱（pilori）。摔角手好似在光天化日、眾目睽睽之下被釘上十字架。我曾聽過有人這麼說一位倒地不起的摔角手：「他死了，這個小耶穌，你看，在十字架上。」這段語帶諷刺的評論揭露了表演的深層根源，這種表演完成了與最古老的滌化儀式同樣的動作。

然而，摔角特別要負責模仿的，純粹是一個道德觀念，那就是正義。「付出代價」是摔角的基本概念，觀眾喊著「給他嘗點苦頭」（**Fais-le souffrir**）首先意味著「讓他遭到報應」（**Fais-le payer**）。所以，這當然是一種屬於內在的公道。「下流胚子」的行為越是低下，觀眾看到他被公正地毆打報復就越開心：如果背信忘義的人——他自然一定是懦夫——躲到纜繩後方，以厚顏無恥的模擬表演，藉歪理來推託，那麼，他就會被無情地抓回來，觀眾幸災樂禍地看著規則被破壞，因為這樣有利於他受到應得的懲罰。摔角選手非常懂得安撫觀眾的憤怒，他會展示出**公平正義**概念本身的底限，這是一塊衝突的極端地帶，只需在其中稍稍偏離規定，就會讓瘋狂無度的世界門戶大開。對一位業餘摔角選手來說，最美的事，莫過於一位遭背叛的參賽者挾帶報復情緒的狂怒狀態，他激動地撲向前去，並非撲向走運得勝的對手，卻是撲向因為卑鄙手段得勝而令人椎心刺骨的形象。在此，伸張**正義**的外部動作自然比實質內容重要得多：摔角終歸是一系列數量上的相互抵銷（以眼還眼，以牙還牙）。這就解釋了為何情勢的翻轉在摔角比賽的常客觀眾眼中含有某種道德之美：他們品賞這種美，一如品賞構思精巧的小說段落，一擊成功與運勢逆轉之間的反差越大，參賽者的運氣便越差，這齣啞劇就越令人滿意。正義因此是一種潛在的違逆行為的主體；那是因為存在著一種激烈表演的規則，而這股激烈情感又超出了規則的界線，具有自身的價值。

我們據此便能了解，每五場摔角比賽中，大概只有一場合乎規定。我們必須再一次理解到，規則性在此屬於角色或類型，如同在戲劇中一樣：規範絲毫不是真實的限制，而是規則約定俗成的外在形貌。因此，合於規範的比賽其實只是誇張而有禮的比賽：參賽雙方熱忱相迎，而非狂怒相對，他們懂得掌控自身情緒，不會對落敗方窮追猛打，他們收到休戰指令之後就會停手，在一段異常艱難的段落終了時相互致意，而且在過程中雙方始終光明磊落。我們自然要了解到，所有這些彬彬有禮的動作，皆透過最為約定俗成的光明正大姿勢，顯示在觀眾面前：雙手緊握，高舉雙臂，公然避免無效的擒拿，以免破壞比賽的完美。

相反地，卑劣手段在此僅以誇張的符號形式存在：向戰敗者猛踢一腳，公然以純粹形式上的權利為理由、躲到纜繩後方，比賽前後都拒絕與對方握手，利用表定的休息時間陰險地偷襲對手背部，趁裁判一個不注意向對手使出禁招（其實是因為大廳裡有一半的觀眾看得到這幕，並為之憤怒，才體現了這一擊明顯的價值與功用）。惡行是摔角比賽的自然氣氛，按著規則走的比賽則反而是例外的價值；觀眾對此大感驚奇，歡欣鼓舞，以為時空錯亂了，目睹令人略感傷逝的體育傳統就此回歸（「他們有照規矩在比嗎？」）；他突然對世間的普遍善意激動不已，而且如果摔角手沒有立即回到各種令人難受的大型狂歡，觀眾必定會感到無聊得要命，被冷落得想死，那些不舒服感受是唯一能使摔角比賽好看稱頭的必要條件。

依此推斷，嚴守規則的摔角比賽只會導向拳擊或柔道，而真正的摔角其創新之處在於所有誇張與過度的表現，使其成為一種表演，而非一項運動。拳擊比賽或柔道切磋的結局枯燥無味，猶如論證收尾的總結句點。摔角的節奏則大不相同，因為其原始的意義就是誇張的修辭法：激動情感的強調，情緒高潮迭起，反駁回嘴造成的激化，只能在最古怪的混淆中自然地宣洩掉。某些最為成功的比賽對決，總會在結尾時冠以大聲的喧嘩，類似瘋狂的熱鬧活動，此時，規範、類型法則、裁判審查、格鬥場地的限制等，都取消了，捲入凱旋勝利的混亂失序裡，在會場四溢橫流，亂哄哄地將摔角手、照護員、裁判、觀眾全數捲入其中。

我們已經注意到，美國的摔角活動代表了一種善與惡之間的神話式競賽（具有準政治〔para-politique〕的性質，差勁的摔角選手總是被視為赤色分子）。法國的摔角比賽則涵蓋了另一種英雄化的過程，屬於倫理範疇而非政治範疇。觀眾來此追尋的，乃是非凡道德形象（十足卑劣的傢伙）的逐步建構過程。人們來看摔角比賽，就是為了觀看那位超級大主角不斷重新出發的歷險經驗，他是一名獨一無二、永恆不變、多面玲瓏的人物，如同偶戲木偶[5]或斯卡班（Scapin），創造出來的人物出乎意料，卻總是忠於自身的角色任務。這位卑劣的傢伙展現為莫里哀劇作中的角色，或拉布呂耶爾（La Bruyère）[6]的人物原型寫照，也就是作為古典的實體（entité），作為一種本質，其行為只有安置在時間當中，才是具有意義的附帶品。這般風格獨具的人物角色，不屬於任何國家或任何派別，不論摔角手名叫庫茲琛客（Kuzchenko，因為史達林而被取了「鬍子」的綽號）、葉帕子昂（Yerpazian）、加斯帕迪（Gaspardi）、裘．維諾拉（Jo Vignola）或諾里耶賀（Nollières），觀眾只會猜想他是否來自「合於規範」的國度，不會考量他真正的故鄉所在。

這群看似部分由不合規範者所組成的觀眾，對他們來說，所謂的卑劣傢伙到底是怎樣？他主要是一位反覆無常的人，只會認可對其有利的規範，違反形式上連貫一致的態度。他難測多變，所以是反社會的人。當他覺得法則對他有利，就尋求法則庇護；當他發現違背法則對他有用，就拋棄法則。有時他無視於擂臺形式上的界線，持續痛擊被纜繩合法保護的對手；有時他會重建這條界線，並要求受到他前一刻還不願遵守的規則的保護。這般前後矛盾，比背棄規則或粗暴行為更甚，令觀眾勃然大怒：觀眾並非在道德上、而是在邏輯上受到

5　法國木偶劇及其主要角色的名稱。

6　法國哲學家、作家（1645-1696）。以描寫十七世紀法國宮廷人士、深刻洞察人生百態的著作《品格論》（*Les Caractères*）聞名於世。

冒犯，將論證的矛盾視為最無恥的過錯。唯有在數量上的平衡被破壞了，以及數量上相互抵銷的嚴密計算被打亂了，遭到禁止的攻擊才會不合規矩；觀眾所指責的，根本不是對枯燥的官方規定的違背，而是缺少了報復，缺少了懲罰。而且，誇張地對敗陣倒地的卑劣傢伙大踹一腳，沒有什麼比這更讓觀眾興奮莫名的了；懲罰之樂因為倚賴了數學的證明而達於極致，於是，蔑視便不受拘束地流露出來：這時已經不再是「卑劣傢伙」，而是「臭婊子」，這是口頭上最終的貶損行為。

如此明確的結局，要求摔角比賽正好就是觀眾所期待的樣子。摔角手身經百戰，非常懂得將比賽自發的插曲導向觀眾熟悉的形象，那是其神話令人讚嘆的重大主題形象。一名摔角手可以激怒別人，也能令人厭惡，但從不讓人失望，因為他總是透過逐漸凝固的動作，完成了觀眾期待他該完成的事，直到最後一刻。在摔角比賽中，一切都完全徹底地存在，沒有任何象徵、任何指涉，一切都完整無遺地顯露出來；姿勢沒有在陰影處留下任何痕跡，它切斷了一切附加的寄生意義，而且行禮如儀地對觀眾呈現一個純粹而圓滿的意義，一如**自然**。這種誇張，完全只是明白易懂的現實那通俗而古老的形象。因此，摔角透過動作和表情表達了對萬事萬物的理想式領悟，即眾人的歡快與滿足感，人們轉瞬之間提高、超越了日常情境所構成的曖昧含混，被安放在單義**自然**（Nature univoque）的全景視野中，在那裡，動作終於完全符合了目的，沒有阻礙，沒有遺漏，也沒有矛盾。

這場大戲中的英雄或卑劣傢伙，就在幾分鐘前，我們還看著他被發自道德的盛怒所支配，被放大到某種形而上符號的尺寸。現在，他離場了：面無表情，缺乏個性，手裡提著小箱子，把妻子摟在懷裡。沒有人能夠懷疑，摔角握有表演與宗教祭儀特有的蛻變力量。在擂臺上、乃至於在他們蓄意而為的醜行深處，摔角手一直像神一樣，因為有那麼幾刻，他們是開啟自然的金鑰，區別善惡的純粹姿勢，揭露了公道正義的形象，最終使其一目了然。

2 阿爾古的演員

在法國，如果不曾在阿爾古（Harcourt）攝影工作室[1]拍過照，就算不上是演員。在阿爾古拍照的演員是神；他什麼都不用做，在**休息放鬆**的時候無意間被拍下來。

有一種由報紙上社交新聞欄借用而來的委婉修辭法，可以說明這番姿態：演員必須被設想為「身居城中」（à la ville）。這當然指的是一座理想之城，這座演員之城僅有節慶和情愛，然而，在舞臺上（sur la scène）一切都是工作，是豐厚的、但歷盡千辛萬苦才得到的「贈禮」。這番變化必須使人無限驚奇；我們必然震撼地迷亂不已，並發現在劇院的階梯上

1 一九三四年成立於巴黎，堪稱法國人物攝影最高殿堂，以極簡主義人像拍攝風格聞名於世。巴特在本篇裡評論道：「沒在阿爾古工作室拍過照的都不算是演員。」

懸掛著一名演員（如奧林帕斯眾神般威嚴的影像），他正在將躁動不安、太了解人性的怪獸的皮剝下，如同在聖殿入口處的人面獅身像，演員最終再度尋獲了他超越時空的本質。演員此時終於一雪前恥：他迫於這神聖職業的工作要求，有時必須扮老扮醜，總之就是剝奪了演員展現自身的權利。而照片讓他找回一副理想、完美的臉孔，移除了（像染匠一樣）因職業所導致的髒污不潔。阿爾古的演員從「舞臺上」來到「城中」，他們絕對不會為了「現實」而拋棄「夢想」。正好完全相反：在臺前，身材結實、瘦骨嶙峋、肉感福態，皮膚上厚施脂粉；而在城裡，看起來則平坦滑潤，拍攝效果好像把面孔拋光打磨了，在阿爾古工作室的柔和燈光下顯得風神俊雅。在舞臺上，有時扮演老者，或者略顯歲月痕跡；在城中，則永遠年輕，始終定格於美麗的巔峰。在舞臺上，暴露了實實在在的嗓音，太過強而有力，猶如女舞者過度發達的小腿肚；在城裡，理想中必須安靜無語，也就是略顯神祕，充滿深刻的奧祕，我們認為一切美麗都是沉默無言的。最後，在舞臺上，演員被迫表現出粗俗膚淺或英雄威武的動作，總之，必須是有效的動作；而在城裡，則被簡化為一張驅除了所有動作的臉龐。

然而，透過視覺的反常角度觀之，這張純淨的面容變得毫無實際用途——也就是只剩下奢華感——，彷彿阿爾古工作室的拍照器材享有特權捕捉這份脫俗絕塵的美麗，而且應該要設置在一個人跡罕至之地的最不可置信之處；彷彿這副面孔飄浮在劇場粗糙的地板以及「城裡」璀璨的天空之間，只堪驚鴻一瞥，竊取到一個短暫的永恆自然，然後虔敬地被拋回其孤獨而莊重的運行之中；時而慈母般俯瞰遙遠大地，時而出神地仰望高天，演員的臉龐表現得像是要重返天國居所，不疾不徐地向上飛升，與觀眾的人性特質相反——後者屬於一種不同的動物學類別，須藉由腿部動作才顯出靈巧（而非臉部），必須徒步返回公寓。（總有一天，必須嘗試對被截去部分的肖像做歷史精神分析。從神話的角度來看，步行也許是最平凡、因此也最貼近人性的動作。一切夢想、一切理想形象、一切社會升遷首先取消了雙腿的存在，不論透過肖像照或是汽車。）

女演員被縮減成臉孔、雙肩、秀髮，並如此表現出她們純潔的不真實感——在舞臺上扮演過情人、母親、姑娘、侍女之後，她們顯然在城裡成了天使。而男人們，除了那些年輕男角——他們尚可被視為天使般的存在，因為他們的臉孔一如女子，維持著風韻猶存的狀態。而其餘男性則透過一些城市人的特徵，展現男子氣概：菸斗、狗、眼鏡、壁爐扶手。這些物品普通、瑣碎，卻是展現陽剛味必不可少的。唯有男性具備這種膽識，猶如酒後微醺、興致高昂的神明及君王，「城裡的」男人藉此宣示他並不在乎有時像別人那樣，擁有享樂（菸斗）、柔情（狗）、缺陷（眼鏡），甚至塵世的住所（壁爐）。

阿爾古拍出來的肖像昇華了演員的物質性，而且因為憑藉了一座遲滯、因而完美理想的

「城」產生作用，便讓「舞臺」維持必然的平凡瑣碎。在此，舞臺才是真實，這種狀況真是不合常理；城市本身則是神話、夢想、不可思議之物。演員卸除了該行業過度扮裝的外殼，重返他的儀式性英雄本質與人物原型，確立了與眾不同的身體正常狀態的界線。臉孔在此是一件幻想的物品：它的無動於衷及神聖色彩，中斷了日常的真實感，對於不安、快樂以及最終的安心感，賦予更進一步的真實。某一時代或某一社會階層專屬的少量幻想，對於純粹理性及強而有力的神話來說都太過微弱，幕間休息時，觀眾感到無聊，並宣稱這些不真實的面容是屬於城裡的臉，依此自認為秉持名正言順的理性精神，設想演員背後的那個人是誰：但就在揭開表演者真面目的那一刻，阿爾古工作室正好來到，讓一尊神明及其餘一切突然湧現，而這群布爾喬亞的觀眾既麻木不仁、又倚賴謊言維生，此時，一切都滿足了。

正因如此，對年輕演員來說，阿爾古的照片是一項入行儀式、一張高級行會文憑，是演員真正的職業身分證。如果他尚未觸碰阿爾古的聖燈（Sainte Ampoule）[2]，能否算是真的出道了?在這個長方形框架中，演員的完美臉蛋以及靈巧、敏銳、狡黠的神采首度現世，根據他一生扮演、運用的角色而定，憑藉這項隆重的舉動，整個社會同意將演員從自身的物理法則中抽離出來，確保他擁有一張臉的永久收益，從洗禮的這一天開始，這張臉孔就是一件贈禮，會接收所有通常（或至少同時）拒絕授予平凡身軀的一切力量：一種持久不變的光采、一份不染邪念的純然魅力、一股不盡然與演員的技藝或美貌相隨的智慧力量。

舉例來說，這就是為何泰瑞絲・勒・普拉（Thérèse le Prat）或是安妮・華達（Agnès Varda）[3]所拍攝的照片看起來相當前衛：她們總是讓演員保有扮裝後的樣貌，然後以一種典型的卑微姿態，將演員明確地框限在其社會功能當中，是「表現」，而非欺騙。對於如同演員面孔這般異化的神話來說，這項作法極富革命精神：不在大廳階梯間懸掛阿爾古的經典照片——精心打扮、慵懶倦怠、如天使下凡、雄渾英挺（根據性別而定）——很少有劇場這麼大膽，能擔負如此奢華的代價。

---

2 原指法國歷代君王加冕時使用的聖油瓶。

3 法國攝影師、導演（1928-2019）。世稱「法國新浪潮之母」。執導過《短角情事》（*La Pointe Courte*）、《五點到七點的克萊歐》（*Cléo de 5 à 7*）、《幸福》（*Le Bonheur*）等時代經典。晚年更以紀錄片《最酷的旅伴》（*Visages, Villages*）、《安妮華達的最後一堂課》（*Varda par Agnès*）等集大成之作，留予世人無限追憶與溫暖。二〇一七年榮獲奧斯卡終生成就獎。二〇一九年三月辭世。

3 電影中的羅馬人

在曼凱維奇（Joseph Leo Mankiewicz）[1]執導的《凱撒大帝》（*Jules César*）這部影片中，所有角色的額頭前方都有一撮瀏海。或呈捲曲狀，或纖細如絲，或像戴著羽冠，或是油油亮亮，全都仔細梳理過，絕不容許有人禿頭，即便在羅馬的歷史中，頂上無毛之人所在多有。頭頂稀疏者也沒能輕鬆擺脫這件麻煩事，而理髮師身為這部片的主要創意工匠，總是能夠從中再抽拉出一綹細髮，使之與額際相接（羅馬人的額頭），額頭的狹窄度，自始至終表示了權利、美德與征服的特殊混合。

1 美國劇作家、導演（1909-1993）。於一九四九年憑藉《三妻艷史》（*A Letter to Three Wives*）獲得奧斯卡最佳導演獎，次年又以《彗星美人》（*All About Eve*）再度獲得該獎項，為史上少見「連莊」奧斯卡最佳導演獎的得主。

與這些執拗頑強的瀏海連結在一起的，到底是什麼東西呢？很簡單，就是羅馬特質（Romanité）的標記。因此，我們在此看到，表演的主要原動力毫不掩飾地運作著，這股原動力就是**符號**。額際的髮絲讓證據充斥我們眼前，沒有人會懷疑我們已然置身古羅馬。這種確信持續不斷：劇中演員交談、行動、相互折磨、爭辯「普世的」問題，多虧了飛揚額際的這面瀏海小旗幟，他們的歷史逼真度絲毫無損——演員角色的普遍性甚至可以安全無虞地膨脹擴張，穿越無邊大洋與世世代代，與好萊塢配角的美國佬面孔相容無礙，反正沒什麼關係，大家都很放心，因安處於一個缺乏雙重複製性之世界，而有平和確定感，在那裡，羅馬人就是羅馬人，因為他們都具備最醒目的一種符號——額前飄飛的一綹髮絲。

在法國人眼裡，美國人的臉孔仍然保有某種異國感，他們認為將匪徒—治安官（gangsters-shérifs）的體態與那一小撮羅馬式瀏海競相混合，實在可笑：這反倒比較適合作為一種雜耍歌舞表演的絕妙把戲。那是因為，對我們法國人來說，該符號的作用太超過了，其目的表現得太過明顯，反而失去影響力。但是，同樣的一片瀏海梳在整部片唯一顯得自然的拉丁人額頭上（由馬龍．白蘭度〔Marlon Brando〕飾演）[2]，卻使我們為之折服，也不覺得可笑，而這位演員在歐洲的成功走紅，不排除部分是因為他所飾演角色的整體形貌，完美融合了羅馬人的細微特徵。反觀凱撒卻令人難以信服，生著一張盎格魯—撒克遜律師的臉，人們早就經由成千上百的警探片或喜劇片配角而熟知這副形象，理髮師在凱撒這顆顯得憨厚的頭顱上，費力地梳拉出一撮髮絲。

在頭髮所表現出來的象徵意義範疇中，有一個第二層符號，也就是「夜半驚醒」：波媞雅（Portia）[3]與卡勒普尼雅（Calpurnia）[4]深夜甦醒，頭髮凌亂，毫不掩飾；前者年紀較輕，滿頭亂髮飄散，我們一眼即可大約看出她未加梳整的狀態；後者看起來較為成熟，表現出一種精心設計後的孱弱：髮辮繞過脖子，搭在右肩上，藉此強化凌亂的慣用符號，也就是不對稱。但是，這些符號使用過度，倒顯得不值一提了：它們謀求一種「自然效果」，但它們甚至缺乏以此為榮、堅持到底的勇氣——這些符號並非真正的「自然坦蕩」。

《凱撒大帝》這部片的另一個符號：每張臉都在不停地流汗——老百姓、士兵、策反

2 美國電影演員、社會活動家（1924-2004）。被視為有史以來最偉大、最具影響力的演員之一。最富盛名的是飾演《岸上風雲》的馬洛伊以及《教父》中柯里昂的表演，他憑藉這兩部影片兩度奪得奧斯卡最佳男主角獎。他在《慾望街車》、《凱撒大帝》、《巴黎的最後探戈》、《現代啟示錄》等多部電影中亦有極佳表現。白蘭度也作為社會活動家參與了美國黑人民權運動和許多美國原住民運動。曾被美國電影學會選為百年來最偉大的男演員第四名。

3 羅馬政治家小加圖之女、參與謀刺凱撒的布魯圖斯之妻。

4 凱撒大帝某一任妻子。

者，所有人嚴峻緊繃的臉部線條都浸濕在大量滲出的汗水之下（用凡士林來製造效果）。片中大量運用特寫鏡頭，汗水在此顯然是一種蓄意的象徵。正如同羅馬式的瀏海與夜半驚醒時的髮辮，汗水也是一個符號。是哪一種符號呢？是道德觀念的符號。人人都在流汗，因為每個人的內心都在交戰；我們應當來到這處道德強力作用的地帶，也就是悲劇本身的境地，而汗水的任務就是在察覺這點：民眾先是因凱撒之死大受打擊，繼而因馬克·安東尼（Marc Antoine）[5]的說詞而驚心受創，人人大汗淋漓，藉由這單一的符號，簡單省力地將激動情緒與處境的粗糙特質結合起來。至於那些德高望重者，例如布魯圖斯（Brutus）[6]、卡西烏斯（Cassius）[7]、卡斯卡（Casca）[8]，他們也不斷出汗，藉此表明他們身負的美德所引發的巨大生理效應，而這項美德正在醞釀一樁罪行。流汗，就是在思考（這當然是基於假設，這觀念為生意人所特有：思考是一種激昂、暴烈的運作，出汗只是其中最微小的符號表現）。整部電影唯獨一人沒有流汗，他滿面光滑、柔弱虛軟、密閉無漏：這個人就是凱撒。當然，凱撒身為刺殺的**對象**，一身乾燥，因為他毫不知情，**他無須思考**，他應該保留清淨、獨有、光滑的質地，像一件物證。

在此，符號依然模稜兩可：它留在表面，但也並不放棄成為深層之物的努力；它想使人理解（這值得嘉許），但同時又顯得出於自發本能（這就是虛偽造假了），它表現出人為刻意與不受抑制、人工施為與自然天成、加工製造與發現拾獲，諸此種種雙重兼具的樣貌。這可將我們導向一條符號的道德準則。符號只該以兩種極端形式展現出來：要嘛是完全知識性的，透過距離，簡化為一種代數模式，猶如在中國的京劇裡，用一面旗子象徵整批部隊；要嘛就是扎根深植，幾乎每次都要重新創造，獻出內在、隱密的面貌，成為關鍵時刻的信號，而不再是概念的標記（也可以說，這就是史坦尼斯拉夫斯基〔Constantin Stanislavsky〕的藝術[9]）。但中介的符號（象徵羅馬性的瀏海或表示思考的流汗）顯露了一種水準降低的表演，它既害怕天然的真實，也畏懼全面的人為操作。因為，即便我們很高興能透過一場表演讓世界更加清晰易懂，卻仍然有一種雙重性必須為混淆了符號（signe）與符旨（signifié）而負責。而這是布爾喬亞表演藝術特有的雙重性：這門藝術在表象知識的符號與內心深層的

---

5 古羅馬政治家、軍事家，凱撒最重要的軍隊指揮官和管理人員之一。

6 羅馬元老院議員。曾為凱撒親信，後組織並參與了謀刺凱撒的計畫。凱撒最廣為人知的遺言是：「還有你？布魯圖斯？」凱撒死後，布魯圖斯向羅馬群眾說明行刺動機，曾留下一句名言：「我愛凱撒，但我更愛羅馬」。

7 羅馬元老院議員，刺殺凱撒的計畫主謀，亦為布魯圖斯的妻舅。

8 謀刺凱撒的陰謀者之一。

9 俄國著名戲劇及表演理論家（1863-1938）。以「形體動作方法」豐富了以內心體驗為核心的戲劇體系。這一體系對戲劇藝術的演變影響甚鉅。其體系相當龐大，囊括了表演、導演、戲劇教學及方法等方面。

符號之間，虛偽地設置了一個混雜的符號，既簡練又浮誇，還幫它取了一個氣派的名字：「自然的」符號。

4 度假中的作家

紀德（André Gide）[1]南下剛果，一邊讀著博絮埃（Jacques-Bénigne Bossuet）[2]。這般姿態出色地概括了作家「正在度假」的理想形象，而《費加洛報》（*Le Figaro*）[3]拍下了這一幕：將平凡無奇的閒暇時刻與職業的魅力連結在一起，魅力無法阻擋，也不容貶低。這是一

1 二十世紀法國首席文學家之一（1869-1951）。一九四七年獲得諾貝爾文學獎，理由是「文筆平易近人，充滿文藝氣息，同時也以真誠、無懼的愛及深刻的心理洞見，呈現人類的問題與現況」。他引發一股讓知識分子擺脫宗教與道德束縛的思潮，使「人的問題」逐漸優於「神的問題」。晚年儼然歐洲知識分子的精神領袖，啟發當代無數名家。多本名著傳世，如：《地糧》、《窄門》、《遣悲懷》、《如果麥子不死》等。

2 法國主教、神學家（1627-1704）。以講道及演說聞名，擁有「莫城之鷹」（L'Aigle de Meaux）的美名。他被公認為法國史上最偉大的演說家，也是路易十四的宮廷布道師，宣揚君權神授與國王的絕對統治權力。

3 法國的綜合性日報，也是法國第一大報。報導立場中間偏右。

份優秀的報導，在社會學層面效果出奇，真實無欺地讓我們了解布爾喬亞階級是如何看待作家的。

讓這群布爾喬亞最先感到驚奇與陶醉的，似乎就是他們自身獨具的寬闊視野，能夠意識到作家通常也是一個需要假期的人。「度假」是一種晚近的社會現象，探索它被神話化的過程也會滿有趣的。假期起初是學校體制中的現象，從帶薪休假制度實施以來，便成為一項無產階級——至少是勞工階級——的現象。認定這個現象此後也與作家息息相關，而且這些人類心靈的內行專家亦服膺於當代勞動的普遍身分，就是一種說服布爾喬亞讀者「這些作家們跟得上時代喔」的方法：人們會意識到某些單調平庸是必然存在的，並以此為榮，我們透過齊格菲（André Siegfried）[4]及富哈斯提耶（Jean Fourastié）[5]的教誨，順服於「跟上時代的」現實。

當然，作家的這種無產階級化，僅容許自己極盡節儉，以便之後能更輕易地消除。文人一旦具備了社會屬性（假期就是令人喜悅快意的一種），便會迅速歸返他與同行達人所共享的九重高天。「與生俱來的才華」使我們的小說家躋身不朽行列，其實是被設定用來傳達一種高超的矛盾：一個是，嗯……在一個極度看重物質的時代生產出來的單調平凡狀態；另一個是布爾喬亞社會向它的精神創作者慷慨讓位的魅力身分（前提是作家必須對社會無害）。

展現一位作家驚奇獨特之處的，就是在難得少有的假期中，他與工人和店員交流密切、融洽，而作家本身即便沒有在工作，至少還是在構思產出。他成了一名偽工作者，同時也是一名偽度假者。一位在撰寫回憶錄，另一位在修改校樣，第三位則在準備下一本書。無所事事的人也承認這真是一種極度矛盾的行為、十足前衛的微妙舉動，唯有心靈強大的人才容許自己公然表現出來。藉由這般吹牛誇耀，我們才意識到：作家隨時隨地都在不斷地寫作，原是一件「再自然不過」的事。首先，這將文學創作視為一種似乎不由自主的分泌作用，所以不得非議，因為這脫離了人類自我意志的範疇：說得高尚一點，作家被一位內在神明捕獲掌中，這尊大神無時無刻都在說話，雖是專橫君王，卻完全不擔心祂的靈媒跑去度假。作家在度假，但他的繆思保持清醒，依然持續不懈地創作。

這種喋喋不休的多言癖的另一種好處是，藉由這種強制性，自然而然地權充為作家的本質。這無疑承認了作家也是「可食人間煙火」的、有鄉間老房子、有家庭生活、會穿短褲、

4　法國地理學家、政治作家（1875-1959）。因其對美國、加拿大和英國政治的評論，而聞名英語世界。

5　法國經濟學家（1907-1990）。他創造了「黃金三十年」（Trente Glorieuses）這個詞來描述法國從二戰結束到一九七三年石油危機所經歷的繁榮時期。

有小孫女，諸此種種，不同於其他會改變本質的勞動者——他們在海灘上就只是避暑的遊客——，作家處處保有作家的特質；他享受假期，並顯露出他人性的標記，但文藝之神徘徊不去，作家是作家，一如路易十四是國王，就算坐在便桶椅（chaise percée）上頭，也還是國王。如此一來，文人的功能之於人類的工作，猶如珍饈之於麵包：一種奇跡般的永恆物質，屈就於社會形式，讓人更容易掌握奇妙的差異。這一切引入了一個相同的概念，也就是「作家是超人」，是某種與眾不同的存在，社會將其放在櫥窗中展示，以便更有效地發揮社會讓渡給作家的人為特殊性。

因此，「度假中的作家」這個純真樸實的形象，就只是整個社會為了更有效操控作家而施展的狡詐騙術之一：要彰顯一項「天職」的獨特之處，沒有比逆向駁斥天職本身更好的方法——並非否認它，那可差得遠了——，而且要透過其形象化身的平淡冷漠來體現這一點：這是所有聖徒傳記的老派手段。我們也看到這則「文學休日」的神話無盡延伸，比夏天還漫長：當代新聞報導的手法越來越致力於將作家呈現為缺乏詩意的平凡景象。但如果我們以為這是在努力地破除神祕感，那可就大錯特錯了。恰恰相反。當然，對於像我這樣的單純讀者來說，能夠私下親密地參與這個天選英才族類的日常生活，確實是一件十足感動、甚至與有榮焉的事情：我一定會感受到一股人性中美妙的兄弟情懷——從報章雜誌上得知某位大作家穿著藍色睡衣，以及某位年輕小說家對「美女、薩瓦乾酪（reblochon）、薰衣草蜂蜜」情有獨鍾。即便如此，這股作用的結果最終還是讓作家越來越像個明星，頗有幾分棄絕凡塵、前往仙境居所之勢，在那個地方，他的睡衣跟乳酪絲毫不會妨礙他重拾高貴的造物健筆。

公然賦予作家一副血肉之軀，揭露他喜歡干型白酒（blanc sec）與半熟牛排的事實，在我看來，這使作家創作出來的作品更見神妙，更帶有神聖的本質。作家的日常生活細節不但無法使我更貼近、明瞭他筆下靈感的本質，反倒使作家透過這種私密角度，凸顯自身處境在神話上的獨特之處。因為我也只能將這些頗為巨大的人物存在歸結為一種超人特性，讓他們身穿藍色睡衣，同時在他們身上體現出包羅萬象的普遍意識，甚至讓公開表白對薩瓦乾酪之愛的同一張嘴，宣稱他們的下一波「自我現象學」即將問世。如此高尚，如此瑣碎，兩者令人歎為觀止的連結，說明了人們依然篤信矛盾的力量：在整體上神奇非凡，則其中每一個措辭也必定神奇非凡：這顯然會失去它在某個世界裡的一切趣味，在那處世界中，作家工作的神聖感被破除了，甚至顯得自然而然，一如他本身吃飯穿衣時所發揮的功能。

5 貴族的航遊

自從加冕禮以來，法國人便焦急地等待王公貴族們的新動態；上百位王公貴族登上一艘名為「阿加曼儂」的希臘式遊艇，這件事大大娛樂了法國人。伊莉莎白女王的加冕儀式在當時曾是一項令人動容的題材；王族（sang bleu）的航遊是一段刺激有趣的插曲：國王們裝扮得像一般平民百姓，就像在一齣福來賀（Flers）[1]和凱雅薇（Caillavet）的喜劇[2]中一樣。結果導致了成千上百種離奇的情況，出現了類似「瑪麗．安托奈特扮演擠牛乳女子」的這般矛盾。這種娛樂消遣的病理學包袱極其沉重：既然人們以此矛盾為樂，那就表示我們會用天差

1 法國劇作家（1872-1927）。與大文豪普魯斯特相知相惜，普氏文學亦深刻影響他的劇本創作。

2 法國劇作家（1869-1915）。亦為普魯斯特好友，與福來賀共同創作多部劇本。

地遠的語彙來設想它；換句話說，國王具備超人類的本質，當他們暫時模仿某些平民生活的形式，代表的就只是一種違逆自然的化身，唯有透過王族的紆尊降貴來完成。誇耀國王們也可以平凡如草芥，就是認可這個身分並未比大多數必死凡軀的超凡入聖來得更自然，就是肯定了君權仍須倚賴神授。

如此一來，在「阿加曼儂」號上，日常生活中平淡無奇的動作就帶有一種過度魯莽的特質，如同這些創意十足的幻想讓**自然**違背了它的統治權：國王竟然會自己刮鬍子！這個行為透過廣大媒體轉述報導，被說成一樁不可思議的特殊事件，好似這動作讓國王們同意賭上全部王權，甚至藉此公開主張他們對自身堅不可摧皇家本質的信念。保羅王（roi Paul）[3]穿著短袖襯衣，斐德烈王后（reine Frédérique）[4]則穿著一件**印花**連衣裙，因此她的穿著說不上有多麼奇特非凡，而且衣物上的圖案花紋在單純的凡人之軀身上也看得到：以前，國王曾經把自己打扮成牧羊人；但在今日，穿上不二價服飾店的平價衣服兩個星期，對他們來說就是盛裝打扮的符號表達了。另一種平民身分的展現：清晨六點鐘就起床。這一切反過來說就是某種日常生活的理想狀態：穿短袖襯衫、由僕人幫忙刮鬍子、很晚起床。國王放棄了這些特權，就等於把這些權利斥退到夢想的天邊：他們所做的犧牲——雖然非常短暫——卻永恆地劃定出日常幸福的符號。

更奇妙的一點，國王這個神祕的特色雖然今日已經世俗化，卻絲毫沒有被某種唯科學主義驅逐出去，國王乃是由他們血統的純正度來定義的（皇族血統），像純種小狗一樣，那艘船是一個專屬特權、完全封閉的地方，有如一艘現代方舟，船上保留了皇族血脈的主要變動。我們甚至可以公開估算某些配對成功的機率；封閉在這艘航船的「種馬」環境中，血統純正者得以和任何雜種聯姻隔離開來，一切已為他們準備好（一年一度？），讓他們可以彼此自行再製；他們跟「哈巴狗」一樣為數稀少，這艘船劃定他們、集中他們，構成了一座暫時的「保護區」，在船上，我們可以保存、甚至運氣好的話還能永恆延續一個人種的珍奇族類，跟蘇族[5]的獵場一樣被妥善地保護著。

國王—神（Roi-Dieu）與國王—物（Roi-Objet）這兩項古老的主題混合交融。但這片神話學的天空對凡塵俗世卻非完全無害。那些最輕盈的故弄玄虛、王族航遊的有趣細節、這整

3 即保羅一世（1901-1964）。於一九四七至一九六四年間擔任希臘國王。

4 希臘國王保羅一世之妻（1917-1981）。她也是末代德皇威廉二世外孫女。

5 北美印第安人的一個民族，原居北美五大湖以東地區，務農，主要種玉米。有過圖畫文字，崇拜太陽。十九世紀初以來，由於殖民者與白人的壓迫屠殺，部分西遷到大草原。後來，部分又被迫輾轉遷徙，終於被集中於南達科他州、北達科他州幾個瘠小的印第安保留地。

段逸趣橫生的花絮雜談，都被各大報刊用來迷醉讀者，卻並非完全免責地發表：這些王公貴族對自身重新浮現的神性深信不疑，他們以大眾的方式參與政治。巴黎公爵（le comte de Paris）下了「阿加曼儂」號，前往巴黎「監督」歐洲防務共同體（Communauté européenne de defense, CED）的命運，接著人們派出年輕的西班牙璜（Juan D’Espagne）前去拯救西班牙法西斯主義。

6 盲啞批評

「批評」（文學批評或戲劇批評）通常運用兩種頗為特殊的論點。第一種是斷然宣稱批評的對象是難以言喻的，因此這種批評毫無用處。第二種論點也會不定期地捲土重來，那就是認為自己愚不可及、粗俗平庸，所以無法讀懂一部哲學巨著：列斐伏爾[1]以齊克果（Søren Kierkegaard）為主題所創作的一齣戲，便如此在我們最優秀的批評家中（我就不提那些公然說不得體話的專業戶了）引發了一陣對低能的假性驚慌（目的當然是要讓列斐伏爾降級到單純大腦功能的可笑處境，使他威信掃地）。

到底為何批評者時不時就會顯露其無能為力或不理解的一面？這絕非出於謙虛的心態：

1 法國馬克思主義哲學家、社會學家（1901-1991）。以開創對日常生活的批判而著稱。

沒有什麼比一個人坦承他對存在主義一竅不通更輕鬆的了；也沒有什麼比另一個羞愧無比的人坦承他苦無機會得到非凡哲學的啟蒙更為諷刺、因此更可靠實在的了；更沒有什麼比另外一個為難以理解的詩學理論辯護的人更像軍人的了。

這一切代表我們自認擁有一種準確無疑的智商，讓我們在承認自身無力理解的同時去怪罪作者的思路不清晰，而不是怪自己太愚笨：我們假冒無知，以便讓人們大驚小怪，如此更有利於把大眾從心照不宣的無能為力，導向心照不宣的智性理解。這便是薇莒菡（Verdurin）[2]夫人沙龍知名的操作手法：「我的職責就是要有智慧，但其實我什麼都不懂：可是您也一樣，您也可能什麼都不懂；因此，您跟我一樣聰明。」

這種因時制宜、缺乏涵養的主張真正的面貌，就是這則蒙昧主義的古老神話，認為如果思想沒有受到「常理」與「感受」的控管，就會有害身心：「知識」就是「罪惡」，兩者生長在同一棵樹上，只要定期顯露文化意圖的虛浮以及文化力量的限制，就能保障文化（關於這點，請參見格雷安．葛林〔Graham Greene〕[3]對心理學家及精神醫師的一些想法）；理想的文化風景應該只是修辭上柔情的抒發，是為了展現靈魂短暫滋潤狀態的文字藝術。心與腦這古老而浪漫的一對，只有在來自那些抽象的靈智主義的圖像裡、在鴉片般的哲學裡（這些哲學最終總是形塑了強權政體的輔助工具），在我們擺脫了知識分子、並遣派他們稍微去處理一下情緒以及不可言喻之物時，才具備現實感。事實上，對文化的一切保留，都是一種恐怖主義的立場。以批評為業、並宣稱對存在主義或馬克思主義一竅不通（人們會故意承認無法理解這兩種哲學思潮），就是將盲目與沉默提升為普遍的觀察法則，就是把馬克思主義與存在主義趕出這個世界：「連我都不懂，可見你們也是白癡。」

話說回來，如果我們如此懼怕或蔑視一部作品中的哲學基礎，如果我們如此強力要求有權對其不理解或不去談論，那又為何要自稱批評家呢？理解、闡明，這不就是您的任務嗎？您當然可以常理之名評斷哲學；麻煩在於，雖然「常理」與「感受」完全不足以理解哲學，哲學倒是可以透徹地理解它們。您無法解釋哲學家，但哲學家卻可以解釋您。您不想理解馬克思主義者列斐伏爾的劇作，但請您相信馬克思主義者列斐伏爾非常明白您的不理解，特別是（因為我相信您一定比沒教養的人更詭計多端吧）您對此事美妙動人且「無害」的大方承認。

2 新興布爾喬亞的沙龍女主人，一心想進入上流社會。在普魯斯特的《追憶似水年華》中也有所描寫。

3 英國小說家、評論家（1904-1991）。他的小說混合了偵探、間諜和心理等多種元素。多次提名諾貝爾文學獎，被喻為二十世紀最傑出小說家之一。

7 肥皂粉與洗潔精

第一屆世界除垢力大會（Congrès mondial de la Détergence）（一九五四年九月在巴黎舉行）同意讓全世界盡情迎向「奧妙」（Omo）帶來的舒適感：他們的清潔產品不但對皮膚完全無害，甚至還能拯救感染矽肺病的礦工。然而，這些產品近幾年來已成為大量廣告的一項主題，它們成為法國人日常生活領域的一部分，若說精神分析還跟得上時代，就應該針對這一面向觀察一下。我們可以有效地將清潔劑（賈微〔Javel〕）的精神分析與肥皂粉（麗仕〔Lux〕、寶瀅〔Persil〕）和清潔粉（漂〔Rai〕、白衣〔Paic〕、可液優〔Crio〕、奧妙）[1]的精神分析相互對照。藥物與疾病、產品與髒污之間的關係，不論在其中哪一種狀況下都極為

1 此處羅列之清潔劑品牌，許多至今仍見於日常生活中，如麗仕、寶瀅等。

不同。

好比說，我們總是覺得賈微牌的洗潔劑類似某種液體之火，其作用要小心翼翼地評估，否則物品本身就會毀損，「被燒壞」；這種產品暗含的傳說感，乃是倚賴一種對物質劇烈的、打磨式的改變。其作用皆屬於化學性或肢體損傷的範疇：洗潔劑能夠「殺滅」髒污。反之，清潔粉則是產生分離作用的物質；它們的理想功能是將物品自不完美的狀態中解放出來：我們「驅除」髒污，不再是殺掉它；在「奧妙」的圖片介紹中，污垢是一名虛弱、髒兮兮的渺小敵人，僅僅在「奧妙」的審判威脅之下，就從潔淨美麗的棉布中拔腿逃跑。毫無疑問，氯及氨全然是某種火焰的代言人，負有拯救之力，但也盲目打擊；而肥皂粉則不同，它是有選擇的，它在衣衫的經緯紗線之間推擠、引導污垢尋找出路，像警察在維持秩序，而非戰爭的廝殺。這種區分有它人種學方面的效用：化學液體延續了浣衣婦捶打衣物的洗滌動作，而肥皂粉則比較像是取代了主婦們斜靠在洗衣槽邊緣擰壓、搓洗衣物的動作。

但即便在肥皂粉的類型當中，還是必須將訴諸於精神分析的廣告（當我使用精神分析這個字眼的時候，並未投注任何特定學派的意義）與訴諸心理學的廣告兩相對照。好比說，「寶瀅」的潔白魅力建立在其顯而易見的效果上；我們讓人去比較兩件物品，其中一件比另一件「更」潔白，用以激發虛榮感，營造社會的表象。「奧妙」的廣告也點明了產品效果

（而且是以一種最高級的形式），但主要用意是揭露其作用的過程；如此一來就將消費者帶入一種對實體有真切感受的模式中，使之成為釋放作用的同謀者，而非只是其結果的受益者：物質此時具備了蘊含價值的狀態（**états-valeurs**）。

「奧妙」運用了洗潔劑範圍內頗為新穎的兩種狀態：深層與泡沫感。若說「奧妙」深層地洗淨（請看電影廣告的短劇），那就是假設棉布也是深厚的——人們從來沒有這樣想過——這毫無疑問是在讚美棉布，把它打造成一件討人喜愛的物品，每個人的身體裡都暗藏著一股衝動，想要被它緊緊包覆、撫摩。至於泡沫，它的奢華意味人盡皆知：首先，它的外觀看似毫無用處；但是，泡沫隨便一下就大量滋生，近乎無窮，讓人想像在生出泡沫的物質當中，含有一種蓬勃茁壯的萌芽物、一種健康強大的物質，在少量的原始物質內包含大量活躍的元素；最後，泡沫帶給消費者一種物質上的、愉悅的輕盈想像，一種既輕柔、又立體的觸覺形式，人們像追尋幸福一樣去尋求這份感受，在飲食層面（鵝肝醬、甜食、葡萄酒）、衣著層面（平紋細布、羅紗）以及肥皂用品層面（女明星沐浴場景）皆得滿足。泡沫甚至可以成為某種精神符號，如此一來，我們便認為心靈得以無中生有，只需少量細微的原因，就會產生出大量的表面效果（乳霜代表的是另一種精神分析的意義，具有鎮靜緩解的功能：它消除了皺紋、痛苦、灼痛等）。重點是懂得在一種深厚、輕飄飄實體的美妙形象之下，掩飾洗潔劑的侵蝕作用，它毋須大肆破壞，就能左右織物的分子結構。但是，這股舒適感卻不該讓我們忘記「寶瀅」跟「奧妙」在某種層面上並無二致：例如英國—荷蘭的聯合利華（Unilever）壟斷計畫[2]。

2 聯合利華為一家英國與荷蘭的跨國消費品公司，由荷蘭聯合麥淇淋公司和英國利華兄弟公司合併而成。其產品包括食品、飲料、清潔劑和個人護理用品，是全世界最大的塗抹食品生產商。例如人造奶油。

8 窮人與無產階級

卓別林最新的笑料，是把他從蘇聯獲得的一半獎金，轉到皮耶神父（L'abbé Pierre）[1]的基金會戶頭裡。歸根究柢，這建立了無產階級與窮人之間在本質上的平等。卓別林總是以窮人的特徵來看待無產階級：由此產生了他表演中蘊含的人性力量，但也導致了其政治立場的曖昧不明。這一點，在這部驚人的影片《摩登時代》（*Modern Times*）[2]當中一覽無遺。卓別

1 天主教神父、慈善家（1912-2007）。一生致力於救助貧困人群、無家可歸者，為其爭取權益。他多年來被法國人民評為「法國最受歡迎的人」，是法國家喻戶曉的慈善家。二〇〇五年，法國國家二臺舉行了「最偉大法國人」的評選活動，皮耶神父名列第三。

2 一部發行於一九三六年的無聲喜劇電影，由卓別林執導、編劇，公認為影史最偉大的電影之一，也是卓別林最出名的作品。劇中對資本主義與勞動社會有精妙的諷刺。

林在片中不斷輕輕觸及無產階級議題，但從來不以政治的角度承擔；他要給我們看的東西，是依然盲目、被蒙蔽的無產階級，定義他們的，是他們的需求的直接了當本質，以及他們在主人（老闆跟警察）掌中的全盤異化。對卓別林而言，無產階級依舊是一個會肚子餓的人。卓別林在影片中呈現飢餓的方式，總是如此令人嘆為觀止：特大號三明治、牛奶流淌成河、水果只咬一口就毫不吝惜地扔掉；餵食機（揭露出雇主的真面目）只供應一塊塊看起來淡而無味的食物，這實在極為諷刺。卓別林式的小人物被飢餓所套牢，其政治意識總是尚未覺醒：對這個角色來說，罷工是一場災難，因為它威脅到真實生活中為飢餓所蒙蔽的人；這個人直到窮人與無產階級同時受警方監看（以及棒打）的時刻，才體會到勞工的處境。從歷史的角度來看，卓別林幾乎恢復了復辟時期的勞動者地位，手工業奮起對抗機器，罷工讓他們不知所措，麵包的問題使之震懾不已（單就麵包的本義來說），卻仍無法認識到政治利益以及集體策略的要求。

但也就因為卓別林代表了某種渾然天成的無產階級形象，尚未涉身革命，才使他的代表性力量如此強大。還未有任何一部社會主義的作品能夠用如此的激烈與寬容，表達勞動者的屈辱處境。也許只有布萊希特[3]預感到社會主義藝術總是有必要表現人在革命前夕的樣貌，也就是人依舊獨然而立、依舊盲目的時代，因為承受了過度的、「合該遭遇」的苦難，而得以站到即將迎向革命光芒的轉捩點上。其他的作品則表現出一名投身於有意識的自覺戰鬥、歸入原因及政黨之下的勞動者，體認到一樁必要的政治現實，但卻缺乏美學力道。

但是，卓別林與布萊希特的概念一致，向觀眾展現他的盲目，以至於觀眾同時看到盲目本身以及它表演出來的盲目；我們看著一個人，此人卻看不到一切，這是強力檢視其無視之物最好的方式：比方說偶戲木偶——正是孩子們向木偶揭發它假裝看不到的東西。舉個例子，卓別林在他的單人牢房裡享受守衛對他無微不至的照護，過著美國小布爾喬亞式的理想生活：他翹著二郎腿，在林肯的畫像下方讀著報紙，但這副引人欣羨、悠然自得的姿態，使這種理想生活無法令人信服。人不可能躲在裡頭、而沒有注意到其中包含了一種全新的異化感。如此一來，最輕巧的圈套便失去作用，就連貧民也不斷被剝奪掉這些誘惑。總之，這就是為何卓別林飾演的角色戰勝了一切：因為他逃脫了一切，揚棄任何夥伴合作，只把力量投注在人身上。他的「無政府狀態」從政治的角度縱然值得商榷，卻可能在藝術層面上代表了革命的最有效形式。

3 德國戲劇家、詩人（1898-1956）。從倡導歌劇改革入手，在理論和實踐上進行敘事劇（史詩劇場）實驗，特別吸收中國戲曲藝術經驗，形成了獨特表演方法，並提出了「間離效果」理論。是德國乃至歐洲史詩劇場運動的領軍人物。

9 火星人

飛碟的謎團首先始於地球：我們本來假設飛碟來自不為人知的蘇聯，來自一處被剝奪掉明確意圖的世界，就像來自另一座星球。而此般神話的形式已經在萌生時蘊含了星球式的發展架構；倘若說蘇聯的碟盤狀飛行器如此容易變成火星的飛行器，那其實是因為，西方的神話甚至將共產主義的世界歸屬於另一座星球：蘇聯是地球與火星之間的中介地帶。

只是，不可思議之物在其生成的過程中改變了意義，我們從競賽的神話轉移至評判的神話。的確，火星在新的情勢出現之前是公正客觀的：火星為了評判地球而來到地球，但在判決之前，火星想要先觀察、理解。因此，美蘇之間的對抗從此讓人覺得應該被譴責，因為在此，危險隨著正當權利無限擴張；神話藉此求助於天界的視線，強大到足以使兩大陣營感到畏懼。分析未來趨勢的人將能夠解釋這股力量的象徵要素，以及構成這股力量的夢幻主題：

圓弧狀的飛行器、光滑的金屬、無縫材質構成的世界最高級狀態：由對立面來看，我們更能理解在我們感知的範圍內代表罪惡主題的一切：飛行角度、不規則的機翼、噪音、不連續的表面。這一切在科幻小說中已很細心地處理過，火星人的異常狀態只不過是精準地重新運用那些描述。

更意味深長的事，是火星暗含的歷史決定論[1]效法了地球的歷史決定論。如果說飛碟是火星地理學家來此觀察地表形貌的交通工具——如同某位美國科學家高調宣稱的，或是如同許多人心中默默認定的——那是因為火星的歷史跟我們地球的歷史是以同樣的步調發展成熟的，而就在我們發明地理學及航空攝影的同一個世紀，火星也製造出它自己的地理學家。火星唯一的進步就是載具本身，如此一來，火星就只是一座幻想中的地球，長著一對完美的翅翼，如同在一切理想化的夢境中那樣。也許，如果有機會輪到我們登上火星，就像去到我們自己打造出來的地方，可能只會發現火星就跟地球本身一樣，在這同一段歷史產出的兩種產物之間，我們無法分清楚究竟哪一個才是我們自己。因為，若要讓火星提出地理學的知識觀，它也必定擁有自身的斯特拉波（Strabon）[2]、米榭勒（Jules Michelet）[3]、維達爾．白蘭士（Vidal de La Blache）[4]，一步一步地擁有火星自己的國家、戰爭、科學家，以及和我們一樣的居民。

邏輯上，火星國度也被迫擁有同樣的宗教信仰，而且理所當然要跟我們法國人的宗教一致。《里昂進步報》（*Le Progrès de Lyon*）指出，火星必定出過一位基督。因此也必定有位教宗（而這就是向著教會而來的一種分立）：不然的話，他們的文明不可能開化到可以發明飛越星際的飛碟。因為，按照這份報紙的觀點，宗教與科技進步堪與文明的珍貴產物相提並論，兩者缺其一，便不可能前行。報上如此寫道：「無法想像達到某種文明水平的生命，能夠依靠他們自己的方法，來到我們地球，而且他們還是『異教徒』。他們必定抱持有神論，認可一位神的存在，且擁有他們自身的宗教。」

如此，這整股精神狂熱建立在相同性——或說分身——的神話之上。但在此，分身卻總是排在前頭，分身就是裁判。東方與西方的衝擊已經不再是善與惡的純粹衝突，而是某種善

1　承認社會現象與歷史事件具有必然性、規律性、因果制約性的哲學觀點。

2　西元前一世紀的古希臘歷史學家、地理學家，著有《地理學》、《歷史》等書。

3　法國歷史學家（1798-1874）。被譽為「法國史學之父」。他以文學語言來撰寫歷史著作，以歷史學家的淵博來寫作散文，情理交融，曲盡其妙。在他筆下，天地萬物無不洋溢著深沉的詩意。「文藝復興」（Renaissance）一詞就是他於一八五五年出版的《法國史》一書中提出的。

4　法國地理學家（1845-1918）。法國近代地理學奠基人。

惡二元論的混戰，在第三者的眼前你來我往；它假設有一種與天空同等級的超自然的存在，因為恐怖來自天上：天空從此以後不帶隱喻意涵，核原子所帶來的死亡在天邊出現。劊子手散發威脅之處，便是審判者誕生之地。

然而，這位審判者——或者說督察者——我們才剛看到它被小心翼翼地再次投注了一般的精神性，總之，與純粹的地球投影出來的樣貌並無多大差異。因為這是所有小布爾喬亞神話始終如一的一項特色，就是無法去想像他者。相異性是與「常識」最不相容的一種概念。一切神話都必然導向一種狹隘的「神人同形論」（**anthropomorphisme**）[5]，或更糟糕地，導向一個我們可稱為「階級神人同形論」的觀點。火星不只是地球，它還是一顆小布爾喬亞的地球，是大型畫報所孕育（或說表達）出來的心靈小角落。火星一在天上成形，便讓最強大的一股占有之力——也就是「同一性」的占有力——**選邊站**。

---

5 一種擬人法的使用，將人類的形態、特徵、性格特質套用到非人類的生物、物品、自然或超自然現象之上。

10 阿斯特拉的廣告手法

在秩序維穩當中穿插關於其拘束的討好人的演出，從此變成了一種足以誇大秩序的方法，一種似非而是且不容置疑的方法。以下便是這個嶄新表現的簡易提要：把你想要重建或發展的秩序的價值標準拿來，首先，充分展現它的微薄低劣、它所導致的不公不義，以及它所激起的侮辱霸凌之事，讓它陷入天生的不完美之中；然後，在最後一刻，儘管有這些缺陷的沉重宿命，卻拯救成功，或者根本就是藉由這些缺陷而達成的。要我舉些例子嗎？那可還真不少。

比方說一個軍隊；請毫不掩飾地展現將領們的軍國主義，其狹隘的特質、欠缺正義感的紀律規範，然後在這愚蠢荒唐的嚴酷專橫之下，投入一名平凡無奇、身負缺陷但心地善良的人物，即旁觀者的原型。接著，在最後一刻，翻轉這具神奇的面罩，從中抽出耀武揚威的軍隊形象，軍旗迎風飄揚，令人崇拜不已，如同斯卡納黑（Sganarelle）的妻子，只能忠心不二，即便吃了敗仗亦然（請參看《亂世忠魂》〔*From here to eternity*〕這部影片[1]）。

然後再找來另外一個軍隊，凸顯其工程技師對科學的狂熱及他們的盲目無知，並指出一切不人道的嚴酷作法將會摧毀的所有東西：人力耗損，夫妻別離。然後拿出您的旗子，以進步為由拯救軍隊，將前者的光榮牢牢扣緊後者的勝利（請參看儒勒．華〔Jules Roy〕的小說《旋風》〔*Les Cyclones*〕）。最後要談的是**教會**：用熱烈直接的方式說出教會獨尊形式的假仁假義，點出篤信過頭的教徒心胸狹窄的事實，指出這一切都害人至深，毫不遮掩任何信仰所帶來的苦痛。再來，在最後一瞬間（*in extremis*）讓人了解到，**字面上的意思**即便令人憎惡，卻依然是解救受害者的一條道路。然後，藉由被道德誡律壓倒者的聖潔光芒，為這嚴酷的誡律本身辯護（請參看格雷安．葛林的劇本《客廳》〔*The Living Room*〕）。

這是某種順勢療法（**homéopathie**）[2]：我們藉由**教會**與**軍隊**的罪惡本身，治好了我們對**教會**及**軍隊**的懷疑。我們透過接種、讓人感染次要的病症，來預防或治療主要的病症。我們認為，對抗秩序的不人道價值觀，這是一種普遍、自然、可被原諒的疾病；我們不該迎頭撞上，而是要像面對一個被附身的人一樣，為他驅魔：我們向病人展示他的疾病所表現出來的症狀，我們引導他見識身體反叛的本身面貌，而且只要與之保持距離，正眼對待它，這股反叛的力量便會更快地消逝無蹤。秩序本身則僅僅是一名混雜的善惡二元論者，可以裁決命運，讓雙邊皆贏，因此有益無害。奴役身心的內在疾患，因為宗教、祖國、教會等卓越超群的良善精神而得到救贖。只要「公開招認」少量的惡，就得以免除承認大量的隱密之惡。

我們可以在廣告中發現一個蘊含故事性的簡單示範，它簡潔地運用了這個新式的疫苗接種。我們以阿斯特拉（*Astra*）[3]的廣告為例。其中的小故事總是以人造奶油引起的憤怒呼喊作為起頭：「用人造奶油做成的慕斯？難以想像！」、「加入一點人造奶油？你要把你們家的叔叔氣死嗎！」然後，雙眼張開，知覺冷靜和緩下來，發現人造奶油原來是那麼美味的食品，口感愉悅、易消化、經濟實惠，處處好用。我們都曉得最後的道德訓示是什麼了：「您終於擺脫了曾讓您付出極大代價的偏見！」**秩序**正是用同樣的方法讓您擺脫您進步主義的偏

1　一部於一九五三年上映的美國片，由畢·蘭卡斯特與黛博拉·寇兒主演，獲得八項奧斯卡獎。本片以珍珠港事件為題材，揭露了美軍內部派系鬥爭、軍官飛颺跋扈、虐待士兵等種種醜聞與黑暗現象，表現不願同流合污的正直軍人最終被龐大的軍事機器吞噬的悲劇。

2　一種替代療法，此理論相信，如果某個物質能在健康的人身上引起病人患病時的病症，將此物質稀釋震盪處理後，就能治療該症。例如洋蔥會引起打噴嚏，多次稀釋震盪後的極微小洋蔥，就能治療打噴嚏與鼻炎。該療法為偽科學，是被部分人錯認為科學的一個信仰系統。

3　法國知名奶油品牌。

見。軍隊，一種理想價值？難以想像；請先看看軍中霸凌、軍國主義，以及總是潛藏在軍中長官內心的愚蠢盲目。教會，完美無瑕？嗯哼，我才不信：看看那些盲目迷信的教徒，那些掌中無權的教士，那種害人不淺的因循舊規。然後，常理前來總結清算：那些在秩序中以其便利為代價，而得出的微小殘渣是什麼呢？它們都有作為疫苗的價值。就算人造奶油只是一堆脂肪，只要它的效益勝過牛油，那**究竟**有什麼關係？就算秩序看來有點粗暴，有點盲目，只要它能讓我們輕鬆過生活，那**究竟**有什麼關係？我們也終於擺脫了曾讓我們付出代價的偏見，代價極大；我們有過太多遲疑，經歷太多反叛，投身太多戰鬥，遭受太多孤寂，這些，都是高昂的代價。

11　婚姻大事

在印製精美的畫報上，看起來天天都有喜事：豪門婚事（朱安〔Juin〕元帥之子與財政稽查官之女，卡斯特里〔Castries〕公爵之女與維托勒〔Vitrolles〕男爵）、愛情婚事（一九五三年歐洲小姐與青梅竹馬）、明星（未來的）婚事（馬龍．白蘭度與裘西安娜．瑪莉亞尼〔Josiane Mariani〕，拉夫．法羅尼〔Raf Vallone〕與蜜雪兒．摩根〔Michèle Morgan〕）。想當然耳，這些婚姻並非同時被人利用；因為它們的神話學效用各不相同。

豪門婚事（貴族或布爾喬亞的）呼應了婚禮的古老及異國感的功能：它既是兩個家族之間交換禮物的慶典（potlatch），也是該慶典在眾人眼前的表演、展示，人人在此圍觀這場財富的消耗揮霍。不能沒有觀眾；所以豪門婚禮總是在教堂前的大廣場上舉行；人們在那燒錢，圍觀的人群看得眼花撩亂；著軍裝的軍人，著禮服的男士，攜配劍、掛綬帶的人士（榮譽軍團勳章〔Légion d'honneur〕受勳者），軍隊成員，政府人員，一切在布爾喬亞舞臺上登場的重要角色，（深受感動的）武官，（失去理智的）榮譽軍團上尉，（激動不已的）巴黎民眾。每個人都獻身於那股熱烈燃燒的激情。力量、法律、精神、心緒，所有這些蘊含秩序的價值都被投入到婚禮中，在禮物交換的慶典裡消耗殆盡，但這些價值也因此比以往都更加牢固地建立，大大模糊了一切聯姻關係中的財富性質。別忘了，一樁「豪門婚禮」是一場財務收益可觀的交易，將秩序的沉重欠款轉為自然的借貸，在祝福新人的公開喜慶中，吸納掉「人類悲傷與野蠻的歷史」：秩序以愛情為養分；欺騙、剝削、貪婪，布爾喬亞社會的一切病徵都被佳偶的實情拯救了。

一九五三年歐洲小姐西樂薇雅妮．卡荷苀提耶（Sylviane Carpentier）與她的青梅竹馬、水電工米歇．瓦倫伯格（Michel Warembourg）的婚姻，可以開展出一個截然不同的、小茅屋幸福生活的形象。頂著歐洲小姐的頭銜，西樂薇雅妮原本可以享有輝煌耀眼的明星生涯，四處旅行、拍拍電影、賺很多錢；但是，冰雪聰明、樸實無華的她，拒絕了「曇花一現的榮光」，忠於她過去的身分，嫁給了一名住在帕萊索（Palaiseau）[1]的水電工。此時，在我們眼前出現的，是這對年輕夫妻的婚後階段，他們正在建立幸福生活的日常，安頓在小巧舒適的環境裡，隱姓埋名過日子：兩人布置兩房一廚（le deux-pièces-cuisine）的家，一起吃早餐、去戲院看電影、上街買東西。

在此，這種操作方式顯然把夫妻全部的自然光環拿來為小布爾喬亞的模式所用：就一般定義而言，這份幸福本來平凡無奇，此刻卻能夠**被選擇**，這解救了成千上萬的法國人，他們得以根據不同的條件，分享這股幸福感。小布爾喬亞可以為西樂薇雅妮歸返原有的身分感到驕傲，如同往昔教會從某貴族女子投身修女這件事當中汲取力量與威望：在眾多榮耀加身之後，歐洲小姐的婚事卻簡樸節制，住進帕萊索的兩房一廚之家，這確實十分動人，有如德．漢西（de Rancé）選擇了特拉普修道院（la Trappe），或路易絲．德．拉．瓦里耶（Louise de La Vallière）選擇了加爾默羅修會（le Carmel）——這真是特拉普、加爾默羅與帕萊索的無上榮幸。

「愛情勝過榮華富貴」這個概念此時又拋出了維持社會現狀的道德觀。脫離自身現狀並非明智之舉，勇於重返現狀才是無限光榮之事。作為交換，現狀本身可以展現其有益之處，根本上來說就是閑居歸隱的益處。在這方天地裡，幸福就是賞玩某種足不出戶之樂：做做「心理」測驗、生活小訣竅、修修補補、家電用品、安排時間，整座《Elle》或《快報》上

1　法國市鎮，位於巴黎西南方，隸屬法蘭西島大區。巴黎綜合理工學院位於本處。許多文化名人曾在本市居住。

頭的器物天堂都在歌頌這處自成一格的家居環境以及喜歡蹲在家裡的內在傾向，同時也讚揚所有讓居家生活閒不下來、使家中沾染孩子氣、維持家中純真環境、讓家庭與廣泛的社會責任無涉的事物。「兩顆真心，一間小屋。」然而，紅塵依舊在。愛情使小茅屋超塵脫俗，小茅屋掩蔽了居處之陋。人們以苦難的理想形象——一貧如洗——來驅除苦難。

而明星的婚姻幾乎總是以未來的樣貌呈現。它要展開的是近乎純粹的佳偶神話（至少就法羅尼與摩根的婚事來說是如此；對白蘭度來說，社會因素依然主導一切，我們稍後再來談）。婚姻因而處在多餘而不必要的範圍內，且一不小心就會被棄置在猶疑未定的未來：馬龍·白蘭度**即將**娶裘西安娜·瑪莉亞尼為妻（只是得等他拍完二十部新電影之後）；蜜雪兒·摩根與拉夫·法羅尼**或許**會結成民事夫妻（但也要蜜雪兒先離婚）。這實際上牽涉到一個將偶然視為必然的問題，在此狀況下，其重要性不值一提，且順應一項極為普遍的約定俗成慣例：在眾人眼裡，婚姻總是魚水之歡的「自然」結果。重點是在未必成功的婚姻擔保下，讓夫妻的肉欲關係化為現實。

馬龍·白蘭度（未來的）婚姻依然蘊藏著社會的複雜性：這是一樁牧羊女與大領主的婚事。裘西安娜是邦多（Bandol）[2]小鎮上一名「身分低微」漁夫的女兒，卻歷練完整：中學會考（bachot）第一階段合格、說得一口流利英文（符合待嫁女子「完美無缺」的題材）。

她打動了影壇最陰鬱的男人，一位介於伊波里特（Hippolyte）與孤寂野蠻的蘇丹（sultan）之間的折衷角色。但是，好萊塢的超級巨星拐走了一位法國女孩，這件事，只能透過交換的動作才堪稱完整：被愛情迷昏頭的大英雄似乎回頭把他所有的魅力注入到邦多這座法國小鎮，在海灘上，在市場中，在咖啡館裡，在雜貨店內；而孕育了馬龍、豐富了他的形象的，其實是彩色週報的女性讀者所代表的小布爾喬亞原型。《世界週刊》（*Une semaine du monde*）寫道：「馬龍，在（未來的）岳母與（未來的）妻子陪同之下閒適地散步，以增進食欲，像一名法國的小布爾喬亞一樣。」現實將背景環境與階級地位強加在夢想之上，而法國的小布爾喬亞今日顯然處於神話帝國主義階段。在表面意義層次上，馬龍的魅力屬於健美陽剛又隨和溫順的類型；在隱含意義的層次上，則屬於社會方面的類型：邦多小鎮把馬龍神聖化了，遠遠超過馬龍把邦多神聖化的程度。

---

2 邦多是法國普羅旺斯省一個市鎮，位於該省西南部、地中海沿岸。為地中海沿岸重要的度假城市。

12 多米尼奇懸案或文學的勝利

整起多米尼奇（Dominici）訴訟案依照某種心理學的概念來發展推演，無巧不巧，這個概念正好類似正統文學的概念。既然實體證據不明且相互矛盾，那我們只好向心理證據求助了；除了在原告本身的心中採集這些證據，還能往哪裡去找呢？所以人們不受重重疑點的陰影所困，即興隨意地重建了犯案的動機與事件的連貫；人們很像那些考古學家，去挖掘遺址的各處角落採集古老的石頭，並用最現代的水泥石塊，搭起一座供奉辛努塞爾特（Sésostris）[1]的精緻路邊祭壇；或藉由探掘普世智慧的古井，重建一門兩千年前早已消亡的宗教。但這份智慧其實只屬於他們，在第三共和的學校裡自行發展出來。

1　古埃及第十二王朝法老。

對於老多米尼奇的「心理狀態」來說，也是一樣。這真的是他自己的心理狀態嗎？我們一無所知。我們唯一確定的是，這就是刑事法庭主審法官與檢察官的心理狀態。這兩種心理狀態，一種來自住在阿爾卑斯山一帶的鄉下老人，另一種來自司法人員，兩種不同心理狀態是否具備同一種運作機制？我們簡直比不確定還更不確定。然而，人們就是以「普遍的」心理狀態之名，將老多米尼奇定了罪：文學從布爾喬亞小說情境令人神往的九層天外落地歸返、自本質主義心理學的高壇跌落，文學，剛剛把一個人送上了斷頭臺。請聽聽檢察官的說法：「我跟各位提過，傑克．德洛蒙（Jack Drummond）[2]當時很害怕。但他心知，最好的自保方式，還是主動出手。於是他迅速撲向凶狠的對手，掐住這位老人的喉嚨。雙方不發一語。但老人加斯東無法想像有人要將他過肩摔在地上的簡單事實。他的身體難以承受這股突然攻向他的力量。」這樣好像說得過去？如同奉祀辛努塞爾特的小廟，也如同熱納瓦（Genevoix）先生的文學作品。只不過，將考古挖掘或小說寫作建立在一個「何不如此」（pourquoi pas）之上，這對誰都是不痛不癢。但是對於司法呢？有些案子——未必都像卡繆《異鄉人》（*L'Etranger*）書中所杜撰的那樣——不定時就會前來提醒您，司法隨時準備好要向您出借替換用的大腦，以便不假思索、心無愧疚地控告您，而且，像高乃依（Corneille）[3]的戲劇一樣，它把您描繪成您「應該具備的」樣子，而不是您「本來的」

面目。

進入被告內心世界的這趟司法實地考查，因為運用了一個居間的中介神話而得以成行，不論是刑事法庭或文學論壇的宗教裁判所（officialité）總是大力使用這件神話工具：即認定語言是公開透明而普遍的。讀得懂《費加洛報》的刑事法庭主審法官，對於要跟這位「目不識丁」的老牧羊人交談，表面上看來並未顯露一絲猶疑。兩人之間難道沒有一種共通的語言、而且還是舉世最清晰明確的語言——也就是法文——嗎？傳統教育還真是讓人超級放心，在那樣的教育之下，牧羊人與法官竟然溝通無礙！但話又說回來，在拉丁文翻譯練習與法文論文寫作高尚（且怪誕）寓意的背後，我們現在要賭的可是一個人的腦袋。

不過，還是有幾位記者提到了語言的差異與語言無法穿透的封閉性的問題，而且紀沃諾（Jean Giono）[4]在他的聽審報告中，針對這點提出了不少例證。我們觀察後發現，大可不必去想像存在什麼神祕的隔閡或是卡夫卡式的誤解。不，語言的句法、詞彙，以及大部分基

---

2 生物化學家（1891-1952）。「維他命」一詞的奠立人，於多米尼奇懸案中遇害身亡。

3 法國古典主義悲劇作家（1606-1684）。法國古典主義悲劇奠基人，與莫里哀、拉辛並稱法國古典戲劇三傑。

4 法國作家（1895-1970）。作品多半描繪普羅旺斯的鄉村世界。他想像力豐富，對於古希臘有獨到的見解，善於描繪人在面對道德和形上學問題時的處境。

本、分析的素材，都盲目地相互追尋，卻永不相遇，竟沒有任何人對此起疑：（「您有走到橋那邊嗎？——小路？那裡沒有路，我知道，我曾經去過那兒。」）大家理所當然會假裝相信唯獨官方語言才具備常識的效力，而多米尼奇所使用的語言卻只是人種學上的變異形態，因其貧瘠乏力而自成一格。但是，這套法庭主席的語言依然獨具特色，充滿許多不切實際的陳腔濫調，是一種像小學生寫作文的語言，而非描述具體心理的語言（除非大部分的人都不得不……嗯……保有別人傳授給自己的心理語言）。這本來只是兩種特性相互之間的衝突。但其中一種卻保障了自己這一方的榮譽、法則及力量。

然後，這套「普遍的」語言及時趕到，再次拋出支配方的心理狀態：這種狀態讓支配者永遠把別人當成一件物品看待，一邊描述他人，一邊為其定罪。這是一種作為形容詞功能的心理狀態，只知賦予受害者一堆屬性，無視他們行為本身的一切——除了找到符合將其強力定罪的犯罪類型的時候。這裡所謂的類型，可以對應到古典喜劇或字跡學論文：膨風吹牛、暴躁易怒、自私自利、狡猾詭詐、下流猥褻、冷酷無情，對這些心理狀態而言，人只仰賴「特徵」而存在，這些特徵向社會指明，人多多少少是一個容易被同化的目標，也多多少少是一個值得尊重的臣服對象。這種心理狀態只追求實際利益，將所有自覺的狀態排除在外，而且企圖將行為建立在先前的內在性上，它假設了「心靈」的存在；它把人評判為一種「知覺」，但對於自己一開始把人說成是一件物品，卻完全不覺困惑。

不過，前面所談的這種心理狀態——今日，以此之名，可以三兩下就把您的頭給砍了——它直接來自我們的傳統文學，以布爾喬亞的口氣來說，就是所謂的**人類文獻**（Document humain）文學。正是以人類文獻之名，老多米尼奇才會被起訴。司法與文學兩相結盟，互通老舊手段，揭露它們內在的相同性，厚顏無恥地彼此妥協。在法官後方，高坐象牙椅之上的，是作家們（紀沃諾、撒拉克魯〔Armand Salacrou〕[5]）。坐在檢察席桌前的，真的是法官嗎？不，眼前所見是一位「非凡的說書人」，身負「不容質疑的才智」及「閃亮耀眼的激情」（引述《世界報》對檢察官所下的驚人讚語）。連此處的警察都在練習寫作的風格。（一位警察分局長寫道：「我從來沒看過比他更會演的騙子，比他更疑心重重的賭徒，比他更逗趣的說書人，比他更狡猾的狡猾者，比他更矯健的七旬老翁，比他更有自信的暴君，比他更奸詐的算計者，比他更詭計多端的權謀家……加斯東・多米尼奇是令人詫異的人類靈魂、畜生思維變裝大師，他並非是擁有數張臉孔的人，這位假冒的大地家長，他是百臉先生！」）對比法、隱喻、奔放的情感，就是這整套古典修辭在控告一位老牧羊人。司

---

5 法國劇作家（1899-1989）。

法戴上了現實主義文學與鄉間故事的面具，然而司法卻自己前來審判庭找尋新的「人類」文獻，在被告與嫌犯的臉上天真無知地採集心理狀態的倒映光澤，經由司法途徑，文學卻最先在被告身上強加了這種心理學。

不過，在貪得無厭的文學面前（永遠被視為「現實」與「人性」的文學），還有一種痛苦欲裂的文學：多米尼奇審判所呈現的也是這種面貌的文學。法庭上並非只有對現實與傑出說書人飢渴不已的作家（說書人「閃亮耀眼」的激情奪走了一個人的項上人頭）；不論被告的罪責輕重，還有一種恐怖表演，我們人人都是受到威脅的對象，也就是被一種權力裁判的恐懼感，這權力只想用它借給我們的語言，聽我們說話。我們每個人都可能成為多米尼奇，雖然與命案無涉，但都是被奪去語言的被告，或者更糟，我們被迫穿上奇裝異服、嘗盡羞辱，受到控告方用它的語言起訴。以語言本身為名義竊走一個人的語言，一切合法謀殺由此開端。

13 皮耶神父的肖像

皮耶神父的神話運用一種珍貴的手段：神父的頭顱。那是一顆美麗的頭顱，清晰地展現使徒的所有符號：溫和的眼神、方濟會式的髮型、傳教士的鬍子，這幅畫面由神父—勞動者（**prêtre-ouvrier**）所穿的羊皮上衣及朝聖手杖所構成。傳說的與現代性的密碼便如此結合在一起。

好比說，把頭髮剃光一半，不做作，更沒有特殊造型，必定是想創造一種完全不含藝術與技術成分的髮型，某種髮型的歸零狀態：頭髮還是得剪，但這個必要的行為至少不涉及任何一種存在的特殊模式：就讓它什麼都不是吧。皮耶神父的髮型在視覺上設計用來達到一種介於短髮（為了不被發覺的必要規範）與不修邊幅的亂髮（適合用來展現對其他規範的漠視）之間中立的平衡。這樣的髮型契合聖性的毛髮原型：聖人首先必須是一個不具制式背景的身體；模式的概念與聖潔的概念無法相容。

但事情就此複雜起來——必須祈望神父對此並不知情——那就是，在此，就像在別處，中立性最終的功能就是成為中立本身的**符號**，如果我們想要低調、悄悄地通過，一切都必須重頭開始。歸零的髮型本身就是純粹在凸顯方濟主義；這髮型本來就是為了消極地避免阻礙到神聖的面貌，它很快就變成意義的終極模式，它把神父**喬裝**成聖方濟（saint François）[1]。該髮型在圖畫及電影中的大量圖像運用（只要讓演員雷巴茲〔André Reybaz〕[2]留著這種頭髮就可以完全跟神父本人混淆），原因概出於此。

同一個神話學的循環也適用於鬍鬚：當然啦，鬍子也可以單單只是一位自由無拘者的一項特徵，他從我們世界的日常生活規範中脫離，也很討厭浪費時間刮鬍子：這很合理，仁慈的魅力也可以帶著這類輕視；但我們必須體認到，傳教士型的鬍鬚也有它自身的小小神話學。有些神父留著滿臉鬍鬚，這絕非巧合；此時的鬍鬚更成為一種傳教士或嘉布遺修會（capucin）[3]的特徵，它唯一的任務就是把使徒及貧窮「象徵」出來。留著鬍鬚的世俗神職人員因此稍稍抽離世俗，鬍子剃得乾乾淨淨的神父應該比較屬於俗世時間，滿臉鬍鬚者則比較像真正在傳福音的人：心地醜惡的弗侯洛（Frolo）[4]滿面光滑，好神父嘉祿・富高（Charles de Foucauld）[5]則一臉鬍渣。鬍鬚背後所代表的意義是，我們不再那麼歸屬於主教、階級意識或政治教會；我們似乎更加自由無拘，有點特立獨行，總之變得更加原始樸素，享有與最早期避世隱者同樣的名聲，擁有修院制度創立者的艱苦特權，他們是心靈的保管人，反對言傳文字：留著鬍子，就是用同一顆心探索貧民窟、古大不列顛地區（la Britonnie）及尼亞薩蘭（le Nyassaland）。

顯然，問題不在於了解這片**符號**的森林如何遮掩皮耶神父的形象（雖然說句老實話，善良的特徵竟然成為可任意置換的配件，這件事仍令人相當吃驚——這些物件是現實的、《巴黎競賽畫報》（*Paris Match*）中的皮耶神父，以及虛構的、電影裡的皮耶神父形象之間的簡單交換，一言以蔽之，使徒的形象從第一刻開始就表現得猶如萬事俱足，蓄勢待發準備踏上形象重建及聖徒傳說的遠大旅程）。我只是不禁想就大眾對這些符號的大量消費現象提出探問。在我看來，這種現象讓人們對形貌與使命之間令人嘆為觀止的相互等同更加確信不移。

1 方濟各會的創辦者（1181-1226）。知名的苦行僧，現任羅馬教宗的聖號方濟各就是為了紀念這位聖人。

2 法國演員（1929-1989）。多半在電視上登場。

3 又稱嘉布遣兄弟會，是天主教男修會。

4 雨果名著《鐘樓怪人》裡的心地醜惡神父。

5 天主教神父（1858-1916）。知名行善家，最終被暗殺，並被教會視為殉道者。

並不會因為人們辨識得出前者，就去懷疑後者。除了倚賴舊貨鋪，沒有其他管道能通往真實的使徒經驗，還要習慣在神聖性的店家櫥窗前看一眼，以求心地清明；我為這個社會擔心，一個如此貪婪地消費慈善標記的社會，是否會忘記去質疑其後果、用法與限制。於是我終究想問：皮耶神父那美麗動人的圖像，難道不是這個國家很大一部分人的托詞，我們再一次讓慈善的符號毫不受制地代替正義的真相。

14 小說與小孩

《Elle》不久前在同一張照片上聚集了七十位女性小說家，令我們不得不相信，女作家構成了一個非凡的動物學種類：她混雜無序地（pêle-mêle）生產出小說跟孩子。例如，我們會這樣宣告：賈克琳・勒諾瓦（Jacqueline Lenoir）（兩個女兒、一部小說）；瑪麗娜・葛蕾（Marina Grey）（一個兒子、一部小說）；妮可・莒特耶（Nicole Dutreil）（兩個兒子、四部小說）。諸此種種。

這是什麼意思？是這樣吧：寫作是一項光榮但大膽奔放的行為；作家是「藝術家」，我們認為他有某種權利可以放蕩不羈；而且由於一般來說——至少在《Elle》的法國讀者眼中——作家通常承擔了為社會帶來良知判準的工作，因此必須酬報他的服務：人們默許作家過一種稍具個人特色的生活的權利。但是，請注意：希望女性們別相信她們不需先順服於女性身分的永恆不變法則，就能夠利用這條協定。女人在世就是要為男人生孩子；她們想寫就儘管寫，讓她們去粉飾自身的處境，但她們尤其不能從中脫身：女性被《聖經》所限定的命運，不該被讓渡給她們的地位提升所擾亂，要讚頌她們的母性，讓她們立即為這種自然而然與作家生活相關的放浪不羈付出代價。

因此，請諸位女性要勇敢、自在；裝扮成男人的樣子，像男人一樣寫作；但永遠不要疏遠男人；請活在男人的目光之下，用生兒育女來補償小說寫作的職志；請您稍稍追求事業，但別忘了盡快回到您原本的處境之中。一部小說、一個孩子、一點女性特質、一段婚姻生活，讓我們將藝術歷險綑綁在家庭的堅固支柱之上：雙方都在這來來往往的過程中獲益良多；涉及神話的時候，互助精神總是極其有效。

舉例來說，繆思女神把她的崇高精神授予瑣碎的家務工作；反過來，為了答謝這份恩惠，生育的神話也把體面的擔保以及育嬰室宜人的環境借予繆思——雖然有時她的名聲稍顯輕薄。這麼一來，一切都是為了促成所有的世界中最好的那個世界——《Elle》中的那個世界：女人要有自信，可以跟男人一樣，輕鬆達到創造的高妙境界。但是男人要盡快對此放寬心：我們不會就此奪走他的女人，女人不會就此脫離她天生的、隨時可回復的生育者身分。《Elle》很機靈地搬演了一幕莫里哀式的戲劇場景。在這一邊同意，在另一邊卻拒絕，致力於避免冒犯任何人；正如同唐璜身處兩位女農婦之間，《Elle》對女人說：「妳們跟男人一樣有才華」；對男人則說：「您的女人永遠都只是女人。」

在這場雙重生產中，男人一開始似乎並未露面；看起來只有小孩跟小說陸陸續續地問世，一切只屬於母親本人；由於幾乎在同一個框圍起來的畫面上看到作品及孩子多達七十次，我們會相信它們都是想像及夢幻的結晶，是理想的單性生殖的神奇產物，一口氣就為女人帶來巴爾札克式的創作喜悅以及母性的溫柔歡愉。在這幅家庭圖像中，男人的位置在哪呢？無處在，也無處不在，像一片天空，也像一條地平線，是同時決定並涵蓋某種情境的一道權威。這就是《Elle》中的世界：女性在其中永遠是一個同質的種類，是一副被構建出來的身體，唯恐失去她的特權，也更著迷於她的受奴役狀態。雜誌裡面從來沒有男人的蹤影，女人在其中則非常純淨、自由、力量強大；但男性圍繞在外，無所不在，自四面八方施壓，他使世界存在；他自古以來都是不在場的上帝，是拉辛（Jean Racine）[1]筆下的神：一個沒有男人的世界，但這個世界又全盤由男性的眼光所構成，《Elle》的女人宇宙，根本就是閨

1　法國劇作家（1636-1699）。與高乃依、莫里哀合稱十七世紀最偉大的三位法國劇作家。拉辛的戲劇創作以悲劇為主。

房的宇宙。

《Elle》的所有策略都含有這種雙重運作：請關上閨房，也只有這樣，才能放手讓女性在其中自由來去。盡管去愛、去工作、去寫作、成為女生意人或女作家，但請永遠記得，男人總是存在著，妳們並非像男人那樣被造出來：您的範疇必須仰賴他的範疇才能自由發揮；您的自由是一種奢望，您得先體認到與生俱來的職責，才可能享有自由。想創作的話就盡管寫吧，我們女人都會以此為榮；但別忘了，您還得生養孩子，此乃您命中注定之事。耶穌會有一條道德規範：與適合您狀況的道德法則妥協，但永遠不要放下建立起它的教條。

15 玩具

法國成人將「孩子」視為另一個自己，在這方面沒有比法國的玩具更好的例子了。常見的玩具基本上體現了成人世界的微型宇宙；這些玩具都是成人器具縮小的再製品，似乎在眾人眼裡，孩子終歸只是一個更小隻的大人，一個小侏儒，我們必須提供給孩子符合其身材尺寸的物品。

這類玩具很少有所謂的創新形式可言：就是一些搭蓋建構的遊戲，需要一雙擅長敲敲打打的巧手才能完成，也唯有這樣才能創造出生動活潑的樣式。此外，法國的玩具總是**象徵了某些事物**，而這「某些事物」總是全盤社會化，由成人現代生活的神話與技術所構成：軍隊、廣播、郵局、醫藥（醫生的迷你提包、洋娃娃專用的手術室）、學校、造型美容（燙髮頭罩）、航空（降落傘員）、交通（火車、雪鐵龍、汽艇、偉士牌機車、加油站）、科學

（模擬火星的玩具）。

法國的玩具在**字面上**預見了成人世界的工作樣貌，顯然這個事實只會讓孩子準備全盤接受、甚至在他能夠自行思考之前，直接為他建立一個原始本能的託詞藉口，這股本能無時無刻創造出士兵、郵務員、偉士牌機車。玩具如此交出一份大人絲毫不會意外的目錄清單：戰爭、官僚、醜惡、火星人，諸此種種。而且，模仿並不如其表面含義那樣豐富，它只是一種放棄、退讓的符號：法國玩具就像希瓦羅人（Jivaro）[1]保存的微縮人頭，我們可以在蘋果般大小的頭顱上，發現成人的皺紋及頭髮。舉例來說，還有一種娃娃會撒尿；娃娃體內都安裝了食道，我們把奶瓶塞過去，接著它們就會尿濕襁褓巾；當然囉，它們腹腔裡的牛奶很快就會轉變成水。我們可以藉由這種方式，讓小女孩熟悉家務工作的因果定律，讓她開始「適應」未來母親的角色。只是，在這座充滿了準確及複雜物件的宇宙面前，孩子只會變成擁有者或使用者，永遠不會成為創造者；他不創造世界，他使用這個世界：我們已經幫他準備好缺乏冒險、缺乏驚奇、缺乏歡樂的起步動作。我們讓孩子變成一位小房東，成天宅在家裡，甚至用不著去創造應付成人命運所需要的精力；我們把整套東西準備好，直接交給他們：孩子只需直接取用，我們從來不給他自己從頭到尾親身悠遊的機會。最基本的建造遊戲，只要不是太過講究，都可以讓孩子學習去認識一個全然不同的世界，他在其中並未創造任何具有意義的物品，就算那些東西沒有成人化的名稱也沒關係。他所演練的並非如何使用物品，而是如何造物：他創造出會行走、轉動的形式，創造出一種生命，而非一種所有物；物品在其中自主活動著，它們不再是握在掌中把玩的死板板、複雜的材料。但這類玩具少之又少：法國的玩具通常都是模仿式的玩具，只想讓孩子成為使用者，而非創造者。

玩具的布爾喬亞化不只可以透過其全然功能性的形式來辨認，也可從材質上看出來。常見的玩具都是以不討喜的材質製成，是化學的、而非原始天然的製品。許多玩具現在都是由複雜稠密的糊狀物模製而成；塑膠材質同時具有粗糙及衛生的外貌，它澆熄了觸覺的舒適、柔順以及貼近人性的溫熱感受。有一種令人沮喪的符號出現了，那就是越來越少人使用木材，但木頭明明是一種理想的材質，堅固、緊實，觸摸時有一股自然的溫暖；不論支撐何種型態的物品，木頭都會消除太過尖銳的稜角磨傷與金屬的冰冷化學感；當孩子在木材上塑造、敲打的時候，它也不會顫動或發出刺耳的聲音，木頭同時帶有一股低沉卻清晰的聲響。這是一種既親切又富詩意的材質，讓孩子不斷與樹木、桌子、地板保持接觸。木頭不傷物，亦不自毀，也不易斷裂。它會磨損，但卻可長久使用，與孩子一同成長，也能一步步調整物

1　希瓦羅人住在祕魯北部與厄瓜多爾東部，以獵人頭與「縮頭術」聞名（將人頭斬下，風乾成小顆人頭標本）。

品與雙手間的關係。即便木材壽命將盡，也只是慢慢縮小，而不會膨脹鼓起。不像那些機械玩具，因為彈簧故障而鼓脹起來，以此宣告退場。木頭一向製造出主要的物品，永恆常在的物品。但現在，用木頭打造的、使用孚日山區木材的玩具幾乎絕跡，那的確是在手工藝興盛的時代才有幸見到。從今以後，玩具的材質或顏色都將是化學製造：甚至連玩具的材料本身所引起的，都是一種使用的聯感、而非歡愉的聯感。而且，這些玩具消失得很快，一旦消亡，對孩子來說，它們就沒有任何死後生命可言了。

16 巴黎沒淹水

姑且不論大水帶給成千上萬法國人不便與災禍，一九五五年一月這場巴黎洪水，與其說是災難，不如把它看成一場節慶。

首先，它改易了某些物體的樣貌，引入了一些不符合常態、卻可以解釋的視點，使人對世界的感知煥然一新：我們看到汽車淹到只露出車頂；路燈一大半泡在水中，只餘頂部浮出水面，有如朵朵睡蓮；房舍被切割成東一塊、西一塊，像孩子玩的積木；貓咪受困樹上多日。所有這些日常物件看似瞬間失根斷線，被奪走了最合理的典型實體：大地。這道斷裂保留了稀奇古怪的感受，卻不會引發魔幻妖異的威脅感：這片汪洋大水製造了一種出色、人們常見的特效場面——事物的形貌改變了，卻依然顯現出「渾然天成」的樣子——，我們的心思可以專注在效果上，而不必退回因晦澀不明而產生的焦慮恐懼之中。洪水打亂了日常視覺的觀看方式，卻並未引發幻覺。事物部分消失抹除，而非變形走樣：這場奇觀極其殊異，卻合情合理。

凡是一切日常生活稍微大幅的斷裂都會導向「節慶」：然而，洪水不只是選定並改變某些物品的外貌，它甚至顛覆了風景的體感以及自古以來的地平線結構：土地量測的慣用線條、樹木形成的連綿綠幕、房屋的排列、道路，乃至河床本身，這恆常穩定的稜角分明，曾經如此妥善精準地安排土地所有權的形式，這一切都像用橡皮擦拭去一樣，從邊角到平面攤開抹平：不再有道路，不再有河岸，不再有方位；一個平坦的實體，水漫八方，鋪天蓋地，如此便中止了人的生成發展，使人脫離理智，脫離了地點的實用工具性。

最令人困惑的現象當然是河川本身消逝無蹤：河水本來是這一切混亂的起因，但它不復存在，河水不再流動，帶狀的河流是一切地理觀察感知的基本型態——這正好也是孩子們所喜歡熱愛的——，如今從線變成面，空間結構的意外突變不再有任何背景參照，在河川、道路、田埂、陡坡、空地之間，不再有層次分野；全景視野失去了它的主體力量，也就是將空間作為各路功能的並置來安排規劃。因此，大水主要是在視覺反射作用方面引發了困擾。但這困擾在**視覺上**不具威脅（我是說它在新聞照片上的樣子，這是唯一對水災真正集體消費的方法）：對空間的適應力暫時中止了，感知驚奇不已，但整體感受依舊溫柔、平靜、穩定、隨和；視線被導向一片無窮無盡的稀釋淡化中；日常視覺的中斷並不屬於混亂的範疇：這是一種突變，我們從中只看到其完成的特性，遠離了恐懼之感。

這股視覺上的平穩寧靜，由波瀾不驚的河水氾濫所促成，成為一種地形學上功能及**名稱**的中止，這顯然符合了一則滑行的歡樂神話：看著這些水災的照片，每位讀者都間接地覺得自己也在滑行漂移。這就是為什麼小船在街道上穿梭的照片會如此轟動：此般場景令人目不暇給，報紙與讀者只嫌看得不夠。那是因為我們從中看到水上行走的兒時神奇夢想，竟然在現實中發生了。在數千年的航行之後，舟船依舊是個令人驚嘆之物，它引動欲望、激情及夢想：每當遊戲中的孩子、工作中的工人看到遊艇開過，都會滿目眷戀地盯著它看，大家甚至將它視為一種帶來解放的工具，透過它，一般常情無法解釋的問題便神奇地解決了，那就是「在水上行走」。大水再度帶出了這個主題，而人們生活其中的日常巷道為它提供了鮮明動人的框架：人們搭船去雜貨店、神父乘小艇進入教堂、一家人划著輕舟去採買食品。

重建村莊或街區，為其修建幾條新的道路，有點像使用劇場空間一樣，在其中盡情發揮，也改變了童年的小木屋神話，避難所被大水圍繞，猶如城堡或威尼斯宮殿一般難以接近——這些不尋常的怪事為它們增添了一種幸福的滿足感。這事極其矛盾，漫天大水造就了一方更無拘無束、更容易駕馭的世界，帶來了類似孩子在擺弄玩具、探索玩具、享受把玩時達致的那種歡樂愜意。房屋此刻不過是積木而已，鐵道是獨立的線條，成群家畜是被攜運的漂流塊體，而小船，這件兒童世界的最高級玩具，在這處被排列、攤開且不再根植大地的空間中，變成了表現「占有」的掌握模式。

假使我們從感官的神話轉向價值的神話，水災便也保留了同一種克制的欣喜：新聞媒體可由此輕而易舉地展現團結合作的力量，並日復一日將水災重構成一樁集結眾人的事件。這主要呼應了災禍的**可預見**本質：例如，報紙會用某種熱烈、積極的方式預先斷定大水淹到最高峰的時刻；以堪稱科學的方式為災難爆發定下期限，能夠集合眾人，理性地謀劃補救之法：設置路障、防堵缺口、排水疏導。這與暴風雨來臨前提早採收作物、收回晾曬的衣物，或在冒險小說中昇起吊橋禦敵的靈巧手段所引發的滿足感如出一轍。總之就是倚賴時間這唯一的武器對抗大自然。

威脅巴黎的大水，甚至可將自身稍微包藏在一八四八年二月革命的神話之中：巴黎人升起「街壘」（barricade），藉鋪路石之助，抵抗來犯的河水大敵，保衛了城市。這種家喻戶曉的抵抗方式令人無限神往，由一幅幅圖片影像襯托出來：擋牆、無比壯觀的壕溝、孩子們在海灘上與潮水比速度所築的沙牆。這些都比從地窖中抽出積水來得堂而皇之，報紙無法從抽水畫面中製造醒目的效果，管理員也不懂一邊堵漏、一邊往已漲滿的河面傾倒積水到底有什麼用。還不如在下列這些畫面上作文章：動員國軍人力、出動軍警支援、電動汽艇、拯救「老弱婦孺」的行動、《聖經》中曾經描寫的趕畜回欄，這完全是諾亞讓動物塞滿方舟時的那股焦急激動之情。因為方舟是一則快樂圓滿的神話：人類在方舟中與自然力量保持距離，集中心思，從自身力量中醞釀必備的信念，從災難本身得出這項再明白不過的事實：世界是可以駕馭操縱的。

17 碧雄在黑人國度

《巴黎競賽畫報》對讀者講述了一則故事，它牽涉到許多關於黑人的小布爾喬亞神話：身為老師的一對年輕夫婦出發去食人族的國度探險，為了在那裡寫生作畫；他們還帶了幾個月大的嬰兒隨行，孩子名叫碧雄（Bichon）。人們對這名嬰孩及父母的勇氣傾倒不已。

首先，沒有什麼比毫無目標的英雄主義更令人氣憤的了。如果一個社會無緣無故鼓吹英勇美德在**形式上的**表現，那這個社會就沒救了。如果小碧雄所冒的危險（急流、野獸、疾病等等）是真的，那麼，只是為了單純「去非洲畫畫寫生」的理由，為了完全不可靠的華美景象，想把「燦爛的日影與光芒」捕捉到畫布上，就把這些險阻強加在小孩身上，這實在太愚蠢了；若把這種愚蠢行徑視為動人耳目、感人肺腑的勇氣可嘉之舉，就更該大力譴責。我們了解到勇氣在此如何產生作用：這項舉動虛有其表，空洞無腦，越是無憑無據，越能招來崇拜；這根本是一種童子軍文化，在其中，觀念及價值的準則與團結或進步的具體問題完全脫離。這是「剛強堅毅」的古老神話，也就是「嚴密訓練」的古老神話。碧雄的英勇事蹟與驚心動魄的攀登高山同屬一類：它們皆是倫理精神的示範，只能仰賴人們對兩者的公開宣傳，獲取最終價值。與集體運動強身的社會化型態互相呼應的，在我們的國家通常是體育明星（sport-vedette）的極致型態：身體方面的努力，在此並未奠定個人在所屬團體中的學習基礎，而是透過虛榮的道德標準、堅毅耐久的異國情調、對冒險奇遇的小小崇拜，極力斬斷所有對社會性的關切。

碧雄的父母前往所在位置模糊不明的地帶旅行，那是一個特別名為**紅色黑人國**（Pays des Nègres Rouges）的地方，一個充滿傳奇故事的地帶，不露痕跡地減輕了太過真實的各種特徵，但其有如傳說的名稱，已經在黑人塗抹於身上的顏色與他們認為可以飲用的人血之間，呈現了一種使人戰慄的曖昧不定，這段旅行便以征服的語彙揭開序幕：一家人當然手無寸鐵地出發了，卻「畫板與畫筆在手」，這完全有如捕獸打獵或戰士的遠征，被匱乏的物質條件所決定（英雄總是一貧如洗，我們的官僚社會不會獨厚高尚的啟程），充滿勇氣——也充滿壯麗（或怪誕）的徒勞無用。年幼的碧雄則扮演帕西法爾的角色，以他的金髮碧眼、天真無邪、捲髮與笑容，與黑紅膚色、臉上刻著刺青紋飾、戴著嚇人面具的惡魔世界形成對比。最後自然是白皙的柔嫩肌膚獲勝：碧雄降服了「食人者」，變成他們的偶像（白人顯然適合成為神）。碧雄是一位好心的小法國人，不費一兵一卒就馴化、降服了野蠻人：他年僅兩歲[1]，卻不在布隆森林（bois de Boulogne）[2]嬉戲玩耍，而已經在為國效力，正如他的父親。我們並不是很清楚，碧雄的爸爸為何投身駱駝騎兵隊，前去密林中追捕「盜匪」。

我們已經可以猜到在這則振奮人心的故事背後，面目逐漸清晰的黑人形象：首先，黑人令人懼怕，他會吃人；如果我們覺得碧雄英勇無比，那是因為他其實冒著被吞掉的危險。如果沒有這個危機背後暗含的指涉，故事就會完全失去震撼的效果，讀者也不會害怕了；同時，衝突感在下列這一幕中大幅加劇：白人小孩碧雄孤身一人，落單無依，滿臉天真地置身於一群可能帶來威脅的黑人群中（唯一一幅令人完全放心的黑人形象，是年輕男僕〔*boy*〕，他是被馴化的野蠻人。除此之外，還能與所有好聽動人的非洲故事的另一個老掉牙場面連結起來：愛偷東西的男僕帶著主人的東西跑掉了）。看著每一幅影像，我們都會為可能發生之事戰慄不已：我們絕不清楚地指出這點，敘事是「客觀的」；但它其實仰賴白

1 前文說碧雄幾個月大，這裡寫兩歲，疑為巴特筆誤。根據相關圖像來看，應該較接近兩歲。

2 法國巴黎西邊的一片森林，和巴黎東南的文森森林被視為巴黎吸收氧氣的兩扇「肺葉」。

皙身軀與黝黑皮膚、純真與殘忍、靈性與魔法之間動人的合謀；美女壓制了野獸，但以理（Daniel）任由獅子舔舐，開化的靈魂降服了野蠻的本能。

碧雄的影像操作最深層的關竅在於，藉由白人小孩的目光來呈現黑人世界：顯而易見，一切在此都具有**偶戲木偶**（Guignol）的外貌。既然這種簡化精準地還原了常識已經對異邦的藝術與風俗產生的形象，那麼這就是為何《巴黎競賽畫報》的讀者更加確定了他的孩童視野，幾乎讓自己身在無力想像他人的處境中。我在談論小布爾喬亞階級的時候已經指出這點。歸根究柢，黑人並未擁有充實、獨立的生命：他是一個稀奇古怪的怪物；他被簡化成僅餘寄生的功能，透過隱約夾帶威脅的奇異怪誕娛樂白人：非洲，就是一尊有點危險的偶戲木偶。

現在，如果我們真的想要跟這幅普遍的形象做比較（《巴黎競賽畫報》大約有一百五十萬名讀者），那麼，理解人種學家為使黑人去神祕化所作的努力、他們在被迫使用「原始」或「古老」這類模稜兩可概念的狀況下，長久以來所採取的嚴謹措施——例如牟斯[3]、李維—史陀（Lévi-Strauss）[4]、勒華—古杭（Leroi-Gourhan）[5]之輩，在跟那些經過掩飾的、涉及人種的老舊用語搏鬥時，所持守的知識分子正直精神——我們就更能了解自身的主要束縛：知識與神話之間令人難受的相互背離。科學進步得很快，在自己的路上向前直行；但集體的表現卻沒有隨後跟上，反而落後了好幾個世紀，在權力、大型報刊以及等級價值觀之下停滯不前，延續以往的錯誤。

我們依然活在前伏爾泰時代（prévoltairien）的心態中，我們必須不斷強調這點。因為在孟德斯鳩或伏爾泰的時代，如果波斯人或者休倫人（Hurons）[6]讓人覺得驚奇，至少是為了把天真純樸的好處出借給他們。伏爾泰今日若還在世，絕對不會採用《巴黎競賽畫報》的方式來撰寫碧雄歷險記：他可能會把碧雄想像成食人族（或韓國人），他正與西方的燒夷彈「偶戲木偶」搏鬥。

3　法國社會學家（1872-1950）。社會學家涂爾幹的侄子，學術作品跨越社會學與人類學邊界，曾研究世界各地不同文化中有關魔術、犧牲和禮物交換的現象。

4　法國人類學家（1908-2009）。法國一代人類學宗師，與弗雷澤、鮑亞士共享「現代人類學之父」美譽。他所建構的結構主義及神話學方法，深刻影響二十世紀人文社科各大領域。

5　法國民族學、考古學家（1911-1986）。史前時代專家，也是科技及文化方面的思想家，追求結合科學的精準及哲學概念。

6　北美原住民，十五世紀開始與白人有了首次接觸。原定居於現今安大略湖北岸。

18 善良的工人

伊力・卡山（Elia Kazan）[1]導演的電影《岸上風雲》（*On the Waterfront*）是神話化的一個絕佳例子。我們當然知道，影片主角是一位俊帥、懶散、略顯粗魯的碼頭工人（馬龍・白蘭度飾演）。透過愛情與教會（由斯培爾曼風格〔spellmanien〕驚世神父〔curé de choc〕的形象表現出來）的救贖，他的意識逐漸覺醒。這股覺醒與一個非法、濫權工會的解散恰好同時出現，似乎在鼓勵碼頭工人挺身對抗某些剝削他們的人，也因此，有人不禁懷疑這是一部講述奮鬥勇氣的片子、一部「左派」的影片，目的是為了向美國觀眾揭示勞工問題。

1 希臘裔美籍舞臺劇、電影導演（1909-2003）。經他導演而成為名作的舞臺劇包括田納西・威廉斯的《欲望街車》以及亞瑟・米勒的《推銷員之死》。卡山作為電影導演的貢獻也毫不遜色，分別以《君子協定》（1947）及《岸上風雲》（1954）兩度獲得奧斯卡最佳導演獎。

事實上，這再次涉及了對現實的疫苗反應，我在談論其他美國片的時候，已經指出了這種完全的現代機制：我們把資方大老闆的剝削作用轉移到一小群匪徒身上，公開承認這種小惡，把焦點集中在這個微小醜陋的膿包上，卻別過頭去、無視真實的罪惡，我們刻意不說出它的名字，把惡驅除、淨化了。

然而，只需客觀地描摹卡山電影中的「角色」，就能毫無爭議地確立他打造神話的能力：無產階級在此被建構為一群貧瘦、懦弱者的形象，他們彎腰駝背、屈從於奴役，他們深知自身處境，卻沒有勇氣去動搖它；國家（資本主義的）與絕對正義混同一體，是對抗犯罪與剝削唯一可能的憑藉：如果一名勞工得以求助於國家、警察及調查委員會，他就得救了。至於教會，在一個愛出風頭的現代風格表象之下，只不過是勞工的結構性苦難與國家資方父系權威之間的一股調解力量。而且，最後這種追求正義、良知的急切熱望都迅速平復，在一個高度穩定、有益無害的秩序狀態中消解掉了。在那個世界裡：勞工努力工作、老闆雙手交叉，神父對雙方的各司其職施以祝福。

甚至直到影片結尾，整部電影的意義才翻轉過來，許多觀眾還以為，卡山導演此刻巧妙地留下了進步主義的痕跡：在電影的最後一幕，我們看到白蘭度用一種超人似的努力，在正在等待他的老闆面前，展現一位認真埋頭苦幹好勞工的樣子。但我們也輕易就看出來，這位老闆已經成為被諷刺的對象。人們說：你看，卡山導演正在陰險地醜化資本家呢！

此刻就是運用布萊希特所提出的去除神話方法的大好機會，此時不用更待何時，如此便可檢驗我們從影片開頭就給予主角贊同認可的結果。顯而易見，白蘭度對我們來說是一位正面的英雄，即便身負缺陷，依然贏得所有觀眾的心，如果沒有這種對角色投注的參與感，就不可能有演出。這位英雄再次尋得良知與勇氣，變得更為強大，雖然傷痕累累，筋疲力盡，卻依舊頑強不屈，走向那位即將把工作還給他的老闆，此時，我們對他的同理心不再有界線，我們不加思索地、與這個「新基督」的角色全然融為一體，毫無保留地參與了他的「受難記」。然而，白蘭度痛苦的昇華過程，其實導向了顛撲不破的資方階級的被動認可：儘管具備那些諷刺資方的元素，我們所要組織起來的東西，其實還是**回歸階級秩序**；與白蘭度、碼頭工人、美國的勞工們一起，我們帶著一股勝利、寬慰的感覺，將自己再度放回資方掌握之中，此時要再刻畫資本家腐敗污穢的外貌，已經無用：我們早就被與這位碼頭工人的命運共同感牢牢抓住，他重新尋獲社會正義的意義，只是為了向其致敬，並將之作為禮物餽贈給美國的資本階級。

正如我們所見，這個場景的**參與感**本質，使其客觀地成為一個神話片段。觀眾從影片開頭就被安排好要愛上男主角白蘭度，任何時刻都不能批評他，也不可以意識到他實際上所犯下的蠢事。我們知道，就是為了避免這種機制的風險，布萊希特才提出了「角色疏離法」[2]。布萊希特也許會要求白蘭度**表現**出他的天真，這是為了讓我們了解，即便我們同情他所經歷的苦難，更重要的是要找出他受苦的原因與解方。我們可以把卡山導演的失誤歸結為：重點是要去評價白蘭度本人的表現，而非對資本家多作論斷。因為比起對施壓劊子手的諷刺，受害者自身的起而反抗更令人期待。

2 德國戲劇理論家布萊希特所提出的戲劇表演理論，使觀眾疏遠於戲劇或電影，布萊希特稱之為「敘事劇」。他也認為，戲劇應為政治服務。觀眾對舞臺上的戲劇投射情感會妨礙觀眾的冷靜判斷。

19 嘉寶的臉蛋

葛麗泰・嘉寶（Greta Garbo）[1]依舊屬於這個電影時代，對人類面孔的捕捉，讓群眾一頭栽入最強烈的迷亂不安之中，我們表面上迷失在人臉的影像中，如嗑春藥，臉孔構成某種肉體的終極狀態，令人無法觸及、也無可拋棄。早前幾年，瓦倫提諾（Valentino）[2]的面容曾引發自殺潮；而嘉寶的臉蛋仍具備風雅之愛的支配特質，肉體會催動引人沉淪的神祕情感。

無庸置疑，這是一張令人讚賞的、作為主體的臉孔（visage-objet）。在《克莉絲汀女

1 瑞典國寶級演員（1905-1990）。奧斯卡終身成就獎得主，美國電影學會將她評為百年來最偉大女演員第五名。一生孤高，幾乎任何一部她演過的電影都有這麼一句話：「請讓我一個人待著。」

2 義大利演員、性感明星（1895-1926）。他是二〇年代最受歡迎的明星，也是默片時代最知名的演員之一。

王》（*La Reine Christine*）這部近年於巴黎重映的片子中，嘉寶臉上脂粉濃厚，一如潔白似雪的面具。這不是一副畫出來的臉龐，而是用石膏塑成，保護它的是表面的色彩，而非線條。在這整片脆弱、緊實的雪白中，光是看看那雙眼眸，深黑如墨，猶如奇特的果肉，卻毫無生氣，像兩塊微微顫抖的傷斑。這張臉就算極端美豔，卻不是畫出來的，比較像在光滑易碎的表面上雕刻而成，換句話說，既完美又轉瞬即逝，猶似卓別林那塗抹厚粉的臉龐、深色植物般的雙眼、圖騰式的面孔。

然而，全罩式的面具（例如古代面具），比起人類面孔的原型樣貌，也許意味著較少的祕密主題（如同義大利的半遮式面具）。嘉寶讓我們看到的是造物的某種柏拉圖式概念，這恰好說明了在她的臉孔上幾乎看不出性別，但卻不會啟人疑竇。的確，這部電影（在片中，克莉絲汀女王從女人演到年輕騎士）引起了這般不可分割的共有感；但嘉寶在其中並未完成任何變裝表演，她就是她自己，無須佯裝，在她的后冠以及大氈帽之下，展現著同一副雪白、孤寂的臉龐。毫無疑問，她的暱稱「女神」（*Divine*）主要不是為了展現神聖的最高級狀態，而是展現她肉體的本質，其本質從天而降，在那處天國聖境中，事物在最清晰的狀態下成形與終止，嘉寶自己心知肚明：多少女演員甘願讓眾人旁觀她們美貌的令人驚慮的成熟過程。但她才不想要這樣：本質絕不可摧折。她的臉孔所呈現出來的，永遠只能是她智慧上、而非形貌上的完美。「本質」逐漸模糊掉，一步步掩蔽在眼鏡、遮陽帽以及塵世生活之下，卻從未變質。

然而，在這張去神格化的臉孔上，浮現出某種比面具更尖銳的東西：某種介於鼻翼弧線與拱眉之間刻意的、人性的關聯，介於面部兩個不同區域之間一項罕見、個人的功能；面具僅僅是線條的總和，而臉孔則首先是線條之間一種主題式的呼應。嘉寶的臉孔代表了這脆弱的時刻：電影想要從實質的美感當中抽取出存在的美感，而原型將轉向於對易朽面孔的沉迷；肉體本質的清晰明澈將讓位給女性的抒情詩意。

作為一個轉換的契機，嘉寶的臉蛋調和了兩個肖像的時代，穩固了由「駭人過渡到迷人」的過程，我們知道，今日我們處於這個演變的另一個極端：舉例來說，奧黛麗・赫本（Audrey Hepburn）的臉孔已經個體化了，不只因為其特殊的主題（像小孩的女子、像小貓一樣的女子），也由於她的人本身，一種幾乎獨一無二的臉龐特徵，不再具備任何本質，而是由體態功能的無限複雜所構成。作為言語，嘉寶的特殊性是概念上的，而赫本則是實體上的。嘉寶的臉孔是「概念」（Idée），赫本的臉孔則是「事件」（Événement）。

20 力量與神色不驚

現在，我們在那些黑幫系列電影中，可以見到神色若定的優雅姿態表現；外表標緻的女子用濕軟的香唇對展開攻勢的男人噴出煙圈；手指從容地喀喀作響，發出明顯且精打細算的情感挑逗暗示；黑幫老大的夫人即便身處險境，依舊神色若定地打毛衣。《萬惡黃金》（*Grisbi*）這部片確保了一種非常法國式的日常生活，為這種氣定神閒的風格定下了標準。

幫派的世界首先是一個冷靜沉著的世界。那些一般哲學裡依舊認為事關重大的事件——例如死了一個人——縮減成一張示意圖，以許多極細微的動作表現出來：一個小小的事件微粒出現在平穩移動的視線中，兩根手指發出喀喀響聲，視線的另一端，一名男子照慣例應聲倒下。這個曲言肯定法（litote）的世界，總是建構得像是對通俗劇冷漠的嘲笑，我們也心知，這是幻夢劇（féerie）的最後一處世界。細小微輕的關鍵手勢，自有其神話的傳統，從古代仙靈（*numen*）以降，眾神只要頭肩一搖，就足以翻轉人類的命數，乃至於仙女或魔法師魔杖輕揮，也有同樣效果。槍枝武器毫無疑問超越了死亡，但卻是以一種看似合理、卻必須讓動作更優雅細緻的方式，再一次展現命運的影響力；這恰好就是我們眼中幫派分子的從容不迫，也正是悲劇動作的殘留之物，憑藉最微不足道的份量，使動作與行為混同在一起。

我稍後會再次強調這個世界在語意學方面的精確之處，以及表演的智識（不只是情感層面）結構。在一則無懈可擊的寓言故事中，從大衣中突然拔出左輪手槍，根本不**象徵**死亡，因為長期以來，演員慣用的這招路數表示它只是一項單純的威脅，其效果可以奇蹟式地翻轉：突然拔槍此時並不具備悲劇的價值，它只有認知的價值；它代表此處出現新的轉折，手勢帶有論述的意味，不會特別令人懼怕；它可與馬里伏（Marivaux）劇中那種邏輯上的轉折遙相呼應：情境逆轉，原本戰勝的一方瞬間敗下陣來；手槍的舞動讓劇場時空更加變化無常，在敘事的軸線中退回出發點或往回跳步，類似賽鵝圖[1]的玩法。手槍就是言語，其功能在於維繫一股生命的壓逼氣氛，逃避時間的終結；手槍是**觀念**（*logos*）而非**實踐**（*praxis*）。

相反地，流氓從容不迫的姿態帶有一種審慎一致的中止力量；不含衝動，極其迅速，清晰無誤地尋求終結之點，手勢切分了時間，打亂了整套修辭。一切的從容不迫都顯示，唯有寂靜才有效率：打毛線、抽根菸、舉起手指，這些操作強加了「真正的生活是在靜默裡」的概念，且動作掌握了對時間的生死大權。如此，觀眾就會產生一種對這處真實世界的幻覺，這世界只有在動作——永遠不會是言語——的壓迫之下才會改變；如果流氓開口說話，一定是用影像的方式說出來，言語對他而言只是一抹詩意，字詞在他身上不具備任何造物主的功能：說話是展現、並凸顯他老神在在的方式。這是一座本質的宇宙，在其中，動作姿態極為從容滑順，這些動作總是停在一個最精準、最好預估的點上，某種純粹效率的總和：此外，在那之上，還有一些黑話的點綴，就像經濟體系裡徒勞無益的（因此也是貴氣高雅的）奢華，在其中，唯一的交換價值就是動作。

但是，為了展現這種動作跟行為是一致的，它必須修飾一下所有誇張的表現，縮細打磨，直到逼近其存在的感知門檻界線；它只能擁有因果關係的厚實稠密。從容不迫此時成為效率最為精巧的符號；每個人都可藉由單純的動作姿態，在其中找到一個被人類所支配的世界的理想性，這個世界不再因為言語的含混阻塞而放慢速度：惡棍與諸神連話都不用說，他們只需點個頭，一切就完成了。

1　出現於十六世紀歐洲的擲賽遊戲，通常使用兩顆骰子，決定代表鵝的棋子的前進步數，途中若抵達某些特定格子會有特別規定，先抵達終點者為勝利方。

21 葡萄酒與牛奶

法國民族視葡萄酒為自家獨有的財產，與法國的三百六十種乳酪及其文化占據同等地位。它是一種圖騰式的飲品，有如荷蘭的小牛牛乳，或英國皇室講究儀式所飲用的茶。巴舍拉已經在他論述意志之幻夢的文章結尾，對這種液體做過實體上的精神分析，指出了葡萄酒是陽光與大地的精華汁液，其基本狀態並非潮濕，而是乾燥。這麼說來，與葡萄酒截然相反的神奇物質，就是水。

說真的，就像所有充滿生命力的圖騰，葡萄酒承擔了一種豐富多元的神話學作用，不受矛盾拖累。好比說，這種電流四溢的物質總是被視為最有效的止渴劑，或至少口渴成為飲用的首要藉口（「這天氣讓人想喝點什麼」）。在酒液鮮紅的外表下，它擁有極為古老的原質基底，也就是血液這種濃稠、維持生命所需的液體。實際上，其體液的狀態並不重要；它主要是一種具有轉化效用的物質，足以扭轉情勢，改易狀態，將物品的相反面提煉出來：例如，它可使弱者變強者，使安靜寡言者變成健談多話之人。由此可證，它承襲了煉金術的古老遺澤，具備改變本質與「無中生有」（*ex nihilo*）的哲學力量。

葡萄酒本質上是一種功能，其措辭可以改變，在表面上持有各種可塑的力量：它可以作為夢想與現實的託詞藉口，這端看神話的使用者而定。對勞力者來說，葡萄酒帶有技能的效用，使人更容易以造物之力完成工作（專心致志，凝神畢功〔cœur à l'ouvrage〕）；而對勞心者而言，其功能則全然相反：作家的「小白酒」或「薄酒萊」肩負一項任務，將作家從雞尾酒及高價飲料（人們唯一故作時髦地供應給作家的飲品）太過理所當然的世界中切分開來；葡萄酒把作家從神話中解放，奪去他的理智，使他與無產階級平起平坐。藉由葡萄酒，勞心者貼近了一種渾然天成的強勁有力，並打算如此避開一個半世紀以來浪漫主義持續施加於純粹理智之上的詛咒（我們知道，專屬現代勞心者的一個神話，就是對「勇氣」擺脫不開的執念）。

但法國最獨特之處在於，葡萄酒的轉換能力從不作為最終目的公開表現出來：大家都認為其他國家的人喝酒是為了買醉；但對法國人來說，酒醉是一個結果，絕非目的；人們覺得飲品是愉悅感的攤開延展，而非刻意尋求某種效果的必然起因：葡萄酒不只是催情迷藥，它還是飲用的持續行為。**姿勢**在此具有裝飾價值，而葡萄酒的力量與其存在的模式永遠密不可分（比方說，跟威士忌相反，喝威士忌是圖個「喝得舒服，但後果最不痛苦」的醉意，黃湯下肚，一杯接一杯，喝酒行為本身縮限為目的）。

前述這些人盡皆知，在民間故事、諺語、日常對話及文學作品中論及千百次。但這種普世性本身包含了對舊規的沿襲：信奉葡萄酒的力量是一種強制的集體行為；與這則神話保持一定距離的法國人，可能得面對一些枝微末節、但無比明確的同化問題，而他首先得做的，也許就是要表明看法。普世的原則在此發揮得淋漓盡致，社會將不相信葡萄酒力量的人貼上病人、殘疾者、有瑕疵者的**標籤**：社會不了解／包含（comprendre）他（這個字含有智力上的「理解」與空間上的「包含」兩種意思）。反過來說，成功融入社群生活的表揚證書會頒發給善飲之人：「懂得」喝酒是一項用來界定法國人的國族技能，可以同時證明他的行為能力、自制能力以及社交能力。葡萄酒由此建立了一套集體倫理，在其中，一切都被償抵：當然，飲酒可能導致過量、不幸或犯罪，但絕對不含惡毒、陰險或醜惡；酒可能釀成的惡果劃歸於無法避免的範疇，因此逃過了懲罰，它是裝腔作勢帶來的惡果，而非性格脾氣肇生的惡果。

葡萄酒已經社會化了，因為它不只確立了一種倫理，也建立了一種裝飾背景；它點綴了法國日常生活中最細微的儀式禮規：從快餐（普通的劣質紅葡萄酒〔gros rouge〕搭配卡蒙貝爾〔camembert〕乾酪）到盛宴，從酒館閒談到宴會致詞。酒可以炒熱各種氣氛，不論場合。天冷時，酒與所有的暖身神話兩相結合；炎夏時，則與所有陰影、涼爽及辛辣口感的形象互相調合。但凡身體在大受抑制的狀態下（發燒、飢餓、愁苦、委屈、去國懷鄉）都會引發喝一杯的念頭。對其它的食物種類來說，酒作為一種基礎物質，化入各種食物形象中，它遍布在法國人生活的所有時間與空間裡。一旦觸及日常生活中的某種細節，少了酒使人不快，好像突然身居異地：寇提先生（René Coty）[1]在他七年的總統任期之初，讓人拍下一張照片，照片上他坐在自家餐桌前，桌上的杜梅斯尼（Dumesnil）酒瓶似乎偶然間取代了一公升的葡萄酒，舉國譁然；這簡直像一名獨身國王一樣，令人難以容忍。葡萄酒此時成為國之所以為國的部分理由。

巴舍拉將水視為葡萄酒的相反之物，這當然有點道理：從神話的角度來看確實沒錯；若是從社會學的角度來看——至少在今日——就比較站不住腳了。經濟與歷史的狀況將這項任務轉移到牛奶身上。牛奶是當下真正與葡萄酒相反的東西：不只因為孟岱斯．法朗士（Mendès France）[2]所倡議的措施（這是刻意設計的神話姿態：在議會演講的講臺上喝牛奶，就像大力水手卜派吃菠菜一樣），也由於在物質各種各樣的形態中，牛奶與火相互對立

——出於它密集的分子結構和表層覆蓋的乳油狀本質（因而能使人鎮靜）；葡萄酒會毀損健康，具整形作用，它能引發變質，又負有催生之力；牛奶則有美容功效，它可以黏合、遮蓋、恢復元氣。此外，它的白淨可以連結到嬰孩的純真，是力量的保證，這股力量不會誘發、引導，不會導致充血，但卻令人沉靜、臉色白皙、神智清明，這一切與牛奶的實體樣態相符。某些美國電影中強硬而純正的主角，在拔出左輪手槍伸張公義之前，並不排斥先喝杯牛奶，為帕西法爾式英雄的新神話預備了成形條件。甚至直到今天，在巴黎的黑道流氓出沒之地，有時還是可以喝到一種來自美洲、味道怪異的石榴牛奶（**lait-grenadine**）。不過，牛奶終歸是異邦之物；葡萄酒才是法國的本土飲料。

此外，葡萄酒的神話可以使我們領略日常生活常見的雙重性。因為，葡萄酒確實是一種賞心悅目、風味絕佳之物，但下列這點也同樣再真實不過：葡萄酒的生產具有非常明顯的法國資本主義特質，不論是自釀蒸餾酒者的資本主義，或是阿爾及利亞勢力龐大僑民的資本主義，他們強迫穆斯林——就在穆斯林被奪走的土地上——栽種對自身無益的農作物，而穆斯

1　法國第四共和末代總統（1882-1962）。於一九五四至一九五九年間擔任法國總統。

2　法國猶太裔政治家（1907-1982）。曾任法國總理。

林缺的其實是麵包。如此，就有一些並非純淨無瑕、卻使人備感親切的神話。而我們眼前的這種異化特性，其實也就是：葡萄酒無法成為一項真正使人開心的物品，除非我們背離常情，刻意地忘記它也是一種剝奪所有權之後獲得的產物。

22 牛排與炸薯條

牛排與葡萄酒同屬一則血色的神話。它是肉的核心部分，是肉的純粹狀態。不論誰吃下肚，都會吸收蘊含其中的公牛野性之力。牛排的最大魅力在於其半生不熟的特質，血紋在其中清晰可見，自然原始、濃稠、凝縮，也可以切割。在食用這般難以消化物質的同時，我們便可盡情去想像古代的佳餚美饌，在咀嚼間逐漸消散化開，讓人同時感受到它的原始力量以及從人血中滲溢出來的軟黏性。血紅色是牛排之所以為牛排的理由：烹烤的程度並非藉由熱量、而是藉由血液的形象來表達——牛排可能是**血淋淋的**（想像一下被割喉宰殺的動物噴湧而出的動脈血柱），也可能是**青紫色的**（濃重的血、靜脈大量濃稠的血液，以紫紅色、也就是紅色最極致的狀態表現出來）。即便烹烤地軟嫩適中，卻無法明確地表現出來；這種反自然的狀態需要用委婉的說法來形容——我們說牛排煎烤得**恰到好處**，真正的意思其實是：牛排的風味比較是一種範圍內的控管，而非完美的狀態呈現。

也因此，吃帶血的牛排表現了一種自然狀態及一種道德觀念。各類不同體質的人應該都能在其中得到好處，多血體質的人吃了可以加倍補血，神經敏感與淋巴體質的人吃了則可補充不足。同樣地，葡萄酒對於某些知識分子來說，變成了一種通靈的物質，引導他們接近自然的原始力量。牛排對知識分子來說是一種補償性的食品，吃下去之後，他們的腦力變得平易近人，透過血液與濕軟的髓質，驅除了人們不斷指控他們的貧瘠乾枯。舉例來說，韃靼牛排的風行，就是一種對抗敏感與病頹之間浪漫主義連結的驅邪作法。這道菜的製備過程包含了物質的所有萌生狀態：血紅的醬泥與黏滑的蛋，一種濕軟與富含生命力物質的協調情境，有如分娩前的畫面所透露出來的概略象徵意義。

在法國，牛排跟葡萄酒一樣都是一種基本元素，比起作為社會化的象徵，它更是一種國家化的象徵物。它出現在飲食生活的所有場景之中：在廉價餐廳裡的牛排平平扁扁的、肉緣微黃，像鞋板一樣硬；在風味小餐館裡的牛排則厚實多汁；在高檔烹調中，牛排則切成立方體，表皮微焦，裡頭是濕嫩的肉心。牛排可以搭配所有的場合節奏，從舒適自在的布爾喬亞餐點，到單身漢隨意將就的快餐。它是一種既快捷又豐厚的食物，在節約與效率之間、神話與消費的可塑性之間，實現了最佳的可能關聯。

此外，牛排也是法國的專屬財產（但今日也的確因為美式牛排的入侵而不再獨專）。一旦飲食方面受到限制，法國人反而會時常夢想能吃到牛排，如同對葡萄酒的依戀。只要置身國外，鄉愁立即發作，此時牛排就被賦予一種簡約雅致的額外功效，因為在異國菜餚顯而易見的繁複工序中，我們認為牛排是一種能將美味與簡單結合在一起的食物。它不但帶有國族情懷的標記，還依循愛國情操的指標作用：在戰爭期間，牛排接濟了這些情操，它甚至就是法國戰士的血肉，是一項絕對不可讓渡給敵方的資產，除非你決心叛國。在一部老片裡（《反司令部第二作戰室》〔*Deuxième Bureau contre Kommandantur*〕），愛國神父的女侍拿東西給那位喬裝成法國偷渡客的德國間諜吃：「啊，羅宏，是您！我去把我的牛排拿來給您吃。」隨後，間諜現出了真面目，女侍便說道：「我竟然把我的牛排分給他吃！」這是過度濫用信任的結果。

牛排經常與薯條連結在一起，並將其充滿國族意義的光芒傳遞給薯條：於是，薯條也跟牛排一樣，夾帶鄉愁、愛國的意味。透過《巴黎競賽畫報》的報導，我們得知在印度支那戰爭停戰之後，「卡斯特里將軍（le général de Castries）在吃第一餐的時候，要求吃到炸薯條」。印度支那退伍軍人協會（Anciens Combattants d'Indochine）主席稍後在評論這則訊息的時候，補充道：「我們始終無法理解卡斯特里將軍在吃戰後第一餐的時候，要求吃到炸著條的這項舉動。」我們要去理解的是「將軍的要求並非只是物質享受上俗氣的直覺反應，而是在重新尋回法國民族性的儀式中，一段表達認可的插曲」。將軍深知我國民族的象徵符碼，他很清楚炸薯條是具有「法國性」的食物符號。

23 「鸚鵡螺號」與「醉舟」

儒勒・凡爾納（Jules Verne）[1]的作品（法國最近才剛紀念他逝世五十週年）似乎可以作為結構批評的極佳對象；因為他的作品有各種不同主題。凡爾納打造了一座自成一體的宇宙起源系統。這方天地有專屬於自己的分類方式、時空觀、完滿狀態，甚至它自身的存在原則。

在我看來，這套原則就是把自身不斷封閉、包圍起來的行為。在凡爾納的作品中，旅行的想像呼應了某種對封閉世界的探索，而凡爾納與孩童的共通之處並非來自一種冒險的了無新意的神祕感，而是來自大家身處有限空間之中都能感受到的一種幸福感。我們在孩子對小屋及帳篷的狂熱迷戀中可以發現這股歡樂：把自己關在一個封閉空間裡並安處其中，這就是屬於孩童與凡爾納的存在之夢。這個夢想的原型就是那部近乎完美的小說《神祕島》（*L'île*

---

1 法國小說家（1828-1905）。現代科幻小說的重要開創者，被譽為「科幻文學之父」。凡爾納知識淵博，小說作品的描寫多有科學根據，其中一些幻想成功預見了後世的技術發明。在法國和歐洲，凡爾納是公認的重要作家，對文學先鋒派及超現實主義影響深遠。

mystérieuse）。在書中，孩子王（l'homme-enfant）重新創造了一方世界，把它填滿並封閉起來，讓自己藏身其中，為這般百科全書式的努力成果，冠上一種布爾喬亞占有世界的姿態：拖鞋、菸斗、爐火，外頭雨驟風狂——大自然的無窮之力正在發威——屋內卻風雨不驚。

凡爾納對於完滿自足的世界有一股狂熱迷戀：他不斷加工潤飾這個世界，將它變得豐富，像顆蛋一樣塞得滿滿的；他的行為與十八世紀的百科全書編撰者或荷蘭畫家如出一轍：世界是有限的，充滿了數得出來又連綿不斷的材料。藝術家唯一的任務就是建立分類目錄與清單，去追索那些尚有餘地的小角落，在狹小的行列中展現人類的創造力與手段。凡爾納隸屬於布爾喬亞階級裡的進步派：他的作品表明了任何事物都無法擺脫人類掌握，即便是最遙遠的世界，都像人類掌中的一件玩物，總之，持有之物僅代表一個在**自然**的普遍順服之中辯證的時刻。凡爾納絕不會嘗試以逃離的浪漫方式或無盡的神祕計畫去擴充世界：他不斷尋求縮限這個世界，填滿它，將它縮減為已知且封閉的空間。然後人類就可以舒服地住在裡面：世界能夠從自身當中抽取出一切事物，為了存在，它只需要人就夠了。

除了那些各種各樣的科學本領，凡爾納還發明了一項無比傑出的幻想方式，使這種對世界的占有變得光彩奪目：以時間抵押空間，不斷地媒合這兩個範疇，讓它們冒骰子一擲（coup de dés）或衝動一時（coup de tête）的風險，而且總是成功。那些意外狀況本身就有條件將伸縮自如的狀態賦予這個世界，先遠離、然後再度貼近封閉狀態，輕鬆地把玩宇宙的空間距離，以一種狡黠的方式測試人類對空間與時間的運用能力。凡爾納式的英雄得意洋洋地啃蝕掉地球，這種英雄類似布爾喬亞版的巨人安泰俄斯（Antée）[2]，祂們的夜晚總是純粹無邪、「用來恢復元氣」的。在這座星球上，也常有一些亡命之徒四處晃蕩，他們受悔恨及憂愁所苦，是一個已逝的浪漫時代碩果僅存的人物。他們反而強烈凸顯出那些真實的世界擁有者的旺盛健壯，後者唯一的煩惱就是，他們得盡可能完美地適應一些處境，而這些處境的複雜性絕非是形而上的，也不屬於道德範疇，純粹只是地理上動人的頻繁變化。

因此，毫無疑問，凡爾納的深層姿態就是「占有」。舟船的形象在凡爾納的神話中如此重要，絕對不會與占有的概念背道而馳，正好相反：船隻正可作為啟程的象徵；更進一步來說，船隻是代表封閉的密碼。對船的愛好總是表現了我們很享受把自己完全封閉起來的感覺，手中盡可能坐擁最豐富的物品。運用一處絕對封閉的空間：喜愛船隻，首先就表示喜愛一座頂級的房舍，因為它毫無保留地封閉著，浩蕩出航，卻絕非茫然不知所往：船隻在成為交通工具之前，本來就是一種居住現象。然而，凡爾納作品裡出現的所有船隻的確都是完美

2 希臘神話中的巨人，祂是大地女神蓋亞和海神波賽頓之子。人們常用安泰俄斯的故事來比喻精神力量不能脫離物質基礎，或一個人不能脫離他的祖國和人民。

的「爐邊溫暖角落」，而汪洋無邊的遠航更增添了舟船封閉環境所蘊含的幸福之感，加深了它們更趨完美的內在人性。就這點來看，**鸚鵡螺號**（Nautilus）[3]乃是一座令人讚嘆的洞窟：當我們身處在沒有裂隙的內部之中，很可能透過一扇巨大的玻璃窗看到艙外的浪濤水流，以同一種姿態憑藉相對之物來界定何謂內部。此刻，封閉環境所催生的快意感達到了顛峰。

從這個角度來看，大部分傳奇或虛構故事裡的船隻，就像**鸚鵡螺號**一樣，是一個備受珍愛的封閉主題，因為只要讓船具備人類居所的功能，人就可以立刻把這渾圓光滑天地的快意感組織起來，而且其中整套航海的倫理觀使他同時兼具神、主宰者及占有者的角色（**船上唯一的主人**之類的）。在這則航海的神話中，只有一種方式可以驅逐掉人對船隻的占有本性，那就是把人移除，只餘空船；船不再只是箱子、居所以及被占有的物品，它成為漂游之眼，輕柔地觸及無限；它不斷促成出發啟程。真正與凡爾納的**鸚鵡螺號**相反的東西，就是韓波（Rimbaud）的**醉舟（Bateau ivre）**[4]，一艘以第一人稱的「我」說話的船，這艘船擺脫了凹處，將人從一種洞窟的精神分析過渡到一種名副其實的探險詩學。

3 凡爾納小說《海底兩萬里》與《神祕島》當中的潛艦。

4 法國天才詩人韓波以船為主體視角的名詩。

24 深層廣告

我曾指出，今日的洗潔劑廣告本質上都是在滿足某種深層的概念：髒污不再是從表面上被拔除，而是從最隱密的隙縫中驅逐出去。所有美容產品的廣告也都建立在某種私密的史詩級表現之上。產品說明上那些短小的科學解釋文字，作為廣告用途介紹產品，限定產品必須深層洗淨、深層去污、深層滋潤，總之，不惜一切滲透到底。矛盾在於，皮膚原本是表面，但這表面卻充滿生命力，因此注定要死去，具有乾枯及老化的特質，在這樣的前提下，皮膚很容易就成為深層根部的分支，也就是某些產品所謂的**重生的基本分層**。此外，醫學也讓美麗可以擁有一處深邃的空間（真皮和表皮），並對女性勸說她們是某種萌芽循環的產物，而茂盛卻容易風化的美還得倚賴根部的養分。

因此，深層的概念無所不在，沒有一塊廣告看板上看不到有關深層的指涉。但在這個深層中需要滲透及轉化的實體則完全模糊不清。人們僅僅指出它代表了**原則**（增強精力、激發活力、滋養）或**精華**（維繫生命所必須、再造機能、促進再生），一整套莫里哀戲劇中的修辭字眼，稍微帶有一點唯科學主義的味道（**殺菌劑R51**）而變得複雜難解。不，這整套對廣告的細微精神分析真正戲劇化的地方在於，兩種敵對物質之間的衝突，微妙地把「精華」與「原則」的競爭導向深層的領域。這兩種物質就是水份及油脂。

這兩者在道德上曖昧不清：水是有益的，因為大家一眼就看得出來，衰老的皮膚乾乾癟癟，年輕的肌膚則鮮潤純淨（就像某產品的行銷語，「鮮潤的保溼感」）；緊實、光滑以及肉體的各種正面價值都理所當然地被視為水的伸展作用成果，有如棉布遇水膨脹，牢牢固定在這種純淨、清潔、新鮮的理想狀態中，水乃是其中的主要關鍵。因此，從廣告的角度來看，深層的補水保濕便是一種必要的手段。然而，對於水來說，想要滲透一具不通透的身軀並非易事：我們想像水過於波動不定，過於輕盈，過於躁動，以致無法適度地觸及這些製造出美的隱密地帶。再說了，水這種物質會對肉體產生除垢與刺激的效果，以自由無拘的狀態回到空氣中，成為火的部分來源；水只有在受到束縛或守持住的時候才有益處。

油脂的優缺點截然相反：它無法帶來清爽之感；它柔滑過頭、太持久，也不夠自然；我們無法單純透過乳霜的概念來打造一則美容廣告，我們甚至會覺得它本身的密實就像一種不太自然的狀態。當然，油脂（我們給它一個更詩意的說法，就像在《聖經》或東方文化中用複數稱其為膏油〔*huiles*〕）散發出一種滋養的概念，只是，將它視為一種媒介傳導物、令人愉悅的潤滑劑，以及在皮膚深層引導水分流動的東西來讚頌它，可能更為妥當。水被視為具有揮發性、輕盈飄忽、捉摸不定、轉瞬即逝、珍稀貴重的；油脂正好相反，它持久、沉重，在表層上緩緩施加壓力、浸潤，一路沿著「毛細孔」（美容廣告的要角）滑過去，永不回頭。因此，所有美容產品的廣告都準備好要讓這兩種對立的液體奇妙地結合在一起，自此宣稱兩者相輔相成；此類廣告熟悉老練地尊重物質神話的一切正面價值，最終強加一種令人愉悅的信念，那就是油脂是水的載體，而且有一些含水的乳霜，柔潤而不泛油光。

大部分新出品的乳霜都主打**飽含水分**、**液體狀**、**超強滲透**等特色；長久以來，油脂的概念與美容產品本身的概念密不可分，含水性掩飾了它，使它變得複雜難解，自行修正調整，有時甚至消失無蹤，讓位給液體狀的「**乳液**」以及心靈「**滋補品**」，若是要對抗皮膚的角質，便光榮地讓位給**收斂式化妝水**；相反地，如果是要豐厚地滋養這些飢渴待哺的深層，便讓位給**特製的美容液**——人們將消化現象無情地展示給我們看。而這種人體內部的公然展示，更是盥洗產品廣告的普遍特徵。「腐敗會自行排除（排除牙齒、皮膚、血液及氣息中的腐臭）」：法國人強烈渴望潔淨。

25 布賈德先生的幾句話

小布爾喬亞在世界上最尊敬的事物，就是內在性：一切只需憑藉歸返（retour）的機制即可擁有自身專屬措辭的現象，也就是說，就字面上意義來看，任何**得到報償**的現象，都很討布爾喬亞階級歡心。語言行為的任務是在修辭上使人相信它自身的句法，相信這種反駁回擊（riposte）的道德精神。譬如，布賈德先生對艾德嘉．富爾（Edgar Faure）[1]先生說：「您得負起關係破裂的責任，您得承受各種後果。」世界的無限被消除了，一切都被帶回一種簡短但完整的秩序中，該秩序密不透風，是一種關乎償付的秩序。除了句子本身的內容之外，還有句法的均衡，以及對一條法則的斷言——根據該法則，凡事若無同等的結果就無法完成

1 法國政治家、歷史學家（1908-1988）。兩度擔任法蘭西第四共和總理。第五共和時期最著名的戴高樂派。

——，在這條法則之下，所有的人類行為都嚴厲地被阻擾與收回，簡而言之，一整套數學的等式讓小布爾喬亞覺得安心，為它創造了一個與其社交往來相稱的世界。

這種同等報復法（talion）的修辭術有其自身的辭格，包含了一切同等性。不只要以威脅來驅除一切冒犯，且甚至必須預防一切行為。「絕對不受騙」的傲慢姿態僅僅是對計數規範一種例行的尊重，使規範挫敗，便是取消規範。（「他們也應該告訴您，想用對待馬瑟林·阿爾貝〔Marcellin Albert〕[2]）的方式來作弄我，門兒都沒有！」）如此一來，將世界簡化成純粹的平等，遵從人類行為之間的數量關係，便是勝利。使人付出代價、反對、孕生雙方互惠的事件，藉助反駁或打亂對方的方法，所有這些皆讓世界自成一天地，並產生一股幸福感；所以，我們從這種道德計算中求得虛榮感就是件正常的事了：布爾喬亞的裝腔作勢在於規避質量的價值，以靜態等式反對轉變的過程（以眼還眼，效果對原因，商品對貨幣，一塊錢抵一塊錢，等等）。

布賈德先生心裡非常清楚，這座套套邏輯系統的主要敵人，就是辯證法，但是他多多少少將辯證法與詭辯術混淆在一起了：我們若想戰勝辯證法，只能透過不停地回歸到計算，回到對人類行為的推算，回到布賈德先生所稱的、與字源意義一致的**理性**。（「利佛里街（rue de Rivoli）[3]比國會還要強大嗎？辯證法比**理性**更有效嗎？」）辯證法的確有可能打開這個世界，這個他們小心翼翼以等式關閉的世界；辯證法是一種轉換的技巧，在這種情況下，它與屬性的可計數結構互相矛盾，它逃出了小布爾喬亞的界線，所以先是遭到詛咒，隨後被宣稱為是純粹的幻象：布賈德先生再度將古老的浪漫主題降格化（這主題那時是屬於布爾喬亞的），將智慧的一切技藝都歸入一毛不值的虛無之中，用小布爾喬亞的「理性」去反對大學教師與知識分子的詭辯與夢想——這些詭辯及夢想因為獨獨處在可計算的現實之外，而被認為威信盡失。（「法國產出過多的文憑持有人、綜合理工學院畢業生、經濟學家、哲學家以及其他與真實世界脫節的做夢者，因而深受其害。」）

我們如今終於明白何謂小布爾喬亞的真實了：它甚至不是可見之物，而是可計算之物；不過，這個最狹隘的、以致沒有任何社會足以對其定義的真實，依然具備自身的一套哲學：也就是眾所周知的「庶民」常理——布賈德先生如此說道。小布爾喬亞階級，至少是布賈德先生所認為的小布爾喬亞（食品商、肉品商），擁有自己的一套常理判斷力，如同從身體延伸出去的華麗附件、特殊的感知器官：然而，既然是一個奇妙的器官，為了看得更清楚，它

2 法國咖啡館經營者、釀酒師（1851-1921）。被認為是一九〇七年朗格多克葡萄種植者起義的領導人。

3 巴黎最長、最有名的街道之一，也是法國稅務局所在地。

首先必須對真相視而不見，拒絕超越表象，對「真實」的主張信以為真，宣稱一切可用解釋代替反駁的事物全然不存在。其角色的功能就是在可見之物與存在之物中間，設置簡易的等式，確保一個沒有中繼、沒有轉換、沒有進展的世界得以成立。常理判斷好似小布爾喬亞方程式的一隻看門狗：它阻擋了所有辯證法的出路，確立了一個同質的世界，人們在那裡就像待在自己家裡一樣，逃過了「夢想」的擾動與流逝（我們所知的夢是事物不可計算的視野）。人類的行為是、且必然只是單純的同等報復法，而常理的判斷便是這股精神的選擇性反應，將理想的世界簡化為反駁的直接機制。

這麼一來，布賈德先生的言語再次顯示，整個小布爾喬亞神話意味著對相異性（altérité）的拒斥，對差異的否定，對同一性（identité）的歡愉喜愛，以及對相似性的狂熱。一般來說，世界的這種均等簡化預備了一個擴張的階段，其中，人類現象的「同一性」迅速建立了「自然性」，隨即又建立起「普遍性」。布賈德先生還沒達到將**常理判斷力**界定為人類普遍哲學的地步；在他眼裡，這依然是一種階級的美德，確實已經以一種萬用興奮劑的形象呈現。這正是布賈德主義（poujadisme）的陰險之處：它一開始就自認為掌握了神話學的真理，並假定文化是一種病症，然而這就是所有法西斯主義特有的症狀。

26 阿達莫夫和語言

我們才剛剛看到，布賈德式的常理，目標在於建立「所見」（ce qui se voit）與「存在」（ce qui est）之間的簡單對等。當一個表象顯得太不尋常，這同一種常識還有一套簡化這個表象的方法，而不必脫離對等的機制。這套方法就是象徵主義。每次當一場表演看起來無憑無據，常理就會動員符號象徵的壯盛騎兵部隊，容許進入小布爾喬亞的天空，不論其抽象層面，只要常理會在數量對等的情況下（這個**值得**那個），結合可見與不可見之物，那麼，「計算」就被拯救了，世界運作如故。

阿達莫夫（**Arthur Adamov**）寫了一部關於吃角子老虎的劇本，布爾喬亞戲劇裡不尋常的物品，舞臺上的物品，只認得姦淫不忠的床笫，大眾媒體因而急忙驅除這少見多怪之事，把這個物品簡化成象徵。一旦它**代表某種意義**，就比較不那麼危險了。《乒乓》（*Ping-*

Pong）這齣戲的批評方法越是鎖定各大報刊（《巴黎競賽畫報》、《法國晚報》〔*France-Soir*〕）的讀者，就越強調作品的象徵特質：請您放心，這只涉及了一個象徵，吃角子老虎遊戲機僅僅象徵「社會體系的複雜性」。這個不常見的舞臺物品，被驅除淨盡，因為它值某些東西。

然而，《乒乓》戲中的彈子機完全沒有任何象徵意義；它不表示什麼，它製造出一些東西；它是望文生義的物品，其功能是透過自身的客觀性來醞釀情境。但又一次地，我們的批評在渴望深度的時候被誤導了，因為這些情境並不屬於心理層面，而主要是**言語的情境**（situations de langage）。這齣戲劇的現實情況，終究必須被接受，使之歸到古典戲劇的劇情、人物、衝突和其他元素的古老庫藏一旁。《乒乓》是一個巧妙樹立起來的語言情境網絡。

何謂語言情境？它是語詞的輪廓，專門用來孕育**乍看**屬於心理層面的關係，並不像受到先前的語言本身牽連那般荒唐錯誤。這種凍僵的狀態最終摧毀了心理學。帶著戲謔之情仿擬一個階級或一種特色的語言，這依然是在掌握某種距離，享受占有某種**真實性**的喜悅（這是心理學所珍視的品德）。但是如果這個借來的語言是普通的，總是還差諷刺一點，並以多種壓力覆於劇本表面之上，而毫無縫隙足以釋出任何吶喊、任何發明的言語。那麼人與人的關係即便表面上很活躍，也形同封入櫥窗玻璃內，不斷因為一種言語的折射而偏離正軌，因此「真實性」的問題就像一個美麗的（不真實的）夢境般消失了。

《乒乓》全然由這種「玻璃之下」的語言整體所構成，我們也可以說這很類似「冷凍蔬菜」（frozen vegetables），讓英國人得以在漫漫隆冬率先品嘗春天的酸味；這個語言全數由下列事物勾勒出來：微不足道的陳腔濫調，局部的自明之理，被希望（或絕望）之力拋擲出去、立即有跡可循的成見。有如布朗運動[1]的微粒，說實在的，這種語言並非罐頭言語（langage en conserve），例如藉亨利・莫尼耶（Henry Monnier）之手而復興的門房行話；這比較是一種言語—延遲（langage-retard），必然在人物角色的社交生活中形成，極盡真實，卻也有點太過青綠如新，在往後的處境中——輕微的凍傷，一點點粗俗的、**學習而來的**誇張表現——效果將不可估量。《乒乓》裡的人物有點類似米榭勒（Michelet）筆下的羅伯斯庇爾（Robespierre）：他們會把腦中所想的事完全說出來！此話有深意，指出了人在語言方面的悲劇可塑性——關於誤解的最終、也最驚人的面貌——尤其是當這個語言不完全屬於這個

---

1 微小粒子或顆粒在流體中的不規則運動，是一種常態分布的連續隨機過程，也是隨機分析的基本概念。由英國植物學家羅伯特・布朗（Robert Brown）利用顯微鏡觀察懸浮於水中的花粉微粒時所發現。

人的時候。

這一點也許可以解釋《乒乓》明顯的曖昧性：一方面，其中語言的嘲諷效果非常明顯，另一方面，這種嘲諷從不停止創造，打造出活靈活現的人物，富含時間的稠密度，甚至能帶領這些人物穿越一生，直至死亡那一刻。這確實代表了在阿達莫夫身上，語言情境完完全全抵抗了象徵與諷刺：是生命本身成了語言的寄生物。這就是《乒乓》所要表達的。

因此，阿達莫夫的吃角子老虎機並非一把鑰匙，它不是鄧南遮（d'Annunzio）死去的雲雀[2]或梅特林克（Maeterlinck）的夜宮大門[3]，而是催動語言的物品，有如一種催化的元素，不斷向演員們傳遞話語的空白片段，讓演員存在於語言的擴散增生之中。在《乒乓》劇中，並非每一種成見都有同等的記憶稠密度與同等的鮮明生動感；這就要看是誰說出這些成見：蘇特（Sutter）這名夸夸其談的騙子，攤開展陳他所擁有的諷語，立即彰顯一種讓人毫不猶豫大笑的詼諧語言（「文字，根本都是陷阱！」）。阿奈特（Annette）語言的麻木比較輕微，也比較可悲（「該換別人了，羅傑先生！」）。

於是，《乒乓》裡的每一名角色似乎都被迫使用口頭上的常規習慣，但每一項常規各有各的空洞之陋，這種訴諸壓迫的差異，的確創造了我們在劇場中稱為「情境」的東西，也就是各種可能與各式選擇。當《乒乓》的語言完全達陣的時候，當它從生活的劇場脫離的時候

（也就是一種戲如人生的感覺），此時《乒乓》便是第二層（second degré）的戲劇。這甚至與自然主義截然相反，自然主義總是企圖跨大微不足道之事；在此正好相反，生活中、語言中引人入勝的精采之處，**凝結在**舞臺上（我們會說**結**冰了）。這種凝凍的狀態，就是一切神話言語的狀態：如同《乒乓》一劇所使用的語言，神話本身也是一個被自身的雙重性所凍結的言語。但因為此處所談的是戲劇，這個第二層語言的參照也就不同：神話言語躍入社會，躍入一般的歷史之中；同時，由阿達莫夫透過實驗所重建的語言，只能重複第一個個別的動詞，儘管很平庸尋常。

我在我們的戲劇文學中只見過一位作者值得在此一提，就某種程度而言，他也同樣在語言情境自由增生的情況下，打造出他自身的戲劇風格，這位劇作家就是馬里伏。相反地，與前述這種語言情境的編劇理論最相互對立的戲劇，弔詭地，竟然是口語戲劇：例如吉侯杜（Giraudoux）這位戲劇語言**真誠**的劇作家，他的語言投入到吉侯杜自身當中。阿達莫夫的戲劇語言根植在空氣中，而我們都知道，一切外部的事物都會得利於戲劇。

2　跨越十九、二十世紀的義大利名詩人鄧南遮（1863-1938）最著名詩作中的雲雀意象。

3　比利時詩人、劇作家梅特林克（1862-1949）經典作品《青鳥》中的夜宮之旅，象徵追尋夢想、得而復失的處境。

27　愛因斯坦的大腦

愛因斯坦的大腦是一個神祕的物件：非常矛盾，最高的智慧形成了最完美機制的一種形象，能力太強的人從心理學中抽離，被帶入一個機器人的世界。我們知道，在科幻小說裡，那些超能力角色總帶有一點物化的特質。愛因斯坦也不例外：我們通常藉助他的大腦來表達這一點，這顆腦匯集了一切，是一件真正屬於博物館的館藏。也許是因為其數學上的專業性，超人此時卸下了一切的魔法特質。在他身上，沒有任何力量擴散出去，唯一的神祕也是機械式的：他是一個優越、神奇的器官，但又真實存在著，甚至在生理學上也成立。用神話式的角度來看，愛因斯坦是物質，他的能力並非自發地迎向靈性，他必須藉由獨立的道德觀之援助，也就是智者「覺悟」的召喚。（我們說這是「不含感覺的科學」。）

愛因斯坦自己在遺贈大腦之時，也成為某種傳奇，兩家醫院為此爭執不下，好似這顆腦是一座最終得以拆卸下來的奇妙機器。有一張影像顯示愛因斯坦平躺著、頭部插滿電線的樣子：我們記錄下他的腦波活動，還要他同時想著相對論。（但事實上，「想著」到底是什麼意思？）毫無疑問，人們想要告訴我們，此時腦波圖會擺動地更劇烈，因為相對論是一項艱深的課題。思想本身以如此一種充滿能量的物質表現出來，是一個從複雜機具中誕生、可供測量的產品，可以將腦部物質轉化為力量。愛因斯坦的神話讓他的天才傳說沒那麼像魔術，我們談論他的思想，就像在談論一項功能式的工作，有點類似機械在製作香腸、研磨麥粉、搗碎礦石：他不斷生出新的思想，如同麵粉磨坊一般。死亡對他而言，首先是一種局部功能的休止：「最強大的智慧頭顱停止了思考。」

而這個天才機制理應創造出來的東西，是許多公式。透過愛因斯坦的神話，全世界歡欣鼓舞終於找到一種有公式可循的知識。這真是一件矛盾的事，人類天才越是在大腦的作用下被物質化，他所發想出來的產物就越能夠符合一種神奇狀態，在幾行文字間，使一個封閉式科學的祕傳難解的古老形象重獲新生。有一樁世間的獨家祕密，它包含在一個字裡面，宇宙是一座大保險箱，人類正在尋找開箱密碼：愛因斯坦幾乎找到了，這就是愛因斯坦的神話；在這個神話中，我們可以找到一切真知者的主題形象：大自然的統一性、世界在基本上縮減的理想可能、文字的開展力量、從古至今的祕密及語言抗爭，以及下列這個概念——全面的知識只能在一瞬間發現，就像一道鎖在一千次嘗試無效之後會突然打開一樣。這個改變歷史的等式 $E = mc^2$ 看起來出乎意料地簡單，幾乎完成了鎖鑰形象的單純意念，光裸、線性、只用一種金屬製成，施展魔法輕易打開了數個世紀以來人們奮力追尋的一扇門。圖像完全捕捉到這個感覺：**照片中的**愛因斯坦站在黑板一側，上頭清清楚楚寫滿複雜無比的數學符號；但**插畫裡的**愛因斯坦，也就是成為傳奇的愛因斯坦，手中依舊拿著粉筆，信手拈來，才剛剛在白板上寫下名聞世界的魔法公式。神話如此尊重研究工作的本質：所謂的學術研究推動那些機械齒輪，在物質化的器官中占有一席之地，且具備那種控制論的複雜、巨獸般形體；相反地，科學發現的本質卻有如魔法，很單純，如同一具原始的軀體、一種首要的物質，例如煉金術士的點金石、柏克萊（Berkeley）的瀝青水、謝林（Schelling）的氧氣。

然而，因為世界會持續前進，學術研究也會不斷進展，而且必須為神留一個位子，愛因斯坦也得遭逢某種失敗：有人說，愛因斯坦在尚未確證那個「包藏世界祕密的等式」是否成立之前，就先行死去了。最終，世界因而發起了抵抗；這道祕密才剛被戳破，立刻又藏了起來，密碼並未完全破解。也因此，愛因斯坦充分滿足了成為神話的條件，只要這則神話設置了一種歡快的安全感，就根本不用理會那些矛盾：他同時是魔術師，也是機器；是永恆的學者，也是未達顛峰的發現者；是把最好與最壞解離分開的人；既是大腦，也是知覺。愛因斯坦完成了最矛盾的夢想，像神話一樣，調和了人類對大自然的無盡統馭力量，以及神聖事物仍然無法擺脫的「命運」。

28 噴射人

「噴射人」是噴射飛機的駕駛員。《巴黎競賽畫報》明確地將他歸屬於新一代的航空從業者，比較接近機器人的角色，而非英雄。不過，在噴射人身上可以看到不少帕西法爾精神的殘影，我們稍後就會談到。但在**噴射人**（*jet-man*）的神話中，首先使人印象深刻的是速度的消除：在傳說中並未對此做出分毫暗示。在此，我們必須涉及一種所有人都極易接受的矛盾，人們甚至將其作為一種現代化的證明來消費；這個矛盾就是：速度太快反而會搖身一變，成為靜止狀態；「可感覺的」速度、被吞噬的空間及令人陶醉的動態所形成的整套神話，使飛行英雄顯得與眾不同；噴射人自身則藉由停止不前（sur-place）的體感來定義（「時速兩千公里，水平飛行，沒有任何速度感」），似乎其天職的脫離常軌之舉就是為了**超越**動作而來，必須飛得比速度本身還要快。神話此時拋棄了整個表面摩擦的畫面意象，涉及了一個純粹的體感問題：動態不再是點與面的視覺感知；它成了一種由收縮痙攣、視線模糊、恐懼、暈眩所造成的縱向擾動；它不再是滑行，而是內心的破壞，不尋常的混亂，身體意識的靜止危機。

也難怪，飛行員的神話到了這個地步，失去了一切人性。傳統上的速度英雄可以繼續當一個「謙謙君子」，只要動態對他來說是一種插曲式的性能表現，這只需要勇氣而已：我們突然暴衝而起，像個調皮大膽的業餘者，而非專業人士，人們尋求一種「陶醉感」，達到那種動態，背負一則祖傳至今的道德主義，使感知更加敏銳，為之賦予某種哲理。透過讓體驗速度成為一種**冒險**，便把飛行員與所有的人類角色連結起來。

噴射人自己似乎不再了解冒險或命運，只了解他自身的處境；這個狀態乍看含有人類學的特質，而非人的特質：以神話學的角度定義噴射人，依據的不是他的勇氣，反而比較是從他的體重、飲食習慣以及生活習氣（節制、節食、禁慾）來定義。他在人種方面的獨特性，可以由他的體態看出來：反重力的充氣式尼龍服及光滑的頭盔為噴射人換了一層新的皮膚，「連他自己的母親都認不出來」。這是一種真正的人種變換，自從科幻小說廣泛流傳此類人種轉移現象之後，這一切也就更合乎情理：彷彿在古代螺旋槳人種與現代噴氣式人種之間，產生了突發的蛻變。

事實上，即便這則新的神話仰賴了科學工具，其實也不過只是神聖事物單純地挪移了一下：聖徒傳的時代（螺旋槳飛航時代的聖徒與殉道者）之後接著是一段隱修的時期：一開始只是單純的飲食規範，不久之後便會承載僧侶聖職方面的意義：禁慾、節制、大力戒斷享樂、集體生活、穿制服，一切都交會在噴射人的神話之中，展現肉身的可塑性質，以及對集體事物的臣服（而且只是委婉地顯露出來，並不明確），正是這般臣服作為犧牲，獻給一種非人力所及的、魅惑動人的獨特性。社會最終在噴射人身上尋回了那則古老的神智學（théosophique）協約，總是以禁慾苦修來補償力量，用人類「幸福」的代價來支付、換取那個半神性。噴射人的處境的確包含了一個天職上的意義，以至於這本身就是預備苦行、用來考驗申請入教者的種種步驟（高空密閉室、離心旋轉機訓練）所必須付出的代價。甚至連鬢髮斑白、長相平凡、臉面無情的教官，也一定要擺出一副傳授祕儀的祭司般的姿態。至於耐受力方面，就像所有的入門儀式一樣，我們會清楚地得到指導：耐力不屬於肉體的範圍——在預備的考驗中取得勝利，老實說，這是一種精神稟賦的成果。有人在駕駛噴射機方面天賦異秉，就像有些人能夠感應神召一樣。

如果我們談的是傳統形象的英雄，前述這一切就沒多大意義，因為傳統英雄的整體價值在於：在飛航中亦不拋棄他的人性（身為作家的聖—艾修伯里〔Saint-Exupéry〕、西裝筆挺的林白（Lindbergh））。不過，噴射人在神話學方面的特殊之處，就是他並不保留神聖角色中任何浪漫及個人主義的元素，但也沒有拋下角色本身。他噴射人的名號被同化為純粹的被動性（有什麼比一個**被噴射出去**的東西更帶有慣性且更被剝奪了自主性呢？），他仍然透過一個馳騁天際的虛構人種的神話，恢復了儀式，該人種的特色幾乎都展現在禁慾苦修之上，並在人類與火星人之間，實現了某種人類學層面的折衷狀態。噴射人是一名物化的英雄，彷彿時至今日，人類還是只能設想天上住著半物體（semi-objets）的種族。

29 拉辛就是拉辛

我早前提過小布爾喬亞對套套邏輯這種推論法的偏好（一塊錢就是一塊錢，諸如此類）。以下就是在藝術範疇中極為常見的一個絕妙例子：「《阿達利》（*Athalie*）是拉辛的一部作品。」這句話是一位法蘭西喜劇院的女演員在一齣新的演出開始前所說。

首先值得注意的是，這句話有點像是在下一份小小的戰帖（發帖對象是評論過拉辛的那些「文法學家、辯論家、評注者、教士、作家、藝術家」）。的確，套套邏輯的修辭法總有點挑釁的意味：它象徵一種智識與其對象之間憤怒的斷裂，一種命令的傲慢威脅，我們此時無法思索。我們的套套邏輯論者就像那些猛力拉扯溜狗繩的主人一樣：此因思考不應占去太多範圍，世界塞滿了可疑且白費功夫的託詞，必須適時勒住常識，把狗繩縮短在一個可以計算掌握的真實距離中。假如我們開始思考關於拉辛的問題呢？這威脅可大了：套套邏輯論者會狠狠地斬斷在拉辛四周所滋生的一切，怕會喘不過氣。

我們在這位演員的宣告中，辨識出這種常見敵對者的言語修辭，而這位敵手就是反智主義。我們都知曉以下這般陳腔濫調：太過聰明是有害的，哲學是無用的口號，必須為感覺、直覺、天真以及簡樸預留一些空間，理智過旺，藝術則亡。智力並非藝術家的一種特質，強大的創作者是全憑經驗而為的江湖郎中，藝術作品是跳脫系統的，總之，腦力活動貧乏無益！我們很清楚，諸如此類的反智戰爭總是藉常理之名來發動。歸根究柢，就是要在拉辛身上運用我們之前談過的那種布賈德式「理解」。同樣地，法國一般的經濟情況只是在面對法國稅制時的幻夢，是根據布賈德先生的常理所揭露的唯一現實。面對一個單純的拉辛，一如稅制一般「具體」的拉辛，文學史、思想史，或尤其僅就歷史自身，都不過是智識的幻想。

說到反智主義，套套邏輯論者也保留著對於天真的乞援。他以為具備了一種神聖的單純就可以一睹真實的拉辛面目；我們都知曉這古老的祕傳主題：處女、嬰孩以及簡單純粹的生命都帶有超越一般的洞察力。在拉辛的例子中，這種對「簡單」的乞靈具備雙重的託詞力量：他們一方面與以知識闡述拉辛的虛榮感截然相反，另一方面卻不太去討論——也就是我們為拉辛討回美學上的樸實精粹（那知名的拉辛式純粹），這會強迫所有想親近拉辛的人都得接受一條**誡律**（老調重彈：**藝術從……的束縛中誕生**）。

最後，在前述那位女演員的套套邏輯當中，還有下列這點：我們可稱之為重新尋得的批判神話。那些本質主義批評者把時間耗費在追尋過往天才的「真實面貌」上；對他們來說，文學是一間巨大的失物蒐藏庫，人們去那搜撈、捕獵。在那裡到底發現了什麼，無人得知，而這便是套套邏輯的最大好處：根本不用說出來。此外，套套邏輯論者只要再向前一步，就會感到侷促不安：獨立存在的拉辛、零度的拉辛並不存在。只有作為「形容詞」使用的拉辛：拉辛—純粹詩意、拉辛—龍蝦（**Langouste**）（蒙特朗〔**Montherlant**〕）、拉辛—《聖經》（維拉．寇恆夫人〔**Mme Véra Korène**〕的拉辛）、拉辛—激情、拉辛—如實呈現（**Racine-peint-les-hommes-tels-qu'ils-sont**），諸此種種。總之，拉辛總是拉辛之外的某種東西，也因為如此，讓拉辛式的套套邏輯變得非常虛幻不定。至少，我們知道了這般空泛的定義為那些自豪地揮舞炫耀的人帶來了什麼：某種微小的、道德上的解救，對維護拉辛的真實有利而產生的滿足感，不必承擔任何風險，這種風險是一切對真實稍作積極地探究所必然帶來的：套套邏輯使人不必有想法，但也同時導致自我膨脹，將這個特殊許可轉變成一項嚴厲的道德法則；成功的關鍵在此：懶惰不思考竟可與嚴密精確相提並論。拉辛，就是拉辛：空洞無物竟然帶來了奇妙的安全感。

30 葛理翰在冬賽館

曾經有那麼多傳教士向我們轉述「原始人」的宗教習俗，巴布亞（papou）的巫師沒能來到冬賽館（Vel' d'Hiv'）[1]實在太可惜了，否則就可以換成他為我們描述由葛理翰牧師（Dr Graham〔Billy Graham〕[2]）以福音布道運動之名所主持的儀式。不過，這其中蘊藏了絕

1 位於巴黎的自行車場館，全名為Vélodrome d'Hiver。此地於一九四二年七月曾發生過「冬賽館事件」，是一起由納粹德國指揮法國員警所執行的猶太人大規模抓捕行動，旨在清除法國納粹占領區和自由地區的猶太人。關押他們的冬賽館極其擁擠，幾乎沒有食物、水以及衛生設施。隨後，他們被裝入運載牲畜的列車，送到納粹集中營集體屠殺。

2 美國知名布道家（1918-2018）。他是美國基督教新教福音派牧師，被稱為「最偉大的布道者」、「總統的牧師」，二十世紀最有影響力的精神領袖之一。曾於一九七五年來臺布道，盛況空前。

佳的人類學素材，彷彿傳承自「原始的」信仰崇拜，因為我們從中直接看出了一切宗教行為的三大階段：期望盼候（Attente），催眠暗示（Suggestion），引領入教（Initiation）。

葛理翰讓人等待：讚美歌、禱告、無數空洞乏味的簡短演說，全都交付給陪襯的小咖牧師或美籍經紀人（興奮激動地介紹表演團體：來自多倫多的鋼琴家史密斯〔Smith〕，來自伊利諾州芝加哥的獨唱家貝佛利〔Beverley〕，「美國電臺的藝術家之聲，以美妙神奇的方式頌唱福音」），在葛理翰牧師登場之前大吹大擂、炒熱氣氛，不停地預告主角即將出現，但他始終沒露臉。最後，葛理翰終於來了，卻只是更加吊人胃口，因為他的第一篇演講根本不是真正的重點：他只是準備等候啟示（message）的降臨。其間穿插的各式插曲更延長了群眾的企盼，帶動了會場的熱烈氣氛，事先確立了這道啟示重大的預言力量，而根據表演的優良傳統，啟示要先讓人在一開始有所期待，之後才易長存。

在這個儀式的初始階段，我們辨認出期待的巨大社會學推動力，牟斯曾對此研究過，而且我們也已經有了最新式的範例，那就是巴黎的大羅伯（Grand Robert）催眠表演。在大羅伯的場子裡，我們也會盡量延後魔術師出場的時間，透過重複不斷、聲東擊西的假動作，在人群中營造好奇難耐的躁動氣氛，觀眾一心想親眼看看，那位讓他們苦苦等候的人，究竟是何方神聖。而在冬賽館這邊，葛理翰從第一分鐘起就被說成是真正的先知，人們乞求神的靈降臨在他身上，還要特別選在今夜此地應願——現在可是一位受神召者要開口說話，觀眾被邀來見證神靈附體的表演。主持人事先要求觀眾將葛理翰所說的話一字不差地當作神的話語。

假如神真的藉葛理翰牧師之口說話，那我們必須承認神實在是愚蠢到家：啟示的內容庸俗乏味、幼稚可笑，令人錯愕。無論如何，我們可以篤定神不再是托馬斯主義者，祂極度厭惡邏輯：啟示猶如連珠炮，由一連串互不連貫的堅定斷言所構成，句與句之間毫無連結，除了套套邏輯的字句之外（**神就是神**），沒有任何實質內容。主母會（mariste）最微不足道的修士、最拘謹保守的牧師，跟葛理翰牧師相比，都成了一批頹廢的知識分子。有些記者受儀式的胡格諾（huguenot）[3]風格的假象（聖歌、禱告、布道、降福）所矇騙，也被新教儀式特有的、撫慰人心的悔罪之情所洗腦，對葛理翰牧師及其團隊的分寸拿捏大表讚賞：大家原本以為他們會是極盡誇張的美式作風，女郎隨行、播放爵士樂，再來點逗人開心、時髦現代的隱喻（當然還是免不了出現兩三個類似的隱喻）。無庸置疑，葛理翰的布道會摒除了一切

3　法國基督新教歸正宗的一支教派。十七世紀以來，胡格諾派普遍被認定為「法國新教」，信奉喀爾文主義，在政治上反對君主專制。

生動別緻的元素，而法國的新教徒卻能將之納為己用。即便如此，葛理翰的方式依舊切斷了整個布道傳統（不論天主教或基督新教）的脈絡，這項傳統繼承自古代文化，要求培養說服他人的能力。西方基督宗教在闡述教義的時候，總是讓自身歸順在亞里斯多德思想的整體框架之下，總是願意依循理性來探討，即便牽涉到傳播信仰的非理性概念也是如此。葛理翰牧師打破了數個世紀以來的人文主義（雖然其形式可能漸趨空洞、僵化，但對主體性他者〔autrui subjectif〕的關注，卻很少自基督教的訓示講道中缺席），為我們帶來一個神奇的轉換方法：以暗示代替說服——演說滔滔不絕的壓迫感、有系統地排除掉主張中一切理性的內容、不停切斷邏輯關聯、重複同樣的詞句，浮誇地伸出手臂指著《聖經》，好似辯士手裡拿的萬用開罐器；尤其缺乏熱情、明顯瞧不起別人，所有這些操作策略都是歌舞廳催眠秀的部分慣用素材：我再強調一次，葛理翰跟（催眠師）大羅伯沒有絲毫差別。

大羅伯以個別挑選來結束對觀眾的「治療」，選出一批臺下觀眾，讓他們登上舞臺圍繞在催眠師身旁，將任務託付給某些享有特權的人，負責展現令人嘆為觀止的入睡場面。如同大羅伯，葛理翰仰賴對受神召者身體上的隔離，圓滿完成啟示的儀式：這一夜，在冬賽館，在「超級溶液」（Super Dissolution）與「百利來干邑白蘭地」（Cognac Polignac）的廣告牌之間，在神奇的啟示作用之下，新入教者「皈依了耶穌基督」。他們被引導到另一個獨立的房間，若當中有會說英語的人，甚至會被帶到另外一間更隱密的地下室：在那裡面發生了什麼事都不重要——在入教名單上登記、聆聽新的布道詞、與「顧問」的心靈談話，或是募捐——，這段新的插曲才是引領入教的代替形式。

這一切都與我們直接相關：首先，葛理翰的「成功」，凸顯了法國小布爾喬亞精神上的脆弱，會參加這些場合的觀眾似乎都來自這個階級：這群人的思想型態不合邏輯且容易催眠，他們的可塑性暗示了在這個社會群體當中，存在著我們可稱為「冒險情境」（situation d'aventure）的事物。一部分法國小布爾喬亞階級甚至不再受其非凡的「正確的常識判斷力」之保護——這種判斷力原是其階級意識的主動出擊型態。但事情還沒完。葛理翰和他那一票人多次大力強調這項宣教運動的目的：「喚醒」法國（「我們見證了神在美國已成就許多大事；巴黎的覺醒將對全世界帶來巨大影響。」——「我們期盼在巴黎發生某件事，迴響遍及全世界。」）。這個看法很明顯與艾森豪對法國人無神論的聲明相同。法國的下列特點在全世界是出了名的：理性主義、對信仰的不在乎、法國知識分子不信宗教（對美國與梵蒂岡來說，這是共同主題；但卻是過度吹捧的主題）——必須將法國從這場噩夢中喚醒。巴黎的「皈依入教」必然具備世界楷模的價值：無神論在自身的巢穴內被宗教打倒在地。

我們心裡都很清楚，這其實牽涉到一個政治的主題：法國的無神論會讓美國感興趣，是因為無神論對美國來說就是共產主義的現形的預兆。將法國自無神論中「喚醒」，就是將她從共產主義的魅惑中喚醒。葛理翰的宣教活動只是麥卡錫主義（maccarthyste）[4]的一個段落。

4 表示在沒有足夠證據的情況下指控他人不忠、顛覆、叛國等罪，也使用不公正斷言、調查方式，特別是對持異議者和批評者進行打擊。

31 杜皮耶訴訟案

傑哈．杜皮耶（Gérard Dupriez）的訴訟案（他殺害雙親，動機不明）表現出赤裸裸的矛盾，我們的*司法*也自陷其中。這與歷史發展不均衡的事實有關：一百五十年來，人的觀念改變很大，心理學探索的嶄新科學也出現了，但這個*歷史*的局部推進，尚未在刑事辯護系統上帶來任何改變，因為*司法*直接出自國家，而我們的國家自《刑法》頒布以來，還沒換過主事者。

因此，我們會發現，犯罪總是依據古典心理學的準則，藉由司法**構建**出來：事實只是作為連貫的理性元素而存在，它必須**有效**，否則就失去了本質，無法被辨識。為了能夠替杜皮耶的行為命名，必須為他找出真正緣由；於是，整場審判都在致力探究原因，儘管它微不足道；除了要求讓這項罪行處於某種絕對狀態，奪去了為它定罪的一切說法，準確地將其界定為**無名之罪**，此外，不再有可用的辯護之詞。這真是十分矛盾。

而起訴方則找到了一項動機——但隨後又被各種證詞否決掉：很可能因為杜皮耶的父母反對他的婚事，讓他動了殺念。我們在此就有了司法機關視為犯罪因果的例證：兇手的雙親偶然成了阻礙，他為了清除障礙，就殺了他們。即便出於憤怒而弒親，這股怒意仍不斷處於理性的狀態，因為它對某種東西是直接有用的（這意味了在司法機關眼裡，心理事實尚未具備屬於精神分析的補償作用，卻總是具備屬於經濟範疇的實用價值）。

因此，只要他的行為在抽象上有效，就足以替罪行安上一個名稱。起訴方只認定因為杜皮耶的婚事不被接受，才是其發狂——也就是憤怒——的主要動因；就理性面來看（面對前一刻據以定罪的同一種理性），犯人無法期望從他的行為中獲得任何好處（比起父母阻撓婚事，殺害雙親更是澈底毀掉了婚事，因為杜皮耶毫不掩飾他的罪行），這倒沒什麼關係：我們在此僅滿足於被削減的因果關係；重要的是，激起杜皮耶憤怒的原因在於婚事受阻的初始因素，而非其結果；我們假設犯人具備足夠邏輯的精神狀態，能夠設想其罪行的抽象效益，而非其真實後果。換言之，只要瘋狂有一個**合理的**起因，我們就能名之為犯罪。我已在論及多米尼奇的審判案件時，指出刑事論據的特性：它屬於「心理學」的範疇，因而甚至也屬於「文學」的範疇。

但那些精神病專家並不承認，一項罪行無從解釋就不是犯罪，他們把全盤責任都推到被告身上，因此一開始看起來這與傳統的刑事辯護背道而馳：對這些專家來說，缺少因果關係絲毫不會妨礙我們為兇手定罪。最終，正是精神病學在捍衛自我絕對控制的概念，讓罪犯承擔自身的罪責，即便他的狀態已經超出理智的界線，這實在太不合常情了。**司法單位**（起訴方）依據原因來定罪，因而為失去理智的瘋狂舉動預留了可能的空間；而精神病學，起碼是一般所認可的精神病學，卻似乎不斷拖延、盡可能不去定義瘋狂，它不承認限定、界定的任何價值，回復了自由意志的古老神學範疇；在杜皮耶的案子中，精神病學扮演了**教會**的角色，將它無法回收的被告們送交世俗者（**司法**）手上，因為沒辦法把這些被告包含在任何一種教會的「範疇」中；精神病學甚至為了這個慣例，創造了一個純粹名義上的專屬範疇：反常（倒錯）。如此一來，司法體系誕生於布爾喬亞時代，被制定用來使世界理性化，反抗君權神授與君主制的專斷，並以過時殘跡的狀態顯露它所扮演的進步角色，而一般認定的**精神**病學面對這樣的司法機制，延續了「反常者必須負責」的老舊觀念，對反常者定罪，必須無視任何解釋的努力。適用於法律的精神病學根本不尋求擴張其領域，而是把喪心病狂者提交給劊子手，法庭雖然小心翼翼、深怕出錯，卻還是比較理智，也只能放棄對這些瘋子的起訴。

前述就是杜皮耶訴訟案的矛盾之處：在法庭與辯護方之間的矛盾；在精神病學與法庭之間的矛盾；在辯護方與精神病學之間的矛盾。其他的矛盾存在於下列每一股力量之中：我們看到，司法不合理地將原因與結果分離，最終依據罪行兇殘可怕的程度為其開脫；適用於法律的精神病學自願放棄自身的研究對象，把殺人犯移交給劊子手，此時卻正是心理科學每日都更進一步負責處理人類更大的一部分內心世界之際；辯護方則在雙方之間猶豫擺盪，一邊是進步的精神醫學的要求，把每一位犯人都當成喪失理智者來診治。另一邊則是一股魔法「力量」的假設，這股力量可能灌注到杜皮耶身上，猶如處在最巔峰時期的巫術魔力（出自莫里斯．加爾松〔Maurice Garçon〕[1]先生的辯護詞）。

1　法國知名律師、作家（1889-1967）。擔任過許多文學、司法大案的辯護律師，也是巫術、魔法的研究者。

32 令人震驚的照片

桂妮維亞．塞侯（Geneviève Serreau）[1]在其談論布萊希特的書中，提到了《巴黎競賽畫報》中的一張照片，照片上是瓜地馬拉共產黨人被處決的場面；她準確地指出這張照片本身一點也不嚇人，我們會覺得害怕，是因為我們身在自由的國度**注視著它**；在奧賽美術館畫廊裡展出的「震撼照片」，真要說的話，並沒有幾張成功地嚇到人，反而應證了塞侯的公允評語：攝影師若想讓我們覺得恐怖，光是把恐怖**示意**（signifier）出來是不夠的。

為了震撼人心而集中在此展示的照片，並未對我們產生任何效果。因為正是攝影師在構想畫面主題的時候，不辭辛勞地代替了我們的角色：他幾乎總是**過度地架構**他想要呈現給觀

1　法國舞臺劇演員、劇作家（1915-1981）。德國大師布萊希特劇作的法語譯介者之一。

者的恐怖之感，透過反差與對照的手法，在事實當中添加刻意營造恐懼的語法：例如，其中一張照片把一群士兵與一大片死人頭顱放在一起；另一張呈現在我們眼前的，是一名年輕軍官正在凝視一具骨骸；而另一張照片捕捉到的則是一列囚犯及俘虜與羊群錯身交會的那一刻；不過，這些照片斧鑿痕跡過多，沒有一張打得進我們的心。那是因為，我們站在這些照片面前，判斷力都被剝奪了：有人已經先替我們戰慄，先替我們思考，先替我們評斷了；除了理智上接受這單一的權利之外，攝影師什麼都沒留給我們：我們只是出於對攝影技巧的興趣，才與這些影像產生連結；它們乘載了藝術家本人的過度指示，對我們來說已經沒有故事可言，我們無法針對這批合成養料，重新**創造**接納它的方式，它已經被原創者澈底地消化掉了。

其他的攝影者想讓我們驚豔，或至少要能嚇到我們，但還是犯了原則上的同樣錯誤；他們會以高明的手法，竭盡全力捕捉一個動作最為稀有的瞬間與最極端的顛峰，例如，足球員騰空擋球、女選手的飛躍姿態，或是鬼屋裡的物體懸空飄浮。雖然這些景象直接有力，完全不倚賴對比元素的組合拼貼，但刻意架構的意味依然太重；對獨特瞬間的捕捉依然顯得突兀，太刻意而為，出於一種沉重累贅的語言使用意念，而這些成功的影像對我們也起不了任何作用；我們對此體會到的興致，不會持續超過走過照片那一刻的解讀時間：沒有引發共鳴，沒有激起不安，我們迎接視覺衝擊的過程過早合攏在純粹的符號上了；景象的一目了然與其**成形的方式**，使我們不必大量吸納影像帶來的憤慨之情；照片被簡化成純粹的語言狀態，打亂不了我們。

畫家們也得試圖解決這項關於動作的高峰頂點的問題，但他們做得更成功。譬如，舊帝國的畫家必須再現瞬間一刻（馬匹前肢躍起、拿破崙伸手指向戰場之類的畫面），將不安定的誇張符號留在動作中，我們可稱之為**內在靈力**（*numen*），是一種姿勢的莊重凝固狀態，無法置放在時間之中；這個難以捉摸的靜止狀態的進化——後來在電影中稱為上相（*photogénie*）——恰是藝術誕生之處。馬匹誇張地高高躍起、皇帝凝結在不可能出現的動作中，這種輕巧的醜態以及對這類表達法的迷戀（我們也可稱之為修辭法），為符號的解讀添入了某種擾動人心的迷人賭注，將影像的解讀者帶入一個訴諸視覺、而非訴諸理智的驚奇境界，因為它其實將解讀者吸引到景象的表面以及視覺的耐受力上，而非直接吸引到意義之上。

大多數展示給我們看的震撼照片都是虛假的，那是因為它們在直觀事實與誇張事實之間，選擇了一種中介狀態：這些照片對攝影來說太過刻意打造，對繪畫來說又太過精確實際，既缺乏直觀表達所激發的憤慨之情，也缺乏藝術的真理特質：攝影者將影像打造成純粹的符號，卻不同意賦予這些符號起碼的曖昧性以及使人慢慢回味的深厚意味。展覽中唯一使人感到震撼的影像（當然這項展覽的立意還是值得嘉獎）顯然是來自新聞社的照片，在其本身頑固、直觀、遲鈍的特質之下，驚駭的事實突然爆發，令人目眩神迷。這一切都非常合乎邏輯。遭到槍決的瓜地馬拉人、馬爾基（Aduan Malki）悲痛欲絕的未婚妻、被暗殺的敘利亞人、警察高舉警棍，這些影像令人震驚，因為第一眼看到的時候感覺陌生，近乎平靜，遠遠不及圖片下方說明文字的力道：照片的視覺效果減弱了，那股**內在靈力**被剝奪了——擅長構圖的畫家一定不會忘記加入這股力量（這也是理所當然，因為它涉及了描摹真實的藝術）。這些新聞影像沒有詩歌陪襯，也沒有文字闡明，其**自然原始**的狀態逼迫觀者提出強烈質疑，推促他走上評判之途。他必須自行消化意義，不受攝影師的造物主視角阻礙干擾。因此這真的就涉及了布萊希特所訴求的「批評的滌化作用」（*catharsis critique*），而不再像主題繪畫所要求的情感流瀉：我們也許在此重新發現了史詩與悲劇的兩大範疇。直觀攝影牽動的是恐怖所激起的憤慨之情，而非恐怖本身。

33 青年戲劇的兩則神話

如果我們根據最近一次新創劇團戲劇比賽的演出來評判，年輕人的戲劇表演可說是狂熱地繼承了上一代的神話（這也讓我們不太明白如何區別兩者）。例如，我們知道，在布爾喬亞的戲劇中，當演員被他扮演的角色「吞噬」，就應該展現熱情如火、熊熊燃燒的激烈情態。必須不計一切代價地「沸騰」，也就是既燃燒又噴溢；因此才出現了這種燃燒的濕潤形式。在一齣新戲裡（這部戲還得了獎），搭檔的兩位男性演員相互噴濺各式各樣的液體：淚水、汗水、口水。我們好像目睹了一種可怕的生理運作現象，體內組織的畸形扭曲，激情有如一塊溼透的大海綿，被劇作家的無情之手大力擠壓。我們很清楚這股激盪肺腑的風暴動機何在：使「心理狀態」成為可以量化的現象，迫使歡笑與痛苦具備簡單的度量形式，讓激情本身也像其他事物那樣成為商品，成為交易的對象，融入到交換的數字系統中：我花錢買票看戲，我要求得到一望即知、幾乎可以計算出來的激情作為回報：假使演員在舞臺上全力施為，在我面前操練、舞動身體，不投機取巧；假使我無法懷疑演員所承受的辛苦磨難，那麼，我會說這名演員相當優秀，並表露出我的喜悅，因為我的錢用在一名天才身上，他不敷衍行事，而是以切切實實的淚水與汗滴，百倍奉還給我。演員燃燒自身的一大好處涉及經濟層面：我身為觀眾掏了腰包，最終獲得了可供核實的收益。

演員的激情燃燒狀態當然可以用唯靈論的辯稱來裝扮自身：演員把自己獻給舞臺之魔，他犧牲自我，讓他扮演的角色從內部占有他、吞噬他；他的慷慨奉獻、獻身於藝術、肉體的勞苦付出，都值得同情與敬佩；我們會記得他的肌肉操勞之苦，他疲憊不堪，耗盡了全身體液能量，最後在謝幕時走向臺前向觀眾致意，我們鼓掌喝采，就像對禁食與舉重紀錄保持者所做的一樣，我們私下建議他去吃點東西恢復體力，重新修補內在精氣，補充為了安排激情的表現比例所流失的一切水分——這場激烈展現的表演是我們向演員花錢買來的。我不認為有任何布爾喬亞觀眾抗拒得了如此明顯的「犧牲行徑」，而且我覺得一名懂得在舞臺上哭泣或流汗的演員，一定總是能占據優勢：演員在舞臺上有目共睹的勞苦奉獻，中止了觀眾進一步評判的機會。

布爾喬亞戲劇遺產中還有另一個不受歡迎的部分：「新發現」（trouvaille）的神話。經驗老到的導演藉此確立聲名。某個年輕劇團在演出《女店主》（*La Locandiera*）[1]的時候，每一幕都讓家具從舞臺天頂降下來。這當然出乎意料之外，所有人都對這項創新的手法驚嘆不已：可惜的是，該手法完全無濟於事，顯然是因為想像力陷入枯竭困境，迫使人們不計代價謀求新奇感；既然如今我們已經窮盡了一切打造舞臺布景的人為手段，既然現代主義與先鋒派在觀眾面前直接換場的手法已經讓我們厭膩——舞臺人員直接上臺（這真的很大膽）當著觀眾的面擺放三張椅子和一張扶手椅——，那我們只好利用最後一塊閒置的空間：天花板。這種手段毫無來由，只是純粹的形式主義，但那有什麼關係：在布爾喬亞觀眾的眼中，舞臺呈現永遠只是新發現的一套技法，而某些「設計者」太過積極想要迎合這些要求，他們不斷發想，樂此不疲。我們的戲劇表演在此依然遵循一套嚴格的交易法則：導演所呈現的藝術效果必須一目了然，每一位觀眾都能夠核可他買票的效益，這些都是必要與充分的條件；由此產生了一種藝術，它最急著看到收益，首先表現為一連串斷斷續續的（因此可以計算）、形式上的成功。

1 義大利劇作家哥爾多尼知名劇作，發表於一七五三年，劇中塑造了愚蠢無能的貴族、辛勤樂觀的女店主和樸實爽朗的平民僕人形象，彷彿威尼斯社會縮影。

跟演員的激情燃燒狀態一樣，「新發現」有它公正客觀的存在證明，我們試圖給予它「風格」的保證：讓家具從天而降會呈現出輕鬆無拘的效果，與傳統上賦予義大利即興喜劇（*commedia dell'arte*）的放蕩不羈氣氛相融無間。理所當然，風格幾乎總是一種藉口，目標在於迴避戲劇表演的深層動機：讓哥爾多尼（Carlo Goldoni）[2]的一齣喜劇帶有純粹的「義大利」風格（滑稽動作、默劇動作、明亮色彩、半遮面具、半圓擺腿〔rond de jambe〕、巧舌快嘴），即便廉價，卻依然保有作品的社會或歷史內涵，平息了公民關係的劇烈顛覆，一言以蔽之，這就是一種愚弄的把戲。

「風格」對我們布爾喬亞舞臺所造成的破壞，真是說不盡。風格寬待一切事物，免除一切麻煩，尤其逃避了對歷史的反思；風格將觀眾限制在純粹形式主義的拘束之中，以至於「風格」的種種革命本身也局限在形式上：先鋒派的導演勇氣十足，敢用一種風格替代另一種風格（卻再也不會去觸及戲劇的真正本質），就像巴侯（Jean-Louis Barrault）[3]在《奧瑞斯提亞》（*L'Orestie*）這部戲中，把悲劇的學院派風格轉變成黑人的節慶劇。這是一回事，用一種風格取代另一種，這也不會有絲毫進步：身為班圖人（bantou）的劇作家埃斯庫羅斯（Eschyle）[4]不比身為布爾喬亞的劇作家埃斯庫羅斯錯得更少。在戲劇藝術中，風格是一種逃避的技巧。

2 十八世紀義大利著名劇作家（1707-1793）。他一生創作了大量劇本，以《一僕二主》、《女店主》等為代表的一批喜劇作品，如實反映當時的社會現實，歌頌底層人民的勤勞機智，諷刺了貴族階級的愚蠢自大。

3 法國演員、啞劇藝術家（1910-1994）。主演過各大舞臺劇及電影，尤以法國二戰期間電影巔峰鉅作《天堂的孩子》中的表演最為知名。

4 古希臘劇作家、詩人，與索福克勒斯及歐里庇得斯並列古希臘最偉大的悲劇作家，有「悲劇之父」美譽。

34 環法自行車大賽一如史詩

環法自行車大賽有一套人名學（onomastique），單憑這點就可以說明，環法賽堪稱一部史詩。選手的名字似乎大部分都來自一段非常古老的人種學年代，那個時代的種族名稱可以透過一小組有如範例的音素讀出來（法蘭克人彭卡爾〔Brankart le Franc〕、法蘭西島人波貝〔Bobet le Francien〕、塞爾特人侯畢克〔Robic le Celte〕、伊比利人惠茲〔Ruiz l’Ibere〕、加斯科人達希嘉德〔Darrigade le Gascon〕）。此後，這些名字就不停地出現，在比賽的巨大風險中形成恆穩的定點，其任務是讓斷斷續續、亂哄哄的比賽過程更緊密地貼合偉大形象的沉著本質，彷彿人首先是一個名字，透過這個名字讓自己成為事件的主宰：彭卡爾、傑米尼阿尼（Raphaël Géminiani）、洛赫地（Nello Lauredi）、翁多拿·羅蘭（Antonin Rolland），這些姓氏讀起來就像表現價值、忠誠、背叛以及淡泊的代數式符號。選手的名字既是精神養料，也是修辭上的省略，在這種情況下，名字構成了一套真正詩性語言的主要修辭格，展現了一處「描述」終究顯得多餘無用的世界。然而，選手的品德會慢慢地、具體地納入他的姓名發音內，而這個現象最後尚且全盤吸收了形容語：換言之，選手獲得勝利榮耀之初，還具備了某個特質方面的專用修飾語（épithète），但是到了後來，這種專用語就沒必要了。人們只消說：優雅的柯列多（Coletto）、巴達維亞人范・東根（Van Dongen le Batave）；至於路易宗・波貝（Louison Bobet），已不需再多加什麼字眼了。

現實中，要進入史詩的範疇必須藉由名字的縮減來達成：波貝變成路易宗，洛赫地變成內羅（Nello），拉菲爾（Raphaël）則變成傑米尼阿尼——拉菲爾是一位令人滿意的英雄，因為他既**優秀**又**英勇**——他有時被稱為「小拉」（Raph），有時又被叫成「阿傑」（Gem）。這些稱號既輕快，也有些溫柔，甚至帶有一點順服的卑微感；在同一串音節下的這些名字，說明了超人的價值與人與人之間的親密感，新聞記者會隨意地貼近他們，有點類似拉丁詩人親近凱撒或梅瑟納（Mécène）。在自行車選手的這種暱稱當中，混合了順從、仰慕與特權，將觀眾打造成諸神的偷窺者。

因為以暱稱（小名）稱之，名字的確變得眾所皆知。這使得選手的親密性可以羅列在英雄的伸展臺上。因為，真正展現史詩感之處，不是比賽的過程，而是帳篷區，它是選手與民眾之間的界線，場上的戰士在此設計他的意圖，也在此大力傾洩他的辱罵、挑戰與心內話。環法大賽完全了解這個虛假不實的私人生活所帶來的光榮，此時，凌辱與擁抱變成了人際關係的誇大形式：在一次布列塔尼的追逐過程中，大方的波貝公開伸手要與洛赫地相握，但洛赫地毫不掩飾地拒絕了波貝。這幕荷馬式的翻臉戲有個對比的歌頌場景，這些偉人會在眾人面前彼此互相稱頌。波貝對寇布雷（Koblet）說：「我對不起你」，這句話自身就勾勒出一個史詩般的世界，敵人是依據我們對他的尊敬程度而成立的。這是因為在環法賽中還保留了不少古代封建領主附屬關係的殘餘痕跡，可以說這樣的狀態形成了人與人之間在身體上的連結。在環法大賽中，選手們經常相互擁抱。法國隊的技術指導員（directeur technique）馬塞爾．畢鐸（Marcel Bidot）在一場勝利之後擁抱了阿傑，翁多拿．羅蘭對著同一位傑米尼阿尼凹陷的臉頰獻上熱烈一吻。擁抱在此表達一種美妙的歡快之感——在面對英雄世界的封閉與完美的時候，我們會得到這種感受。相反地，必須避免所有的「群聚」感受與這股兄弟情誼的快樂混為一談（這陣群聚感在同隊的成員間騷動不已）；這些感受卻更加擾動不安。實際上，完美的公眾關係唯獨在偉大英雄之間才可能形成：只要「僕人」（domestique）一登場，史詩瞬間降級為小說。

環法大賽的地理分布也完全服膺於賽事的史詩感需求，其天然環境與場地都擬人化了，人必須與大自然一較高下，而且跟所有的史詩一樣，決鬥的重點在於棋逢敵手：因此，人便自然化了，自然也人性化了。山坡路途險惡，被簡化成脾氣古怪或致人於死的「百分比」，而比賽沿線的路段，每一段都彷彿是一篇小說章節（指的其實是一種史詩型的時間安排、累加堆疊的純粹危機，而非在悲劇裡單一衝突的辯證過程），路段首先是具象的實體人物角色，也是接連不斷的敵手化身，由於體態與道德的混合狀態（這種狀態決定了史詩一般的大自然），使每一個路段性格獨具。路段被形容成粗野雜亂、黏答答、如遭火蝕、尖直帶刺等等，所有這些形容詞都屬於一種修飾特色的存在範疇，目的是指出選手已經進入備戰狀態，其對手不是某某自然環境的艱難關卡，而真正是生存的主題，一個實質的主題，選手在當中僅憑藉單獨一種動作，就投入了他自身的感知與判斷。

選手在**大自然**中遇上了一處生氣勃勃的環境，他必須與之維持養分與臣服關係的交流。某一個濱海路段（勒阿弗爾—迪耶普〔Le Havre-Dieppe〕）會「帶有碘的風味」（iodée），為賽事補充能量與色澤；另一段（北邊的）則由鋪石路所環繞，會構成濃暗不透光、有稜有角的食物：十分令人「難以下嚥」；還有另一段（布里洋松—摩納哥〔Briançon-Monaco〕）是片岩地形，極富史前風貌，讓選手陷入膠著。各個路段都引發了同化的問題，各個路段都透過詩意盎然的手法成為其內在實體的縮影，面對每一段的考驗，選手們會試圖把自己默默地定位成與**自然**——**實體**（Nature-substance）正面對決的完整的人（而不只是與**自然**——**對象**〔Nature-objet〕對決）。所以，重要的是貼近實體的真實動作：選手總是表現出全副身心「沉浸在」競賽過程的狀態，而非只是在騎車前進而已。他全身投入、穿越橫渡、迎風飛馳、緊貼不放，界定他的，是他與大地的連結，經常處在焦慮慌亂與如臨末日的絕望感中（**迎向蒙地卡羅**〔Monte-Carlo〕**的絕命俯衝，艾斯特爾山**〔l'Esterel〕**賽程**）。

蒙受了最強烈擬人化效應的路段，就是風禿山（mont Ventoux）這一段。那些阿爾卑斯山或庇里牛斯山的巨大山口，即便艱難險峻，依然有路可行，如同可供穿越之物；山口皆是洞坑，很難點頭讓人通行；風禿山自身飽含山的完整性，它是惡之神，人們必須獻祭予它。它也是真正的魔羅神（Moloch）[1]，自行車手眼中的暴君，從不寬待弱者，總是要求以痛苦為代價，獻上不公不義的貢品。風禿山的實際地貌醜惡不堪：禿裸不毛、寸草不生（《團隊報》〔*L'Équipe*〕[2]說它得了乾脂溢性頭皮炎〔séborrhée sèche〕[3]），這恰恰代表了**乾燥**的精

1 上古近東神明，須以火焚祭嬰孩以供奉之。也象徵須付出極大犧牲才能獲得成果的事業。

2 法國知名體育報紙，以在足球、橄欖球、賽車及自行車方面的專業報導著稱，前身為體育報紙*L'Auto*，於一九〇三年創辦「環法自行車大賽」。

3 一種頭皮炎，好發於皮脂溢出部位，徵狀包括出現鱗屑、片狀皮屑、搔癢等。

神；它絕對、純粹的環境條件（風禿山比較是環境條件本質的體現，而不只是一處地理上的空間）使其成為如遭天譴的奪命地帶，英雄的試煉之地，某種類似「高等地獄」的存在，單車手將在此處定義他救贖的真理：他將戰勝惡龍，也許透過神助（高勒，外號**太陽神腓比斯之友**），也許透過純粹的普羅米修斯精神，派出一名更加難纏的魔王（波貝，外號**自行車的撒旦**），以對抗那位罪惡之神。

環法大賽因而擁有一種荷馬史詩式的地理風貌。如同《奧德賽》書中所寫，比賽既是挑戰重重的長途遠征，也是地理界線的全盤探索。尤里西斯曾多次抵達世界盡頭。環法大賽也一樣，它在許多地點已輕輕掠過不屬於人類的世界：有人還說，站在風禿山上，就好像離開了地球，在那裡，我們與無名星辰為鄰。透過這種地理風貌，環法大賽因而成為人類空間百科全書式的清查統計；如果我們參考某種維柯式的歷史發展脈絡，則環法大賽可能就足以代表這個曖昧的時刻：人將自然大力地擬人化，以便更輕易地挑戰自然、擺脫自然。

當然，選手如此貼近這個人類學式的自然，這只能透過半真半假的途徑來完成。環法賽通常會落實一種精神面的能量學（energétique）。選手為了迎戰**大地—人**（Terre-Homme）所掌握的力量，涉及兩個面向：一個是**競技狀態**（forme），它是狀態而非衝動，是一種占據優勢的平衡狀態，介於發達肌肉、敏銳智力與堅毅性格之間。而**大飛躍**（jump）是一股觸電般的強大衝力，陸續抓住某些神明眷顧的選手，就這麼幫助他完成超越人類極限的英勇壯舉。**大飛躍**牽涉到一個超自然的秩序，人在其中如有神助，大獲成功：大飛躍會成功，可能是彭卡爾的母親去夏特大教堂（cathédrale de Chartres）[4]的聖母面前為兒子求來的。而查理．高勒（Charly Gaul），名聲響亮的「神恩受益者」，確實是**大飛躍**的箇中好手，他與眾神維持斷斷續續的心靈來往，從中獲取電力。有時神降駕他身，他便技驚眾人；有時神棄他不顧，**大飛躍**威力盡失。於是，查理也無技可施。

大飛躍有一個極度可憎的降格仿效，就是服用禁藥：讓選手服用禁藥與想要模仿上帝一樣，既是犯罪，也是褻瀆：這是從上帝手中竊取唯神獨有的光芒。不過，上帝當然懂得報復：可憐的馬雷賈克（Malléjac）心知肚明，出於挑釁的禁藥服用會使人走向瘋狂一途（對盜火者的懲罰）。相反地，波貝則沉著、理性，完全不識**大飛躍**為何物：他是一股強大的精神，獨立完成當為之事。波貝也是展現**競技狀態**的專家，一位凡人英雄，不倚賴超自然之力，只憑純粹立足大地的特質取得勝利，這些特質由於出自人本至上的優異背書，而提高了價值：堅毅的意

4 位於巴黎西南方夏特鎮，建於中世紀，為歐洲哥德式教堂建築最高傑作，壯麗非凡，享有「石雕聖經」美譽，其花窗玻璃的夢幻色澤舉世無雙，人稱「夏特藍」。一九七九年起名列世界遺產。

志。高勒化身為專斷、神聖、非凡、天選之人、與神的串通共謀；波貝則化身為公正與凡人，他否認神的存在，也闡明了天助自助者的道德觀。高勒是大天使，波貝則像普羅米修斯，也是薛西弗斯，成功地將石塊推向眾神——正是這些神判決他只能神妙地當個人。

環法大賽本身的原動力顯然猶如一場戰鬥，但其中的對決部分卻相當特別，而這場戰鬥必須藉由自身的背景或進展過程（確切地說，並非透過其驚人之處）才顯得激動人心。毫無疑問，大賽堪比一支現代軍隊——以其裝備之重大及投入人員之數量來定義。比賽會經歷事故連連的插曲、舉國沸騰的激昂之情（法國隊被義大利小隊長賓達〔Binda〕先生的隊伍團團包圍），英雄以捨我其誰的狀態迎向挑戰，很接近雨果筆下拿破崙那種非凡又平易近人的冷靜姿態（「阿傑雙目炯炯，一頭栽入危險俯衝，衝往蒙地卡羅」）。儘管如此，對決行為本身依舊難以掌握，也不會讓人得以在時限內建立它。事實上，大賽的原動力只能區分成四大行為：領騎（mener），跟隨（suivre），拉開（s'échapper），癱倒（s'affaisser）。**領騎**是最費力、也最無用的行為。領騎，總是犧牲自己，是純粹的英雄主義，其目的，與其說是為了確保某項結果，不如說是為了展現一種性格；在環法大賽中，鋒芒外露並不吃香，它通常被集體戰略簡化掉了。相反地，**跟隨**的行為總是有些軟弱，隱含危險，屬於一種毫不在意他人的、對榮譽的投機取巧心態：也就是不知節制、略帶挑釁地一路跟到底，實在也算是一種惡行了（「車輪吸吮者」〔suceur de roues〕真是可恥！）。**拉開**是一段蘊含詩意的插曲，用意在於表明一種刻意營造的孤寂感，不過效果並不明顯，因為我們最終幾乎都會被迫歸隊，雖很光榮，但也僅等同於某種無啥大用的榮譽表現（西班牙人阿洛馬〔Alomar〕的離群脫隊：抽身，高傲，蒙特朗式英雄的卡斯蒂拉主義〔castillanisme〕）。**癱倒**預示了放棄，永遠是一場惡夢，令人神傷，有如全面崩盤：在風禿山上，某些癱倒的場面就像「廣島核爆」一樣悽慘。前述四大動作當然都有些戲劇化，在描述**危機**的誇張語彙中四處流動，通常，其中一種動作會被形象化，用來命名某段賽程，就像為小說訂定章回名稱（標題：**庫伯勒踩踏板踏步凌亂**）。語言在此扮演重大角色，它讓不斷融入過程而令人捉摸不定的事件，提升為史詩級的水準，因而得以鞏固。

環法大賽具有一種模糊不清的道德觀：蘊含騎士風度的命令與一心堅決求勝的要求，不斷混合交織在一起。這種道德觀不懂得、也不想在歌頌犧牲精神與經驗論的必要性之間作出抉擇。個人選手為了團隊的成功而**犧牲**，不論這種犧牲是出於選手自願，或是應裁判（技術指導員）要求而為，都使人興奮激昂，卻也引起不少爭議。犧牲是偉大而高尚的，展現了團隊運動的鍛鍊中一種道德上的完滿——犧牲行為即是這種精神的清楚證明。不過，犧牲行徑卻與另外一個打造環法賽整體傳奇感的價值背道而馳，那就是「現實態度」。**在環法大賽中**

我們不可感情用事，正是這條法則讓賽事更有看頭。因為騎士風範在此被視為命運的潛在規劃所蘊含的風險；大賽本身會強烈地避免一切可能預先讓競賽的偶然機運轉向的事物（原本應該是不受外力影響、不拐彎抹角的機運）。**比賽過程不是預先設定好的**，它是選手不同性格的對決衝撞，它需要的是個人的道德感，一股一夫當關、為生命而戰的戰鬥精神：讓報導賽事的媒體記者最為困擾及顧慮的是，他們必須為環法大賽設定、想像一個不確定的未來：例如一九五五年的環法賽，整場賽事過程抗議不斷，反對人們普遍相信波貝必定勝出的預測。話又說回來，環法大賽畢竟是一場運動比賽，它要求的是團隊精神。老實說，這項矛盾從未解決，它迫使這場傳奇賽事不斷去討論與闡明犧牲行為的意義，每一次都提醒人們記得那股支持著犧牲行為的寬宏大量精神。那是因為犧牲被認為是一種情感上的價值，所以必須持續不懈地證明它。

技術指導員在此扮演了主要角色：他確保了目的與手段之間、良知與實用主義之間的連結；他是一個辯證性的元素，在單一的分裂處境中，結合了惡的現實性及其必要性：馬塞爾・畢鐸擅長設計高乃依情境（situations cornéliennes），為了顧全團隊大局必須犧牲一名選手，以成全另一名選手，有時候甚至更為悲劇性的，有人會因為自己的親兄弟而犧牲（例如尚・波貝為了路易宗・波貝而犧牲）。事實上，畢鐸的存在，只是一種智識層面需求的現實形象，藉此名義，該形象在這座以熱情為本的天地裡，需要一個獨立的化身。工作分配很清楚明白：在一組十位的選手中，一定要有一位專門動腦思考的，不過其角色並未享有絲毫優勢，因為智慧在此只是一種功能，它的任務只是向觀眾表明比賽的策略本質：馬塞爾・畢鐸因而只限於當一位細心謹慎的分析師，他的角色功能就是**思考**。

有時候一名選手會把腦力思考的責任攬在自己身上：這就是路易宗・波貝的例子，這也讓他的「角色」如此與眾不同。一般來說，選手們的策略規劃能力疲弱不堪，不脫那幾種粗糙的假動作欺敵手法（庫伯勒只會裝腔作勢欺騙對手）。而波貝這種一人分飾多角的駭人狀態，孕育出一股模糊曖昧的聲望，比起「寇皮型」（Coppi）或「寇布雷型」的選手更令人摸不著頭腦：波貝想得太多，他是**贏家**（gagneur），而非**玩家**（joueur）。

前述這段對智力的思考——介於純粹的犧牲精神與邁向成功的嚴酷法則之間——表現了一個混合式的心理範疇，它既不切實際又根植於現實，也包含了一套極其古老的封建（或悲劇傳統）倫理殘跡，以及一種專屬整體競賽世界的嶄新要求。環法大賽的主要意義就寄託在這個模稜兩可的矛盾中：即理想主義與現實主義這兩種託詞的巧妙整合，讓這樁傳奇賽事能夠透過一條既體面又動人的面紗，完美地掩飾我們這部偉大史詩的經濟決定論。

但是，即便犧牲的概念形成矛盾，它最終依然重整了一個清楚明晰的秩序，如此一來，傳奇大賽就不斷把秩序帶回一個純粹的心理學布局中。將大賽從自由無羈所造成的不適感之中拯救出來的，是其自身的定義：**一個展現各式各樣性格本質的世界**。我之前已經指出這些本質是如何透過一種靈驗有效的唯名論而確立的，這套理論將選手的名字打造為一座座永恆價值的穩定寄存之所（柯列多象徵「優雅高貴」，傑米尼阿尼象徵「循規蹈矩」，洛赫地象徵「背信棄義」，諸此種種）。**環法大賽是一場本質明確的不明確衝突**；自然、風俗、文學、規範將這些本質依序安置於彼此牽連的關係中：有如原子，互相擦碰，彼此糾纏，兩相排斥，在這套遊戲中，史詩於焉誕生。我稍後會列出一份選手性格的詞彙小典，至少會收錄已經獲得明確語意價值的選手；讀者諸君可以相信這套分類法，它穩定可靠，涉及了真正的本質。這可說就像是古典喜劇，特指義大利的即興喜劇，但根據的是另外一套結構的範式（喜劇的時間長度依然屬於衝突戲劇的形式，而環法大賽的時間計算卻如同小說敘事的形式），充滿表演張力的場景從人際關係的動搖中誕生：本質根據所有可能的修辭格相互碰撞。

我認為，環法大賽是我們所能遇見的最佳神話範例，極其完整，故相當曖昧；它是一則表達現實的神話，同時也是一則投射想像的神話，既貼近現實，又一味地幻想。環法大賽運用一則獨一無二的寓言傳達了法國人的形象，也解放了法國人。在這則寓言裡，各種慣用的欺騙之術（本質心理學、戰鬥倫理、拜火教對物質與力量的崇拜、超人與僕人的階級差異）與那些帶來正面利益的形式混合在一起，也與一種世界的烏托邦形象混同一爐，那個世界頑強執拗，透過人類、人群與自然之間的關係所演繹出來的全盤清晰樣貌，極力尋求和解之道。環法大賽的墮落之處在於根基，是經濟動機、競賽的終極利益、意識形態託詞的促成者。這些因素並不妨礙環法大賽是一樁讓法國全民瘋狂的國家大事，因為史詩表現了歷史這一脆弱的時刻：當人們即使無比笨拙，遭受愚弄，卻依然透過不算純粹的寓言，以自己的方式預見了人的自身、群體和宇宙之間的完美一致。

選手小典（針對一九五五年環法大賽）

波貝（尚）——路易宗的分身，也是其相反面；尚．波貝是環法大賽的知名受害者，他必須完全犧牲掉自己以成全他的「親哥哥」。這位選手的士氣不斷被打擊，受嚴重的精神耗弱所苦：他會思考。大家公認他具備知識分子的特質（他是英文老師，帶著一副大眼鏡），這使他捲入了破壞一切的清醒自知之中：他會分析自身的痛苦來源，卻因為過度自省，失去了原本他因為肌肉比哥哥發達所占的身體優勢。他是一位**心緒複雜**的人，所以運氣不佳。

波貝（路易宗）——波貝是一位普羅米修斯式的英雄；他有一種超乎常人的好鬥者性情，一套敏銳的組織觀念，善於精打細算，目標是在實際上**得勝**。他的缺陷是腦力略顯不足（他的智力比弟弟差一點，只讀到高中畢業）；他經歷過焦慮不安，銳氣也曾受挫：他這人暴躁易怒。在一九五五年的這屆比賽，他面臨沉重的孤寂之感：沒了寇布雷與寇皮同場較勁，波貝必須應付這兩位勁敵的幻影，失去了公開的對手，他雖強大，卻孤身一人，一切對他盡是威脅，危機四伏（「我必須搭配寇皮與寇布雷這樣的對手，單單我一人勝券在握，實在沒意思」）。**波貝風格**（bobétisme）獻出了一種相當特殊的選手典型：選手的能量加倍，同時具有擅長分析與計算的內在力量。

彭卡爾——象徵崛起的年輕世代。懂得讓比他年長的前輩焦躁不安。耐力十足的優秀車手，脾氣咄咄逼人，能量卻源源不絕。

柯列多——環法大賽最優雅的選手。

寇皮——完人英雄。一旦跨坐在單車上，便集所有美德於一身。令人聞之喪膽的幽靈。

達希嘉德——薄情的看門犬，但利用價值頗高。維護法國利益的熱誠僕人，也因為這樣，我們可以原諒他是「車輪吸吮者」、「毫不讓步的獄卒」。

德．庫特（De Groot）——耐力十足的孤寂車手，沉默寡言的巴達維亞人。

高勒——新的山岳大天使。無憂無慮的英俊小美男，纖細的小天使，初出茅廬的小男孩，纖弱卻蠻橫，天才少年；他是環法大賽的韓波。在某些時刻，高勒會被神明附體；他的神奇稟賦，使對手感到一陣神祕威脅的逼壓。上天賜予高勒的贈禮，是他的身輕如燕：因為神力加身，以及飛躍、翱翔的能力（很奇妙地，他竟然不費吹灰之力便能做到），高勒具備了鳥類與飛機的特質（他優美地降落在阿爾卑斯之巔，腳踏板飛動迴旋，有如螺旋槳片）。當然，神有時也會遺棄他，此時，他的目光會變得特別「空洞無神」。彷彿所有承載征服天空與海洋之力的神話角色，高勒一旦落地，就會變得呆拙無能，一身神力反而礙事（「我只能在山間馳騁。而且還只能往高處騎。一旦騎下坡，我就變得笨手笨腳，也許我太輕盈了吧。」）。

傑米尼阿尼（外號「小拉」或「阿傑」）——總是按照規則光明正大地進行比賽，像馬達一樣，有些遲鈍。善良的山間居民，但缺乏熱情。失寵卻討喜。話很多。

哈森佛德（Hassenforder，外號「天王哈森」或「海盜大哥哈森」）——好爭好鬥、自命不凡的選手（「我每條腿裡面都有一個波貝」）。熾熱如火的戰士，只知戰鬥，不知造假。

寇布雷——迷人的車手，願意接受任何挑戰，甚至不去計算自己出了多少力。他是波貝的相反對照。即便寇布雷不在現場，依舊如魅影般存在，讓波貝敬畏三分。跟寇皮一樣。

庫伯勒（外號「菲爾蒂」或「阿奇維爾之鷹」）——有稜有角，笨手笨腳，乾枯削瘦，反覆無常，庫伯勒屬於令人感到觸電般震驚的題材。他的**大飛躍**有時會被懷疑是人為造假（他是不是嗑藥啊？）。演技很好（只有在你看著他的時候，才會咳嗽或突然跛腳）。身為能操德語的瑞士人，庫伯勒有權利、也有義務說一口蹩腳的法語，就像巴爾札克所說的「德國佬」（les Teutons）以及塞居爾夫人（Comtesse de Ségur）[5]筆下的外國人（「菲爾蒂運氣差。阿傑都跟在菲爾蒂後面。菲爾蒂不走開」）。

洛赫地——他是一九五五年環法大賽的叛徒與惡魔。這般處境讓他更能公然施虐：他化身為兇殘的水蛭，緊緊跟著波貝，想讓波貝痛苦不堪。最終被迫停手：這是一道懲罰嗎？無論如何，絕對是一種警告。

莫里奈利斯（Molineris）——堅持到最後一里路的人。

羅蘭（翁多拿）——溫柔，淡泊，合群。熟門熟路的道上老手，難以對付，表現穩定。波貝的知己。高乃依式的內心衝突：要讓羅蘭成為祭品嗎？這是典型的犧牲，因為它雖不公平，卻是必要的。

5　法國兒童文學作家（1799-1874）。法國兒童文學創始人，被譽為「孩子們的巴爾札克」、「法蘭西全體孩子的好祖母」。

35《藍色指南》

《藍色指南》（*Guide Bleu*）[1]幾乎只用生動的圖片來呈現風景。凡有山巒起伏處，景色才堪稱秀麗。我們在此看出布爾喬亞這股對山岳的推崇之情。紀德確實曾將這則古老的阿爾卑斯山神話（其源頭可追溯至十九世紀）與瑞士新教徒的道德觀連結起來，而且這則神話總是以一種自然療法與清教主義的混搭產生作用（吸入純淨空氣重獲新生、面對高聳山巔催動道德思索、登臨絕頂實踐公民精神等等）。在被《藍色指南》推升為美學存在的景致當中，我們很少發現平原（除非當我們將平原視為沃壤的時候，才會彌補回來），更從來不會看到高原。唯有山脈、峽谷、狹道及湍流才能通往旅行的萬神殿。當然，前提是它們看似主張努

1 知名的法語旅遊叢書系列，其系列第一本是一八四一年的瑞士指南。

力與孤寂的精神。這麼一來，《藍色指南》書中所謂的旅行，便揭露了自身，成為一種精簡調整後的勞動，可輕易地替代倫理道德的漫步。我們已經了解到，《藍色指南》的神話溯及十九世紀，在那個歷史階段，布爾喬亞品賞著某種清新的滿足感，以**贏得**努力後的成果，維持其形象及效能，卻不必承受苦惱不安。因此，這終究合乎邏輯，卻也荒謬至極，景色不討喜、缺乏廣袤感、人煙稀少、處處絕壁，與旅行之樂相去甚遠，然而這正是《藍色指南》趣味所在。說到底，這本旅遊指南也可能如此冷酷地寫道：「道路風景漸趨美麗（眼前是隧道入口）」——就算眼前一片漆黑也無所謂，因為隧道在此成為山岳的充足象徵。這是一種極其牢靠的信託價值，我們不必擔心它是否能夠兌現。

同樣地，層巒疊嶂的山景被過度讚揚，甚至在某種程度上讓其他的風景視野消失無蹤，而為了獨厚歷史遺跡，土地上的人也消散於無形。對《藍色指南》來說，人只作為「類型」而存在。例如，在西班牙，巴斯克人（le Basque）是勇於冒險的水手，地中海東部的樂風坦人（le Levantin）是歡樂的園丁，加泰隆尼亞人（le Catalan）是精打細算的生意人，而坎塔布里人（le Cantabre）則是多愁善感的山中居民。我們此時再度遇到這種「對本質的癖好」，它存在於布爾喬亞階級所有關於人的神話深處（這就是為何我們總會碰上它）。如此一來，西班牙民族就簡化為一場盛大的古典芭蕾舞，一部中規中矩的義大利即興喜劇

（*commedia dell'arte*），其未必屬實的類型劃分，被用來掩飾處境、階級與行業的真實景象。就社會學的角度來看，《藍色指南》中的人只生活在火車上，占滿了「龍蛇雜處」的三等車廂。除此之外，他們只具備引言式的功能，他們組織成一個傳奇浪漫的優美背景，目的是為了拓畫出這個國度的根本樣貌：對遺跡景點的完整全收錄。

暫且不談那些作為精神發洩場所的荒野狹道，《藍色指南》中的西班牙只識得一種空間，穿越幾處叫不出名字的空盪地帶，勾織出一系列密集的教堂、聖器室、祭壇畫屏風、十字架、聖體盒、尖塔（總是蓋成八角形的）、一組組雕刻（主題都是**家庭故事與勞動場景**）、羅曼式的正門、教堂中殿，以及真人尺寸的基督受難聖像。放眼望去，一切遺跡都是宗教遺跡，因為從布爾喬亞的觀點來看，幾乎無法想像一種不帶有任何基督教或天主教意味的**藝術史**。基督教文化是觀光遊覽的最大供應端，旅行就是為了參觀教堂。在西班牙的例子中，這種統治風格極盡可笑，因為天主教在此經常展現為一股野蠻的力量，這股力量愚蠢地毀損了穆斯林文明的早期成就：哥多華清真寺光彩奪目的石柱林立，卻不斷被大片的祭臺所遮蔽，或是某個景點因為侵占視線、突兀出現在眼前的巨大聖母像（佛朗哥式的）而變形走樣。這些因素都應該鼓勵法國的布爾喬亞至少一生要去窺探一次：原來基督宗教還有另一面不同的歷史風貌啊。

一般來說，《藍色指南》證實了所有條分縷析的描述都是空洞虛幻的，這種描述拒絕解釋，也拒絕了現象學：其實它並沒有回答任何現代旅人在穿行真實風景時——而且是需要花時間去穿越的風景——會自問的問題。遺跡的選擇同時消除了土地以及棲居其上者的現實處境，它完全不去考慮現在，換句話說，它也不了解歷史，由此導致遺跡本身變得難以解讀，形同荒謬之物。於是景致便不斷消逝化散，《藍色指南》透過一種與所有的神話製造皆互通的手段，成為與它**自身**所宣示之事物的反面，因而成為盲目的工具。《藍色指南》將地理形貌簡化為一個滿布遺跡、緲無人居的世界的描述，藉此表達出一則本身已被部分布爾喬亞階級視為過時的神話：毫無疑問，旅行變成（或再度成為）了一種檢視人性的方法，而不再是探究「文化」的途徑。風俗民情的日常形式再次（也許就跟十八世紀時一樣）成為今日旅行的主要目標，而在今日，正是人文地理學、都市規劃學、社會學、經濟學等學科，勾勒出實實在在的提問框架——即便是最外行的問題。而《藍色指南》本身仍維持了部分過時陳舊的布爾喬亞神話，這種神話假定藝術（宗教藝術）是文化的基本價值，卻只將其「財寶」與「珍藏」視為一種類似貨物的振奮人心的庫存（設立博物館）。這項行為表露出一種雙重的要求：掌握盡可能「逃逸的」文化託詞，卻同時將這份託詞維繫在一個可計算、可適應的系統圈套裡，我們因而能夠隨時將不可言喻之物登錄在案。想當然耳，這則旅行的神話即便在布爾喬亞社會中，也變得完全不合時宜，我猜想，如果我們將設計一套新式旅遊指南的工作託付給《快報》的女編輯或《巴黎競賽畫報》的男編輯，結果如何猶未可知，但我們應該會目睹截然不同的國家紛然湧現：繼安格提（Anquetil）或拉胡斯（Larousse）的西班牙之後，出現的是齊格菲（Siegfried）的西班牙，再來是富哈斯提耶（Fourastié）的西班牙。請各位看看在米其林指南（*Guide Michelin*）中用來標示旅館的浴室與餐叉圖示的數量如何與「藝術珍品景點」的分布密度兩相匹敵：原來布爾喬亞的神話也有其各自相異的地貌特徵。

對西班牙來說，此般描述的盲目、過時特色確實與《藍色指南》裡潛藏的佛朗哥主義完美吻合。在所謂真正的歷史敘述之外（尤其這種敘事大多零散薄弱，因為我們都知道歷史並非徹頭徹尾帶有布爾喬亞的屬性）——在這些敘述中，共和主義分子永遠都是正在劫掠教堂的「極端派」（但對格爾尼卡〔Guernica〕[2]的慘劇卻隻字未提），然而，「國家主義者」好人卻只憑藉「巧妙的策略手段」與「英勇的抵抗」，花費時間致力於「解放」工作。我想請大家注意，作為藉口的冠冕堂皇神話正在大肆興起，這種神話，就是國家繁榮的神話：當

2 一九三〇年代西班牙內戰時，納粹德國受佛朗哥之邀，對西班牙共和國轄下的格爾尼卡城進行了人類史上第一次地毯式轟炸。

然，這是一種「統計上」及「總體上」的繁榮興盛，說得更明確一點——就是「商業上」的繁盛。《藍色指南》顯然沒有告訴我們這幅美妙的繁華榮景是如何被分配的：不用懷疑，一定是按照階層分配的，因為人們很明確地指出「這個民族嚴謹、堅毅的努力，甚至達到足以改革其政治體系的地步，透過合法地落實秩序及階層方面的堅實原則，重獲新生」。

36 明見之士

今日的新聞界完全服從技術官僚統治，我們的週刊、週報成了一個真正掌管意識與建言的權威審判中樞所在，如同在耶穌會宣教的鼎盛時期。這就牽涉到一股現代的倫理精神，換言之，並非是掙脫束縛的倫理精神，而是由科學所擔保的倫理精神，我們主要對其要求的是專家的建言，而非博學智者的忠告。這麼說來，人體的每一個器官（因為我們必須從具體的事物出發）都有各自對應的技術人員，他既是最高權威，也是頂尖學者：高露潔（Colgate）牙醫針對口腔，撰寫〈醫生，回答我〉（Docteur, répondez-moi）專欄的醫師專治流鼻血，麗仕的香皂師照護皮膚，多明我會（dominicain）的神父調理靈魂，女性報刊的專欄記者則專管內心。

心是屬於女性的器官。因此，要治療心，就必須擁有精神方面的特殊技能，正如婦科醫生也需具備生理學的專業知識。專欄的女性心靈諮詢顧問能夠坐穩這項職位，就是出於她在精神心病學（cardiologie morale）方面的綜合涵養：不過，也需要一點性格上的天分，我們知道，這就是法國執業師的光榮印記（如果跟美國的同行相比）：這必須結合長期的執業經驗（暗示此人有一定年紀，足以讓人尊重）及一顆永遠年輕的心，如此確定了她擁有知識與技術的權利。專責心事的女性顧問加入了法國的魅力典型行列，就是**面惡心善之人**（bourru bienfaisant），會說出有益身心的坦率直言（甚至會到責罵的地步），應對機敏靈活，智慧光可照人、卻對他人十足信任，專業知識實實在在卻內藏不露。她始終被引發諸多爭議的、布爾喬亞精神的芝麻開門魔法所淨化，這招法術名叫：**常識的判斷力**。

〈愛心信箱〉（Courrier du Cœur）對我們掏出一切，毫無隱藏，前來諮詢的女性小心翼翼地被剝離掉所有狀況：如同在外科醫師精準不偏的解剖刀下，病人的社會出身被慷慨地擱置起來；同樣地，在女性顧問的眼中，申請諮詢者被簡化成純粹的一顆心臟器官。只有她的女性特質可以定義她：社會地位在此被視為寄生式的無用現實，可能會妨礙我們照料、治療純粹的女性本質。男人，是女性之外的族類，他們構成建議的主要牽涉「對象」（這裡是就我們所談的建議的符號邏輯意義而言），唯有男人有權成為社會性存在（必須如此，因為他們在外工作**拿錢回家**）；因此，我們可以為這群男人劃定出一片天空：那通常會是成功實業家的天空。

〈愛心信箱〉中的人基本上重現了法律的分類模式：絲毫沒有浪漫感，也沒有實際經歷的真實探查，只是緊密地遵循種類的固定範疇，也就是民法的固定範疇。女性的世界分成三類，身分各自不同，分別是：**la** *puella*（處女），**la** *conjux*（妻子），以及**la** *mulier*（未婚女子，或寡婦，或淫婦，總之目前獨居、歷練豐富）。與之相對的，是外部的人群，他們或極力抗拒，或構成威脅：首先是**les** *parentes*（父母），他們掌握**la** *patria potestas*（家長權限）；接著是**le** *vir*（丈夫或男人），他也擁有奴役女性的至上權利。我們足以看出，即便心的世界是一個虛幻的組織，也不是因為臨時起意而出現的：無論如何，它總是重現了固定不變的法律關係。甚至當〈愛心信箱〉中的人以最心碎欲裂或最樸實自然的聲音說出第一人稱的「我」（je）這個字的時候，它也只是先天上作為少數有名稱的固定成員（更涉及家族制度的成員）的附加之物而存在：〈愛心信箱〉以家庭為前提，當它自以為身負解放的使命之際，暴露了家庭無止無休的爭執糾紛。

在這類型的世界中，女性本身具有被威脅的類型特質，威脅有時來自父母，更多來自男人；在這兩種情況下，合法的婚姻是解救之道，它解除了危機；不論這男人是姦夫、勾引者（但這是一種含糊不清的威脅）或逃避者，婚姻都是萬靈丹（一種象徵占有的社會契約）。而且這種固定不變的目標一旦遭遇延遲或失敗（理論上這就是〈愛心信箱〉插手進來的時候），一些不切實際的補償行為就會被迫出現：〈愛心信箱〉讓女性對男人的侵犯與拋棄產生免疫力，其全數目的在於使失敗的婚姻昇華，不論是透過犧牲的形式（閉口不言、不想太多、謹守本分、懷抱希望）使之變得高貴，或者事後要求獲得徹底的自由（保持冷靜、努力工作、笑看男人、女人互挺）。

這麼一來，不論表面上看起來多麼矛盾，〈愛心信箱〉的道德觀永遠只會認定**女性**是處在寄生的狀態：唯有透過婚姻，在法律上指認女性，女性才會存在。我們在此甚至再度發現了閨房（**gynécée**）的結構，在男人的外部眼光之下，被定義為一個封閉的自由空間。〈愛心信箱〉比任何時候都更加牢固地將**女性**確立為一種特殊的動物學種類，一個寄生的群體，擁有自身的內在活動，其微弱的振幅總是擺盪回監護者（男人）的不動點上。這種寄生現象在號召**女性獨立**的漫天號角聲中依然維持原樣，自然會導致完全無法向真實世界敞開大門的後果：以專業能力來擔保（能力的局限可以光明正大地公開表明），**女性心**靈顧問總是拒絕介入看起來超出**女性之心**專責功能的問題：她的坦率直言在種族主義或宗教信仰的門檻前會謹慎地停下腳步；那是因為，在此，坦率的個性形塑了一股運用起來極為精準的免疫力；其角色實際上是協助灌輸一種隨波逐流的約束精神：人們把婦女族群解放的所有可能性凝聚在**女性**顧問身上。透過她，女性間接獲得自由。然而，心靈建言表面上的自由，省去了行為方面真正自由之必要：我們在道德上看似稍微放鬆，其實是為了更穩固地抓牢構成社會的教條。

37 裝飾型料理

《Elle》（真是神話學分析的靈感寶庫）幾乎每週都會為我們展示一張美麗的彩色照片，上頭看得到各種打點得漂亮美味的菜餚：櫻桃燴金黃鵪鶉、玫瑰雞肉凍、小龍蝦鹹派、糖漬水果奶油查佛蛋糕杯、彩色熱那亞蛋糕，諸此種種。

在這種特色的菜餚中，主導整個風格的實體類別，就是在食物上面澆淋一層什麼：看得出來我們想盡辦法在表面上裹覆一層，妝點修飾，將食材埋藏在醬汁、奶油、糖霜以及肉凍的光滑沉積物的包裹之下。顯然重點取決於澆淋最終展現的效果，它表現在視覺上，《Elle》刊登出來的菜色是一種純粹訴諸視覺的菜餚，而視覺乃是一種優雅卓越的感官能力。的確，在這股澄透淡色的恆定當中，有一種講究區隔的要求。《Elle》是一份寶貴的刊物，至少在「使之家喻戶曉」這方面是如此，它的角色是向廣大讀者群、也就是《Elle》本身的讀者

（閱讀市調可茲證明）傳遞精緻的夢想；一種講究表面覆蓋與「不在場狀態」的菜餚便應運而生，它總是致力於減緩甚至改變食材的首要本色、肉類的粗野感或甲殼類的粗澀感。鄉村風菜餚只在特殊狀況下才為人所接受（美味的家常「火上鍋」[1]），對於對一切感到乏味的市民來說，這似乎代表一種鄉下的奇幻風味。

此般澆淋的作法更培養、支撐了高檔料理的其中一種主要發展趨勢：裝飾風《Elle》所呈現的釉亮感成為鋪張無度的裝飾襯底：細膩雕鏤的香菇、處處點綴的櫻桃、精美加工檸檬的花樣、削碎的松露、銀閃閃的糖片、以藤蔓花紋裝飾的糖漬水果，在下層的澆淋物（所以我先前稱之為「沉積物」，因為食材本身只是一層不太分明的礦層）想變成一張頁面，我們在上頭可以看到一整道洛可可裝飾風的料理呈現（尤以暗粉色最受人偏愛）。

裝飾型菜餚走在兩條相互矛盾的道路上，我們即將一睹它的辯證法結果：一方面憑藉狂放的巴洛克風格而逃離自然（把蝦肉綴在檸檬裡、把雞肉弄成玫瑰色、端上烤葡萄柚）；另一方面則試著透過一種古怪的手法重建它（在聖誕樹幹蛋糕上擺配蘑菇造型的蛋白糖餅與冬青葉，在講究的奶油白醬鍋四周擺放螯蝦頭，把蝦身藏起來）。此外，我們可以再度見到同樣的行為——就在我們設計小布爾喬亞的小玩意兒時（騎士馬鞍造型的菸灰缸、香菸造型的打火機、做成野兔外型的肉凍）。

那是因為，就像在一切小布爾喬亞藝術中所見，朝向寫實主義的趨勢難以抑制，且橫遭阻礙——或說取得平衡——來自國內新聞其中一種持續的迫切需求：我們在《快報》（*L'Express*）雜誌上驕傲地稱之為「有點子的」（avoir des idées）菜餚。《Elle》所呈現的也是同樣一種「概念」（à idées）的料理。唯一不同的是，此處的創意發想被封閉在一種迷人的現實之中，特別要求針對**填充**、**鑲嵌**下工夫，因為報刊的「高尚」職志，會禁止它涉及食物的真實問題（真正的問題並非在於如何用櫻桃點綴鷓鴣，而是找到鷓鴣的食材來源，花錢買下牠）。

這種裝飾型料理確實得透過一種完全神話式的節約才得以成立。這明明白白就是一種夢幻般的料理，如同《Elle》上的照片所證明的，只單單用俯瞰視角來捕捉菜餚的影像，像一個近在眼前、卻又難以企及的物品，只需看一眼，就消費完畢。廣義上來說，這是一種廣告式的料理、充滿魔法，而且我們有個印象：這份雜誌在收入較低的族群中讀者眾多。而且這還解釋了一件事：因為《Elle》鎖定的對象是一群非常大眾的讀者，所以會特別注意不去要

---

1 即pot-au-feu，法國飲食文化代表性的菜式，受不同階層人民歡迎。主要作法為將牛肉倒入用蔬菜及香草調味過的清湯，再以微火慢燉。被視為具有鄉土風味的家常菜餚。

求一種廉價節約的料理。回過頭來看看《快報》雜誌，它的讀者獨獨屬於布爾喬亞階級，擁有優渥自如的購買力：他們眼中的料理是真實的，並非幻覺；《Elle》提供一份幻想的竹雞食譜，《快報》呈現的則是尼斯沙拉。《Elle》的讀者只配擁有虛構傳說，而我們卻能讓《快報》的讀者享有一些真實的料理，保證他們可以烹煮出這些菜色。

38 巴托里號的出航

既然現在開始出現了前往蘇聯的布爾喬亞式旅行，法國各大媒體便也開始製作一些試圖同化共產國家現實狀況的神話。《費加洛報》的斯內卜（Sennep）與麥肯（Macaigne）兩位先生，登上了巴托里號（le *Batory*），在他們的日記中撰寫了一段關於「新式託詞」的文章，其中提到：在短短幾天之內不可能評價像俄國這樣一個國家。麥肯先生嚴肅地表示，倉促下結論並沒有什麼好處，然後不斷嘲笑他的旅伴以及他們喜歡一概而論的怪癖。

這真是饒富趣味，看一家一整年都在反對蘇聯主義的報紙，評論那些比在蘇聯的真實生活更不得體千百倍的閒言閒語（而且在這個國家居留如此短暫），於是經歷了不可知論的危機，在科學客觀性的要求下高貴地誇耀自身，就在此刻，報紙的特派員終於能夠接近他們如此心甘情願在遠方、用一種斬釘截鐵的方式談論的事物。那就是，為了配合需求，新聞記者把自身的功能分離開來，就像賈克大師（Maître Jacques）分離他的衣服[1]。你想聽誰的版本？一位是身為專業記者的麥肯先生，他提供資訊、做出評判，總之，他**知曉一切**；一位是身為天真旅客的麥肯先生，性格正直誠實，卻對眼中所見不置一詞？這名**旅客**在此成為一個非凡的藉口：因為他的存在，我們得以觀看，卻不必理解，四處旅遊，卻不必對政治現實感興趣；這名旅客屬於一種「次人性」，天生就被奪走了評判的能力，當他介入其中、並聲稱自己擁有一種評判能力的時候，卻滑稽可笑地超越了自身的處境。麥肯先生公然嘲笑他的旅伴，因為他們好像擁有一種可笑的自命不凡，只稍微看看街頭的表演與風景，就集結一些數字、一些普遍的事實，乃至認識一個未知國度內在結構的初步概念：損害旅行精神的罪行（lèse-tourisme），也就是損害蒙昧主義的罪行，這對《費加洛報》來說是不可饒恕的。

因此，我們把一般的蘇聯主題——長此以往都是批評的對象——替換成四季街道風景的主題，這也是唯一讓渡給遊客的現實。街道轉瞬間成了中性地帶，我們可以在街上任意觀察記錄，卻不用硬要下結論。但我們會猜想，這算哪門子記錄方式呢？因為這種真實不虛的保留態度，絲毫不妨礙旅客麥肯在當下的生活中，指出一些令人厭惡的突發事件，特別適合用來喚醒我們對蘇聯政權粗俗野蠻的記憶：俄羅斯的火車頭會發出一記長長的牛叫聲，跟我們火車的汽笛聲完全搭不起來；火車站月臺是木造的；飯店經營不善，破破爛爛；車廂上有中文字的塗鴨（這是黃禍的主題）；還有一個現象揭露了一個實在落後的文明面目：我們在俄國竟然找不到小酒館，只有梨子汁可以喝！

但街頭風貌的神話，尤其能讓我們推展所有布爾喬亞政治神話製造的核心主題：人民與政權的脫離分家。即便俄國人民獲得拯救，那也只是反映了法國的自由之風。一位老婦人開始大哭，一名港頭工人（《費加洛報》是社會派的）獻花給來自巴黎的觀光客，與其說這象徵了友善好客的情感，不如說是一種政治鄉愁的表達：在外旅遊的法國布爾喬亞人士就是法國自由風範的象徵符號，也是法式幸福的象徵。

所以唯有在被資本主義的文明之光遍照的時候，俄國人民才會被認為是憨厚、和藹、慷慨的。揭露四處洋溢的善良，除了帶來好處之外，別無其他：它代表了蘇聯政權的不足之處，也是西方快樂的完全飽滿狀態，那名Intourist旅行社的年輕導遊對於送了她一雙長統尼龍襪的醫生（來自巴黎帕西區〔Passy〕）「無法形容的」感激之情，其實點出了共產政權經濟上的落後，以及西方民主令人豔羨的繁榮進步。我們總是假裝把特有的奢華與大眾的舒適享受，作為可相互比較的措辭去處理（我在談論《藍色指南》的時候提過這一點）。我們將

1　法國手工業行會傳說人物，為一名石匠，後遭人背叛亡命。死後其工作衣分散至各處，象徵手工精神的延續。

巴黎的衣著打扮風格難以模仿的「優雅別緻」提升至全法國的等級，彷彿全部的法國女人都穿著迪奧（Dior）與巴黎世家（Balanciaga）的衣服；然後我們會看到蘇聯女人面對法式時髦的時候那種欣喜若狂的樣子，猶如原始部落的人看到叉子跟留聲機那種驚呆的樣子。一般說來，這趟蘇聯的旅程相當有效地建立了西方文明的布爾喬亞排行榜：巴黎款式的連身裙，火車頭傳來汽笛的嗡鳴、而非有如牛叫的哞哞聲，小酒館，過時的梨子汁，法國無與倫比的特權——巴黎就是一處兼容大裁縫師與女神遊樂廳（Folies-Bergère）的混搭之都。似乎是這個看起來難以企及的寶藏，透過巴托里號的遊客，讓俄國民眾做起大夢。

面對巴托里號，蘇聯政權可以繼續忠於自身的諷刺形象，那副形象就是象徵壓迫的秩序，憑藉千篇一律的國家機器維持一切運作。臥鋪車廂的年輕男侍要求麥肯先生歸還茶杯裡的湯匙，麥肯先生遂下結論（總是以一種「政治不可知論」的大幅動作），並斷定一套龐大官僚體系的存在：講究繁瑣的公文書牘工作，唯一關心的事，就是讓小湯匙的財物盤點單維持正確數量。民族虛榮的精神食糧，對法國人的失序驕傲不已。表面上風俗與行為的無政府狀態，對**秩序**來說是一個絕佳的藉口：個人主義是一則布爾喬亞神話，可以透過一種無害的自由，使階級的秩序與專橫得以免疫。巴托里號為嚇得目瞪口呆的俄國人，帶來了誘人的自由表演。例如：參觀博物館時可以出聲談話，以及在地鐵上展露「搞笑行徑」。

理所當然地，「個人主義」只是一件奢華的出口產物。在法國，個人主義運用在具有另一番重要性的事物之上，它另有一個名字（至少對《費加洛報》來說）。當四百名再度被徵召的空軍士兵拒絕在一個星期日出兵前進北非時，《費加洛報》便不再談論法國使人感到愜意的無政府狀態與令人稱羨的個人主義傳統。因為這裡涉及的不再是博物館或地鐵的問題，而是殖民運動的大筆金錢流通，突然間，「混亂無序」不再是高盧人光榮美德的現實，而是某些「帶頭者」的人為產物；它不再魅力四射，而是**悽慘可憐**，而法國人令人吃驚的不守紀律——才剛得到幾抹逗笑、虛榮的眼神讚揚——成為前往阿爾及利亞之路上的可恥背叛。《費加洛報》深諳布爾喬亞的階級特色：「自由」公開陳列眼前，作為裝飾點綴，但秩序則身居家中，作為組成元素。

39 罷工權的使用者

仍有不少人認為罷工是一件**可恥的事**：換言之，罷工不只是一項錯誤、騷亂或不法之舉，還是一起道德犯罪，在這些人眼中，這項行徑擾亂了自然秩序，令人難以容忍。**無法接受，可恥之至，引人反感**，這是某些《費加洛報》讀者對最近一次罷工行動所下的評語。這種語言的使用其實可以上溯到復辟時期（Restauration），表達出該時期深層的心靈狀態；那個時候，布爾喬亞階級才剛執政沒多久，在道德與自然之間操縱一種融接的過程，使雙方互為彼此的保證：他們擔心必須將道德自然化，於是便將自然道德化，假裝混淆了政治秩序與自然秩序，最後下了一個結論——一切質疑社會結構法則的事物都是不道德的（而這個社會是他們有責任保衛的）。查理十世（Charles X）時代的行政長官，正如今日《費加洛報》的讀者，對他們來說，罷工首先是一種對道德化的理性規範的挑戰：罷工等於「不把社會放在眼裡」，與其說它違背了公民權的合法性，不如說它違反了「自然的」合法性，危害到布爾喬亞階級的哲學基礎，該基礎是道德與邏輯的混合物，也就是**正確的常識判斷力**。

所以，罷工是丟人現眼的事，因為它不合邏輯：罷工可恥丟臉，因為它顯然波及不相干的人。受苦的是理性，造反的也是理性：直接而機械式的因果關係，或說可以計算出來的因果關係，已經在布賈德先生的言論當中、作為小布爾喬亞邏輯的基礎呈現在我們眼前了。如今，這項因果關係被打亂了：結果與原因遠遠地分離了，令人費解。結果擺脫了原因，正是這點使人難以容忍，引發不快。與人們所想像的小布爾喬亞的夢想相反，這個階級對因果關係有一種專橫獨占、卻又很容易接受的觀念：其道德的基礎絕非神奇幻想，而是合理性。只不過它牽涉的是線性、狹隘的簡化理性，可說是以因果之間數量上的一致為依據。這份理性所缺乏的，顯然就是複雜功能的概念，能觸及遠因的決定論想像力，事件椿椿相連的想像力（唯物主義傳統已藉總體性之名，將這種萬事牽連的現象系統化了）。

對結果的限制講求功能的劃分。人們可以很輕易地想像「人」是團結一心的：所以人們製造的，不是人與人之間的對立，而是罷工者（gréviste）與使用者（usager）的對立。使用者（又稱為**路人甲**〔homme de la rue〕，他們的集合體獲得一個樸實的名號，叫作**群體／民眾／百姓**〔population〕：我們在麥肯〔Macaigne〕先生的語彙中已經看過這些稱號）。使用者是想像出來的人物，甚至可以說是代數型的人物，因為有他的存在，人們才可能將有關結果的、感染四周的擴散效應切斷，堅持一種簡化後的因果關係，人們最後才能夠對它進行冷靜、有效的思考。布爾喬亞階級的理性在工作者的普遍處境中則勾勒出一個特殊的身分，切斷了社會的流通循環，要求對自身有利的一種孤立狀態，而罷工的任務就是揭穿這個狀態的虛假面目：罷工所抗議的對象，是明顯針對它而來的一切指涉。因此，使用者、平民百姓以及納稅人，嚴格來說都是一個個**角色**，也就是因應原因的需求而晉級為檯面上角色的演員，其任務是維持社會單元（cellules sociales）之間本質上的區別，我們知道這是布爾喬亞革命意識形態的第一原則。

我們確實在此重新發現了反動精神的一項構成特點，就是把集體分散為個體，把個體分散為不同的本質。布爾喬亞戲劇如何處理人物的心理類型——把**老人**與**少年**、**戴綠帽的丈夫**與**情夫**、**神父**與**俗人**對立起來——，《費加洛報》的讀者也用同樣的方式對待社會上的人：讓罷工者與使用者兩相對立，就是把世界打造成一座劇場，從總體人物中抽取出特定的演員，在象徵體系的幻想中，讓這些隨機登場的演員彼此對照——這種幻想假裝相信「部分」只不過是「整體」的完美簡化。

這具有一種神話製造常見技巧的特徵，旨在盡可能使社會的混亂無序形式化。舉例而言，布爾喬亞階級表示，他們從來不在乎也不想知道在罷工行動中誰無理、誰有理；他們在彼此之間劃分出各種結果，只是為了更有效地分離出與自身相關的那個結果，卻又聲稱對原因不感興趣：罷工因而簡化成一樁孤立的偶發事件，一個我們忽略避談、不作解釋的現象，以便更全面地展現其令人憤慨之處。同樣地，公部門的工作者與公務員會從勞動大眾之中抽離出來，彷彿這些工作者的受薪階級身分以某種方式被吸引、被劃定，接著被淨化、昇華至他所從事職業的表面之上。這種對社會處境輕描淡寫、事不關己的態度，可以讓我們迴避現實，卻不必拋棄直接因果關係的樂觀幻想（直接因果關係只會在布爾喬亞方便出發的啟程點才會啟用）：好比市民會突然發現自己被簡化成純粹的使用者的概念，或具備接受動員徵召資格的年輕法國人某天一早醒來，沒頭沒腦地就被升格為純粹的軍人類型，人們勇敢地將這個類型佯裝為普遍邏輯**理所當然**的開端：軍人身分於是成為新的因果關係的絕對起點，跨過了這個起點之後，若想再回溯到先前的狀態，就是一件不尋常的事：質疑這項身分，無論如何都不是普遍的、先決的（公民政治自覺意識）因果關係之結果，而只是新的因果序列的出發點建立之後所產生的意外後果。從布爾喬亞的觀點來看，一位士兵拒絕出征，可能只是被人煽動或多喝了幾杯所導致的，彷彿並不存在其他更好的理由來解釋這個舉動：信念的愚蠢與自欺不相上下，因為對一項身分的否認，顯然只能在意識當中明確地找到根源與養料，而這股意識與那項身分之間，保持了相當的距離。

這就涉及了本質主義一種新的破壞。因此，面對本質與部分的假象，罷工建立了一切的轉變（devenir）與真理，這也滿合邏輯的。罷工意味著人是完整的存在，其所有的功能都相互牽連、密不可分，不論是使用者、納稅人或軍人的角色都如同太過窄薄的城牆，不足以抵禦事件的擴散，而且在社會當中，人人彼此關聯。布爾喬亞階級反對罷工行為，認為罷工會干擾他們，這就證明了社會的各種作用有其內部的凝聚力，到了罷工最後階段才會顯露出來：矛盾在於，就在罷工正要使小布爾喬亞階級臣服於其明顯的隸屬關係之刻，小布爾喬亞階級卻懇求能夠保有自身孤立狀態的**理所當然**性。

40 非洲事務的文法

一如我們所想，處理非洲事務時使用的官方字彙完全是**不證自明**的（axiomatique）。這句話的意思是說，這組字彙不具絲毫的溝通價值，卻只有恫嚇的效果。它構成了一套**書寫**，也就是一種語言，專門用來操作介於準則與事實之間的重疊巧合，並將高尚道德的擔保，託付給犬儒派的現實。一般來說，這種語言基本上以符碼（code）來產生作用，換句話說，在其中，表面的文字與其實際的內涵不是毫無關聯，就是截然相反。我們或許可以稱這種書寫為一種「裝飾門面」（cosmétique）的書寫，因為其目的是以語言的「雜聲」（bruit de langage）——或者也可說是語言「充分自足的符號」（signe suffisant du langage）——來遮蓋事實。我想在此簡單地指出一套詞彙與文法是如何涉及政治的。

▼**幫伙**（BANDE，法外之徒，叛亂分子，或觸犯普通法〔droit commun〕而被起訴者）：這正是不證自明語言的一個範例。字彙的貶意在此作為否認戰爭狀態的明確方法，毀掉了交談對象的概念。「跟法外之徒沒什麼好說的。」如此一來，語言的道德教化作用便得以將和平的議題轉移給字彙的隨機變化。

當「幫伙」是法國人的時候，我們便以**社群**（communauté）之名美化之。

▼**分裂**（DÉCHIREMENT，殘忍的，痛苦的）：這個用詞有助於讓人相信歷史「免責」的概念。戰爭狀態在此以悲劇的高貴外衣迴避掉了，彷彿整起紛爭主要源自於惡的概念，而非單一的（可補救的）一樁惡行。殖民的元素煙消雲散，被無奈悲嘆的光暈所吞沒，這股悲嘆**承認**了不幸，以更加鞏固這種狀態。

● **造句**（phraséologie）：

「共和國政府下定決心盡一切（政府份內的）力量，結束摩洛哥所遭遇的嚴峻分裂狀態。」（寇提先生（M. Coty）致班．阿哈發〔Ben Arafa〕[1]信）

「……摩洛哥人民在痛苦中分崩離析，對付自己人……」（班．阿哈發的宣稱）

▼**侮辱**（DÉSHONORER）：我們都知道，在人種學上，至少根據李維—史陀極具啟發的假說，**超自然力量**（mana）是一種代數象徵（有點像我們所說的**東西**〔truc〕或**玩意兒**〔machin〕），其任務在於表達「象徵意義的未定價值，本身不具意義，因此能夠接受任何意義，其唯一的功能是填滿符徵與符旨之間的差距」。榮譽，正是我們的**超自然力量**，某種類似空蕩場所的東西，我們在此處存放不可告人的意義的完整庫藏，再將之神化為一股禁忌之力。這麼一來，榮譽就成了**東西**或**玩意兒**的高貴（因而神奇的）對等物。

●**造句**：「讓人相信這些人在法國可能被視為穆斯林的代表者，這恐怕就是對穆斯林人民的侮辱。這可能也是對法國的侮辱。」（內政部的新聞稿）

▼**命運**（DESTIN）：正是在歷史又一次顯現了被殖民者的自由之時，這些人才開始否定他們的命定處境，也正是在此時，布爾喬亞的語彙才最淋漓盡致地發揮命運這個字眼。和榮譽一樣，命運也是一股**超自然力量**，我們藉以謹慎地蒐集殖民行為中最為險惡的決定論主

1　摩洛哥國王（1889-1976）。曾於一九五三至一九五五年短暫統治摩洛哥。

張。對布爾喬亞階級來說，命運就是歷史的**東西**或**玩意兒**。

當然，命運只以**互相關聯**的形式存在。使阿爾及利亞向法國屈服的，不是軍事勝利，而是憑藉天意（Providence）所產生的連結，是天意串連了兩種命運。就在該連結於藏不住的驚爆中解體的時刻，人們卻宣稱這道連結牢不可破。

●**造句**：「至於我們，我們打算賜予和我們命運相連的人民在志願結合中的真正獨立。」（皮內先生〔M. Pinay〕[2]在聯合國的談話）

▼**神**（DIEU）：法國政府的美化後形式。

●**造句**：「……當全能的上帝指派我們執行最崇高的任務……」（班・阿哈發的宣稱）

「……您總是體現了忘我的犧牲精神與至高無上的尊嚴感……閣下您有意遵奉上帝的意願。」（寇提先生致班・阿哈發，後者已被政府開除）

▼**戰爭**（GUERRE）：目的是否認事情本身。為此，可掌握兩種方法：一個是盡量不去提到

它（最常見的手法）；另一個是將與之相反的事物意義，施加在它身上（這招比較狡猾，幾乎是一切布爾喬亞語言用來製造神話的基礎）。於是，**戰爭**被當作**和平**的意義來使用，而**安定**也被當作**戰爭**的意義來使用。

● **造句**：「戰爭不會妨礙和平的措施。」（蒙沙貝〔Monsabert〕將軍）

要知道，幸好（官方的）和平不會妨礙（真實的）戰爭。

▼**使命**（MISSION）：這是第三個帶有**超自然力量**的字詞。我們可以放入任何想放的東西：學校、電力、可口可樂、警察的行動、軍事掃蕩、死刑、集中營、自由、文明，以及法國的「影響力」。

● **造句**：「然而，各位都知道，法國在非洲身負一項使命，也唯獨法國才能完成它。」

（皮內先生在聯合國的談話）

2 法國保守派政治家（1891-1994）。曾於一九五二至一九五三年擔任法國總理。

▼**政治**（POLITIQUE）：政治被定位成一處受限的領域。一邊是法國，另一邊則是政治。當北非事務牽涉到法國時，就不屬於政治範疇。當情勢漸趨嚴峻，為了國家，我們就假裝遠離政治。對右派的人來說，所謂政治，就等於左派：兩邊加起來才是整個法國。

●**造句**：「只是想捍衛法國社會及法國的美德，這並非涉入政治。」

（特里工．杜諾瓦〔Tricon-Dunois〕將軍）

在與**良心**（conscience）這個字相反且並列的意思中（**良心政治**），**政治**這個詞顯得比較委婉；它此時代表了「靈性現實的實用意義」與對細緻之處的喜愛，這讓一名基督徒可以安心地出發去「平定」非洲。

●**造句**：「……在理論上拒絕部隊徵召前往非洲，以確保自己不會陷入類似的處境（對不近人情的命令唱反調），這種抽象的托爾斯泰主義（tolstoïsme）並未與良心政治混淆在一起，因為後者在何等程度上都不算政治。」（《精神生活》〔*La Vie intellectuelle*〕中的多明我會〔dominicain〕社論）

▼**全體人民**（POPULATION）：這是布爾喬亞階級最愛用的一個字。它可以作為**階級**的解毒良藥——針對那些太蠻橫、而且「脫離現實」的階級。**全體人民**的責任是讓多元的團體與少數分子「去政治化」，將個體推入一個中立、被動的集體當中，唯有成為在政治上思慮不清的存在時，才有資格進入布爾喬亞的神殿中。（請對照使用者與一般平民）

這個用語通常會因其複數形式而變得高尚：**穆斯林的全體人民**。我們從來不會忘了要在大都會的單一性與被殖民者的多元並現之間，暗示雙方成熟度的落差，因為法國將本質上多元紛繁的事物都**廣納入懷**了。

當我們要提出一項貶抑的評斷時（戰爭有時會強加這些嚴峻措施），我們往往會將全體人民分解為**組成分子**。這些分子一般來說都極為狂熱或受到控制（因為他們都單獨行動，不是嗎？狂熱主義或失去判斷力促使人想要脫離被殖民的身分）。

●**造句**：「全體人民的組成分子在某些情況下與叛亂分子合謀……」（內政部的新聞稿）

▼**社會**（SOCIAL）：**社會**總是跟**經濟**湊成一對。這組二重唱同時產生作用，有如託詞，也就是說，他們把握每一次機會，宣告或證明壓抑式的操作，甚至到了人們會說「這一對

把這些操作都表達出來了」的地步。而所謂**社會（的）**，基本上指的是學校單位（法國的文明教化任務，海外人民的教育，一步步提升為成熟的地步）；**經濟**，主要涉及的則是**利益**，總是**顯而易見**、**雙邊互惠**的，將非洲與大都會**密不可分**地連結起來。這些進步主義的用詞，一旦被適度地掏空，便能肆無忌憚地產生如同華麗的結尾咒語的作用。

● **造句**：「社會與經濟領域，社會與經濟的安置。」

在這整套字彙中名詞的優勢主導權（我們前面才剛提出幾個樣本）顯然仰賴大量的概念消耗，對於掩護現實是相當必要的。即便這種語言的磨損到了解體前的最後一刻極其籠統且行將腐朽，它也並未用同一套方法去攻擊動詞與名詞：它摧毀了動詞，膨脹了名詞。道德的通貨膨脹在此並未針對客體，也沒有針對行為，但總是針對想法、針對「概念」，而這些概念的彙集比較遵守固定符碼之必要性，而非溝通的慣例。因此，官方語言的編碼演變過程與它的名詞化平起平坐，因為神話基本上是唯名論的（nominal）——只要命名工作依然是最優先的迂迴手段。

動詞本身則須承受一種古怪的矇騙：如果它是主要的動詞，我們會發現它被簡化成單純的聯繫動詞（copule）的狀態，純粹為了確立神話的存在與特質（皮內先生在聯合國的談話：我們誤以為局勢**可能會**逐漸緩和……那**可能是**難以想像的……什麼**可能叫作**有名無實的獨立呢？……等等）。動詞只有在未來時態、表達可能性的語氣，或是在蓄意的鋪陳下，才會勉強達到完全的語義學狀態；在一個稍遠的地方，神話比較不必擔心會被推翻。（一座摩洛哥政府**將會建立起來**……，**被要求去協商**相關改革……，法國付出了努力，**以便建立**自由的連結關係……，等等。）

在皮內先生的這段陳述裡，名詞通常會要求兩位傑出文法學家口中的**人盡皆知的盤中之物**（assiette notoire）——這兩位學者分別是賈克．達穆黑特（Jacques Damourette）[3]與愛德華．彼雄（Édouard Pichon）[4]，他們在定義專有名詞的時候，嚴謹與幽默兼具。所謂的**人盡皆知的盤中之物**，意思就是：名詞的實質內容總是以眾所周知的形式呈現在我們眼前。於是，我們便來到神話形成的關鍵核心了：因為法國的**任務**，摩洛哥人民的**分裂**，乃至阿爾及利亞的**命運**，在文法層面被視為基本假設（通常使用定冠詞將該特質授予前述字詞），所以

3 法國文法學家、語言學家（1873-1943）。與愛德華．彼雄合著《從語詞到思想》（*Des mots à la pensée*），由心理學觀點解析文法。

4 法國語言學家、精神分析學家（1890-1940）。巴黎精神分析協會共同創辦人。

我們無法在推論上駁斥它（法國的任務：我們來看看，請不要堅持，你們也知道……）。藉由人盡皆知的名聲來操作，這是吸收、入籍（法國）（naturalisation）的首要形式。

我已經指出了某些複數形式（**全體人民**）無謂的誇飾法，而且這種誇飾法會隨著不同的動機而誇大或貶值：**全體人民**這個用語，鋪陳了一群人的歡樂感，他們平靜自然地接受控制；但是，當我們提到那些**基本的國族主義**（nationalismes élémentaires），這裡的複數型，如果可能的話，目標是讓（敵人的）國族主義概念進一步降級，方法是將這則概念簡化成一系列的平庸單位。這就是前面提到的那兩位文法學家——他們是非洲事務的成長中的專家——所預料到的（透過區分「大量的複數」與「計數的複數」來達成）：在第一個表達法中，複數型滿足了一種大量的概念，在第二個表達法中，複數型則暗示了一種分離的概念。如此一來，文法就使神話轉了個方向：它把自身的複數型態託付給不同的道德任務。

而形容詞（或副詞）本身則經常扮演奇怪的曖昧角色：它似乎來自一股不安，來自一種感受，就是：我們所使用的名詞——儘管特質出名——有一種無法完全隱藏的耗損，因此就有必要為它們提振一下精神：獨立的夢想**成真**了，渴望與憧憬**實現**了，命運也緊密相連、**牢不可破**了。在此，形容詞的目的是替名詞挽回它曾經造成的失望，讓名詞展現新的面貌，既天真又可靠。和主要動詞（verbe plein）的狀況一樣，形容詞為論說賦予了將來的價值。過去時態與現在時態是名詞及宏大概念要負責的事：此處，觀念免除了證據（任務，獨立，友情，合作等）；動作與謂語（prédicat）為了不要被駁倒，應該在某個不真實的形式後頭找個掩護：目的，承諾，或是懇求（adjuration）。

可惜的是，這些提振精神的形容詞幾乎在剛派上用場時就氣空力盡了，以至於最終是神話對形容詞的重新採用，最可靠地表現了其通貨膨脹。想在其中嗅出修辭的空洞乏味，只要讀出**成真**、**實現**、**牢不可破**或**全體一致**這些字詞的意思就行了。實際上，我們可以稱這些形容詞為「本質形容詞」（adjectif d'essence），因為它們在語式（modal）的形式上，發展出它們所伴隨的動詞的實質涵義，但這些形容詞什麼都改變不了：獨立這個字的意思就只能是獨立，友情就只能是友情，合作就只會是全體一致。使力之後卻無法改變一切，於是，這些形容詞便來此展現語言的終極健康狀態。官方修辭把現實的外殼堆疊在一起，真是白費工夫，有這麼一刻，語詞會抗拒這套修辭，並強迫它在神話之下，揭露謊言與真相的輪番交替現象：是獨立也好，不是獨立也罷，形容詞的一切構想與布局，都努力將存有的特質投注到虛無之中，而這些布局，都是負罪的標記。

41 非此非彼的批評

我們在《快報》最初幾期的某一期中可以讀到，有一種以批評為信念的公開主張（沒有個人特色的），堪稱平衡修辭術的一個精采示範。其所表達的概念是：批評不該是「一種沙龍遊戲」，也不該是「一種市政服務」；試聽箇中含意，就是：批評不應該激起反動，不應該帶有共產主義色彩，不應該毫無根據，也不應該為政治服務。

這就觸及了一個雙重排除的機制，大部分與我們已多次遇見的熱中於數據列舉有關，我覺得可以將它大致定義為一種小布爾喬亞的特徵。我們用天平去估算各樣方法，在秤盤上隨意擺滿待秤之物，以便讓自身看起來像是高深莫測的仲裁者，身賦一種理想化的、甚至因而是**公正的**靈性，像過磅用的天平桿。

前述計算程序必要的缺陷，乃是由我們所使用語彙的道德觀所構成。根據一種老式的恐怖威脅手段（我們無法任意擺脫恐怖統治），我們在評判的同時也在命名，而詞語塞滿了一種預備的罪名，自然而然在天平的一端托盤產生重量。比方說，我們會把**文化**與**意識形態**對立起來。文化是一種高尚、普世的財富，處於社會成見之外：文化沒有重量。而意識形態則是帶有偏見的虛構創造。所以，讓天平來決定吧！我們把意識形態背對背交給文化的嚴格眼光處理吧（卻沒想到文化說穿了終究也是一種意識形態）。一切就這麼發生了，好像一端是一堆沉重、腐朽的字詞（**意識形態，教理信條，行動分子**），負責為天平羞辱損人的遊戲補充材料；而另一端則有一堆輕盈純淨、無形無體的字詞，因為神權而顯得高貴，高尚到得以逃脫低下卑劣的數量法則之地步（**歷險，熱情，宏大，美德，榮譽**），這些字詞處於騙人假象的可悲算計之外；後者有責任要對前者進行道德勸說：一方面是與罪行相關的字詞，一方面是與審判相關的字詞。當然，這份第三方（Tiers-Parti）高尚的道德精神，必然導致全新的二元對立，而這種二元對立與我們想以複雜性之名去揭露的一樣便宜行事。我們的世界確實可能是此消彼長、交替不絕的，但我們也非常肯定，這世界是一處分歧之地，沒有**法庭**可下判決：沒人可以挽救法官，他們也自身難保。

何況，想要了解這個非此非彼的批評位處哪一邊，只需觀察還有哪些其他神話從這種批評中顯露出來即可。何況我們尚未長篇論及超脫時間之外的神話，它暗藏在對永恆「文化」

的一切依託之中（「一種屬於所有時代的藝術」），而且我還在我們的非此非彼主義之中，發現布爾喬亞神話常見的兩種權宜之計。第一種是關於自由的某種概念，它被設想成「拒絕**先驗的**評斷」。然而，一個文學的批判總是被其所屬的調性所限定，甚至系統本身的缺席——尤其當系統帶有一種信念宣示的時候——就是來自一個完全界定好的系統，系統在此就是一種布爾喬亞意識形態（或是一種文化的意識形態——那位沒有個人特色的評論家可能會這麼說）平凡無奇的多元表現之一。我們甚至可以說人就是如此宣示最原始的自由，而其服從是最不具爭議的。我們可以安心地去挑戰任何不曾進行天真的批評與得以不受系統制約的人：非此非彼論者也身陷一個系統當中，但這個系統卻不一定是他們所倚賴的系統。如果我們對人類、歷史、善惡、社會等沒有一些事先的概念，便無法評判文學：只剩下簡簡單單的**歷險**（aventure）一字，它輕率地被我們的非此非彼主義者賦予道德功能，去抗衡「毫無驚人之處」的好惡系統，這是怎樣的傳承、宿命與一成不變！一切自由最終總會重返某種人盡皆知的一體和諧，它什麼都不是，就只是某種**先驗的主觀推斷**。因此，批評家的自由並不在於拒絕立場表態（這怎麼可能！），而在於是否要將它公然表達出來。

我們文本中的第二種布爾喬亞徵候，是欣喜若狂地將作家的「風格」視為一種文學的永恆價值。但是，沒有任何事物可以跳脫歷史的追問，甚至連**寫得好（的作品）**也一樣。風格是一種完全具有時代意義的批評價值，為了某種「風格」打抱不平，在一些重要作家相繼攻上這座古典神話最後堡壘的時代，藉此展現某種擬古之風：不，再一次回到「風格」的問題來討論，這不叫歷險！在《快報》接下來的某一期中說得更清楚，當中刊出了霍格里耶（Alain Robbe-Grillet）一篇非常中肯的議論文章，反對把斯湯達爾當成身負魔力的仿效對象（「這寫得跟斯湯達爾一樣好」）。風格與人性（好比說安納托．法朗士〔Anatole France〕的作品）的結合也許不再足以建構**文學**。我們該害怕的是，在許多佯裝充滿人性的著作中妥協出來的「風格」，最終成為一種**先天上**令人起疑的對象：總之，這是一種應該在清查核對之後才灌注到作家聲望中的價值，但這並不表示文學可以自然而然擺脫某種形式技巧而存在。即便此舉會引來非此非彼批評家心生不悅，還是得承認他們是將宇宙一體雙分的高手，是在這方面負有超越之力的神靈，**寫得好**的相反未必一定就是**寫得差**：也許在今日它就只是**寫著**，如此而已。**文學**已經陷入一種艱困、狹隘、消亡的處境。文學所要捍衛的已經不再是其詞藻，而是它自身的性命：我很擔心非此非彼的新批評已經落後一季了。

42 脫衣舞

脫衣舞（strip-tease）——至少是在巴黎上演的脫衣舞——是以矛盾為基礎的表演：女人在脫衣裸露的那一刻，就失去了女人性。我們因此可以說，在某種意義上，它是恐懼的表演，或說「讓我害怕吧！」的表演，情色在此彷彿只是某種迷人的驚駭，只要把蘊含儀式意義的符號展現出來，一邊激起性的念頭，一邊消除性的念頭，就行了。

觀眾唯獨在脫衣的整段過程中，才變成了愛看猥褻場面的偷窺狂；但是，正如同任何一種故弄玄虛的表演，此處的裝飾、配件及老套手法，妨礙了原本的挑逗意圖，最後將它淹沒於平淡無味之中：我們**公開展示**醜惡，以便更有力地阻礙它、驅除它。法國的脫衣舞看似源自我此處所謂的「阿斯特拉」（人造奶油）操作手法，一種製造神話的手段，目的是用少量的惡行為觀眾打預防針，以便之後更有效地讓他們陷入從此具備免疫力的*道德之善*（Bien

Moral）當中：由表演本身情境所點出的幾分情色意味，實際上卻被令人感到安心的儀式吸收殆盡，這項儀式安穩地抹除了橫流的肉欲，就像疫苗或禁忌解決並抑制了疾病或過失。

因此，在脫衣舞表演中，我們會看到整套蔽體之物緊貼女表演者的身軀，似脫非脫，隨著她假裝裸露的動作，挑逗觀眾。異國情調是這種保持距離營造神祕感的首要重點，因為它總是呈現一種固定不變的異國風姿，讓身體挪移到遠方的傳說或幻想中：配著鴉片煙管的中國女人（象徵中國風必備的符號），抽著巨大煙嘴、扭動腰身的蕩婦，或以鳳尾船（gondole）、由裙環撐開的連身裙、小夜曲歌手等元素襯托威尼斯風味。前述這些**從一開始**就旨在把女人打造成喬裝的物品；脫衣舞的結尾不再是把隱密的深處驅趕到燈光之下，而是剝去怪異、不自然的衣衫，藉此意味裸體是女人的**天然**衣著，這最終恢復了肉體十分靦腆羞澀的狀態。

歌舞廳（music-hall）的傳統道具配件，在此無一例外地全數派上用場，時時刻刻都讓裸露的身體與觀眾隔得很遠，把身體推回到（被眾人熟知的儀式包覆起來的）舒適自在當中：毛皮大衣、扇子、手套、羽毛裝飾、網狀長統襪，總之是一整套華麗服飾的閃耀光芒，不斷讓豪奢物品的範疇重新納入活生生的人體，這些物品以神奇魔幻的裝飾將人包圍籠罩。或身披羽翎，或雙手覆套，女人在此炫示自身成為固著於歌舞廳的元素；褪去這些極度儀式化的物品，它們便不再保有剝奪動作的新奇感：羽毛、皮毛與手套持續在女人身上發揮神奇功效，即便全部摘掉、脫下之後，也依然有用。女人的這副形象似乎變成了一段被絢爛外殼包裹起來的回憶畫面，因為脫衣舞的主要看點都在登場衣著的特性本身當中呈現出來了，這條法則再明顯不過：如果衣服看起來不太像真的打扮，一如我們在中國女人或穿戴一身皮毛的女人身上所見，那麼隨之出現的裸露就依然是不真實的，光滑、緊閉如一件滑溜溜的美麗物品，因為本身的荒謬怪誕而從人類的使用方式中退出了。這乃是用鑽石或貝殼遮蓋私處的深層象徵意涵，也是脫衣舞本身的終極意圖：這塊負責收尾的私密三角地帶，以其完美、幾何感的型態，以其閃亮、堅硬的質地，像一把貞潔之劍，遮住了性器官，最終將女人推入礦物質的世界，石頭（寶石）在此是完整、無用之物無可辯駁的主題。

不同於常見的先入為主想像，從頭到尾伴隨脫衣舞的舞蹈卻絲毫不含色情成分。可能正好相反：微微夾帶韻律節奏的扭身擺腿在此驅除了靜止不動的恐慌不安；舞蹈不僅為表演帶來了藝術效果的保證（歌舞廳的舞蹈表演總是「藝術感」十足），更構成了一道最為有效的最後屏障：舞蹈由儀式般的動作表現出來（這些動作觀眾已看過千百次），其作用猶如「動作的化妝品效果」，遮蔽了裸體，將表演藏匿在動作形成的防禦地帶，這些動作毫無用處卻是主要的，因為剝除遮蔽物的行為在此被降級為多餘附加的層次，在不可觸及的遠方進行。

於是，我們會發現專業的脫衣舞者讓自己看起來輕鬆自如，神奇非凡，不斷為她們加添衣裝，使她們隔得很遠，賦予她們一股技巧純熟的專業者會有的冷淡漠然，高傲地退避到她們精妙技藝的自信踏實之中：她們的技巧像衣服一樣穿在身上。

這一切對性的細緻抹除，可以在業餘脫衣舞者的「大眾競賽」（concours populaires）（原文如此）中得到**反面**的證實：「剛出道者」在數百名觀眾面前衣衫盡褪，卻不求助於、或僅拙劣地求助於藝術的戲法，無庸置疑，這重建了表演的情色力量：這邊的表演，開始的時候很少看見中國女人或西班牙女子，既無羽毛裝飾，也無毛皮大衣（正規的成套女裝、正式外套），原初的掩飾喬裝極少；笨拙的舞步、死板的舞姿，女孩不時落入僵硬走拍的困境，特別是「技術層面」的窘迫（三角褲、裙子、胸罩對動作的妨礙），此時，脫衣服的動作本身就出乎意料的重要了。這否認了女人在藝術上的假托與對物品的倚賴，將她重重困在脆弱與畏懼的處境中。

不過，在「紅磨坊」（Moulin-Rouge）歌舞廳裡，出現了另一種驅除裸露的方式，極可能是法國的典型風格，而且這種驅除法的主要目的不是消除色情，而是將色情馴化：秀場主持人試圖賦予脫衣舞一個令人放心的小布爾喬亞身分。首先，脫衣舞是一種**體育運動**：有一家脫衣舞俱樂部會舉辦有益健康的競賽，優勝者加冕而歸，獲得各種獎勵：而且是富含教育意義的獎品（幾期免費體育課程）、一本小說（只會是霍格里耶的《窺視者》〔*Le Voyeur*〕），或是實用的物品（一對價值五千法郎的尼龍長統襪）。其次，脫衣舞已經被視為一種**職業**（才會有剛入行、半專業、專業全職等區分），也就是一種端得上檯面的專業化訓練（脫衣舞女郎是夠格的技術人士）；我們甚至可以賦予這份工作一個迷人的託詞——**天職**（**vocation**）：我們會說某名女孩「發展順利」，或者說她「可望履行承諾」，或是反過來，說她在脫衣舞這行的艱難道路上「踏出了第一步」。最後、也最重要的是，同行的競爭者在社會上都有自己的位子：有的是販售員，有的當秘書（脫衣舞俱樂部的成員很多也擔任秘書）。此刻，脫衣舞重新融入觀眾群，變得平易可親，而且更像布爾喬亞，彷彿法國人與美國觀眾不一樣（至少跟大家所說的不同），法國人會遵循自己無法克制的社會身分傾向，把色情想像成一種僅限家中談論的屬性，以一週一次的運動項目為藉口，而非以迷人的表演為名義：這樣看來，脫衣舞在法國已經國族化了。

43 新款雪鐵龍

我想，今日的汽車幾乎就是哥德式大教堂的同義詞吧：我的意思是這都是一個時代的偉大創造，由許多沒沒無聞的藝術家滿懷熱情地設計出來，如果不是因為其實際用處，也是作為一種形象而被消費，成為散發魔力的美麗物品，被整個民族納為己用。

新款的雪鐵龍汽車顯然是從天而降，並首先以一種高級「物件」（objet）的面貌問世。別忘了，一個物件是超自然的最佳使者：在物件之中，很容易同時出現完美及來源的缺乏、終結與光輝、一種將生命變成物質的轉換（物質可比生命神奇多了），總之就是歸於不可思議之事的「靜默」。「女神」（Déesse〔DS〕）[1]具備這些來自另一座宇宙其中一種物件的一

1　法文的「女神」（Déesse）一字的發音，正如字母D與S合讀。

切特質（至少人們一開始會一致同意將這些特質借給它使用），豐富了十八世紀以及科幻小說中對嶄新事物的狂熱：ＤＳ**首先**就是一艘新的「鸚鵡螺號」。

這就是為什麼我們對ＤＳ關節零件的興趣比對於它實體的興趣來得大。我們都知道，光滑總是象徵完美的一種特質，因為與光滑相反的事物違背了技術與盡顯人性的調整作用：基督的聖袍看不到縫線，正如科幻小說裡的飛行器是用一種一體成形的金屬製成。DS19這款車的外觀並不打算只是平滑如鏡，即便它的一般外形一層又一層地包覆起來；然而，它各部位的接合處才是大家最感興趣的地方：我們會拚命撫摸車窗玻璃的邊緣處；我們還會把手伸到連結後車窗與其鎳合金周邊元件的橡膠寬溝槽中；在ＤＳ身上可以看到一種新式「調整現象學」的發端，就好像我們從一個焊接元素的世界過渡到一個並置元素的世界中，這些元素單純因為其美麗的外型功能而存在。當然，它的任務也必須引介一種更簡易的自然觀念。

至於物質本身，就魔幻的意義來說，它確實保持了一種輕盈的品味。出現了回歸到某種空氣動力學的東西，但它是全新的，因為它現在比這種概念風潮的早期階段來得更不厚重、更不銳利，也更加平穩。速度在此透過更不具侵略感、更不帶運動特質的符號表現出來，似乎從英雄式的型態過渡到傳統式的型態。這股超塵脫俗從玻璃表面的尺寸、細心呵護與物質本身流露出來。從外觀就看得到，DS是對玻璃的讚頌，鐵皮只是支撐玻璃的基礎。在此，一片片的玻璃並非真正的窗戶，而是深黯甲殼的孔洞開口，也是空氣與空隙的廣大切面，具有平穩的拱型結構、散發肥皂泡泡的光澤，有一種更接近昆蟲、而非礦物感的堅硬細薄（雪鐵龍如箭頭般排列的標誌，卻成了有翅的標誌，好像現在我們要從推動的秩序轉移到動作的秩序，從引擎的秩序轉移到組織的秩序）。

因此，我們現在面對的是人性化的藝術，DS很可能就此標記了一個汽車神話的改變時刻。在此之前，高級車輛比較像是為了力量的獸性鬥爭而存在；而此刻，它卻變得更加精神化及客觀化，儘管有某種嗜新癖的好意順從（例如無須人手操控的方向盤），汽車卻因此更顯**居家**，更加符合這種器物使用的理想狀態，如同我們在當代居家藝術中所見到的：與其說汽車儀表板與工廠控制室裡的儀表板相似，不如說它更像極了現代廚房中的工作檯：未經打磨、捲曲的薄細鋼板，尖端鑲有白色圓球的小小換檔器，簡易明晰的信號燈，甚至是鎳質的樸素感，這一切象徵了一種施加於動作之上的控制力，被設想成一種舒適感，而非總體性能。我們很明顯地從速度的煉金術，轉移到貪戀駕駛的欲望。

人們似乎滿懷讚佩地去猜測要呈現給他們看的新鮮主題：首先，敏銳察覺新詞語的使用（多年以來，整個媒體宣傳都在提醒人們要保持警覺），迅速強迫自己讓適應的性能以及工具使用的性能得以恢復（「你必須習慣」）。在展示場中，人潮絡繹不絕、充滿渴慕地參觀樣品車：這是發明的偉大觸覺階段，在此刻，視覺奇觀即將承受觸覺合乎邏輯的襲擊（因為觸覺是所有感官中最能破除神祕的感知，視覺則相反，視覺是最迷炫幻異的）：人們觸摸鐵皮與接縫、按壓坐墊、試坐椅子、輕撫車門、對著靠墊大摸一把；人們坐在駕駛座上，用全身動作模仿開車。此刻，物品完全被濫用並據為己有：「女神」駛離了大都會的天堂，於十五分鐘內成為媒體宣傳焦點，甚至在這項宗教儀式中，完成了小布爾喬亞的推銷活動。

44 小貓圖薇的文學

小貓圖薇（Minou Drouet）事件長久以來以偵探疑雲的面貌呈現在世人眼前：到底是她，還是另有其人？針對這道謎團，人們應用了不少常見的辨案技巧（沒有到嚴刑逼供那麼誇張，但還是很像在調查刑案）：審問、羈押、字跡比對、心理技術學、文件的內部分析。即便法國社會動用了接近司法用途的工具，試圖解開一個「詩學」方面的謎題，我們還是可以感覺到，這不是出於單純對詩的興趣，而是因為兒童詩人的形象對這個社會來說既驚人、且必要：這個形象必須盡可能用科學的方法來認證，這麼一來，該形象就支配了布爾喬亞藝術的核心神話，也就是「無須承擔責任」的神話（在其中，天才、孩子及詩人只不過是被昇華的象徵）。

在等待客觀文件進一步發現的同時，所有加入了這場警辨爭論的人（為數真不少）僅止於針對某種關於詩與童年的標準概念來發揮，那只是他們自身持有的概念。針對小貓圖薇事件所持的推論觀點，在本質上屬於套套邏輯式的論證法，不具備任何論述上的價值：我若無法事先理解童年與詩的真義，便無法證明我所收到的詩句的確出自一名孩子之手，但這麼一來，案件本身又會把自己封閉起來了。這又是一個掩人耳目的科學辦案的全新範例，在老多米尼奇的案件中以狂暴的狀態展現：這套科學方法完全以某種**逼真感**的專橫宰制為基礎，它建立了一種循環式的真理，將被告或問題的實際狀況小心翼翼地留在外部；所有與之同類型的警方調查，目的在於與起初我們對自己所假定的設想重新接軌：對老多米尼奇來說，有罪就是符合主審法官強加在他身上的「心理狀態」，就是用一種神奇轉移的方式，承受處在法官內心深處的罪犯形象，或自設為代罪羔羊，因逼真感只是一種布局，讓被告更符合檢察官的想像。同樣地，對圖薇詩作的真實性提出質疑（就像我們在報紙上瘋狂地報導這件事），就是從針對童年與詩作的成見出發，不論我們在路上發現了什麼，必然會再度歸來，就是設想一種既富詩意、又顯稚氣的正常狀態，我們將藉此評判小貓圖薇，也就是，不論我們做出什麼決定，都要命令圖薇同時承擔神童與受害者、謎團與產品的角色，在我們時代所有的詩之神話與童年神話中，她最終成為純粹的魔幻之物。

不過，其實正是這兩個神話變化多端的組合，產生了反應與評判的差異。此處出現了三個神話世代：一些跟不上時代的古典派作家，在傳統上反對「詩—無序」（**poésie-désordre**），想盡辦法責難小貓圖薇，他們認為，如果她的詩真的是自己寫出來的，那也只是一名小女孩的作品，經不起檢視，理由「不夠充分」；如果她的作品是由大人所代筆，也會備受指責，因為這樣她就是在欺騙世人。把時間拉近，一批可敬的新教徒（在一九五五年）發掘了孩童作詩的能力，為之讚嘆不已，為一樁平凡無奇、不算新鮮的文學事件大聲「叫好」；最後是其他捍衛兒童詩寫作的老前輩，（當神話仍走前衛風的時代）他們曾經站在神話的尖端，而今他們也對圖薇的詩作投以懷疑的目光，英雄式宣傳的沉重回憶，以及一門標榜「任何事物都再也無法膽怯」的知識的沉重回憶，讓那道懷疑目光感到疲憊無力（考克多〔Cocteau〕：「**每一位九歲的孩子都身負天才，唯獨小貓圖薇例外。**」）。還有另一種世代則屬於今日的詩人，但似乎沒人徵詢他們的意見：廣大讀者對他們知之不詳，人們認為他們的評斷並不具備任何論述價值，因此他們無法代表任何神話：我很懷疑，他們到底能否從圖薇的詩作中，辨認出一絲一毫的自己。

但不論我們公然宣稱圖薇的詩作是天真無欺，或帶有大人的成熟度（我們要不是讚嘆有加，就是懷疑不信），總之就是認為她的作品是以深厚的異質性為基礎（這種異質性是天生自來的，介於童稚年紀與成熟年紀之間），假設孩子是與社會格格不入的人，或至少有能力自主運用一套批評方法以評斷自身，或是懂得禁止自己使用包含既定套路的字詞，唯一目標就是充分顯露出模範生小孩的樣子：相信孩子的詩歌創作「天才」，就是相信文學的「單性生殖」，也是再一次將文學才華確立為一種神的恩賜。在此，一切的「文化」軌跡都被歸咎於謊言，彷彿字彙用法受到天性嚴格地規範，且孩子與成人世界並未處於潛移默化的相互影響關係中；而隱喻、形象與奇思妙想便交付給童年歲月，作為單純的自主性的符號，同時，無論是否意識到，這些符號都是淋漓盡致發揮的基礎所在，以「深刻」為前提，在那裡，個人的成熟度扮演關鍵角色。

姑且不論案件調查的結果，謎團本身的效益實在不大，它並未釐清關於童年與詩作的一切。最終這樁神祕事件會變得無足輕重，那是因為，無論作品出自孩子或成人筆下，都具備一項完完全全的歷史事實：我們可以推定事件的時間點，且至少可以確定小貓圖薇的年紀大約八歲多。事實上，在一九一四年前後，出現了一批未成年的小詩人，我們的文學史原就不太習慣將卑微不足道的人物歸類、收錄其中，卻將這批小詩人普遍歸類為謹慎含蓄的名號，諸如「離群索居者」、「異想天開的遲緩者」、「微妙情感表達者」，等等。毫無疑問，我們應該把小貓圖薇（或是她的繆思）放在跟這些小詩人同樣的位置，與這些同等傑出的詩人並列：伯娜·波凡斯女士（Mme Burnat-Provins）、羅傑·阿拉爾（Roger Allard）、特里斯坦·可玲索爾（Tristan Klingsor）。小貓圖薇的詩藝就屬於這同一種力量，她的詩規規矩矩，甜膩過頭，全數奠定在一個信念上：詩講究的是隱喻，內容不脫某種布爾喬亞的悲情抒寫。這種僅限於家務事（popote）的矯揉造作能夠稱為詩，關於這點，我們會提到韓波的名號，這位不可不提的少年詩人，這是屬於純粹的神話，卻也是脈絡清晰的神話，因為這些詩人的作用再明顯不過：他們為讀者提供了詩的**符號**，而非詩之本身。這些符號精簡省力，又令人安心。一位女士清楚表達了親密的「敏銳感受」在表面上解放、內心卻謹慎有加的功能：諾埃伊女士（Mme de Noailles）（也太巧！）當時曾為另一名「才華洋溢」的女孩子的詩集作序，這位女孩名叫莎賓・西蔻（Sabine Sicaud），十四歲就過世了。

我們因此得以推定（且重重地劃記下來）圖薇詩作的創作年紀，無論其真偽。但透過今日媒體的宣傳報導及一些有力人士的背書，這些作品正好讓我們去讀解社會集體認定的童年與詩作到底是什麼樣子。雖然被四處引用、被誇大吹噓、被反駁抨擊，圖薇一家人的文字依然是寶貴的神話素材。

首先，會有關於天才的神話，我們很確定這些神話根本檢驗不完。古典派人士宣稱這其實只是耐心的問題。今日我們所說的天才，代表的是節省時間，在八歲的時候就完成一般人二十五歲才會做的事。單純是時間「量」的問題：關鍵在於，要比所有人跑得稍稍快一點。童年因而成為天才的專屬地帶。在巴斯卡的時代，人們還曾認為童年就是一段浪費掉的時光，重點在於想辦法盡快脫離童年。自浪漫主義時代以來（也就是從布爾喬亞勝利得勢以來），人們一反前態，鼓吹童年時光要越長越好。所有歸咎於童年的成人行為（即便是發展遲緩的童年）都具備永恆的特性，看似魅力十足，因為它被**預先**製造出來了。這個年紀方面不得體的誇大膨脹，假設了我們會將其視為一個不公開的祕密年齡，把自己封閉起來，是特殊身分的持有者，像一種既難以形容又不可讓渡的本質。

但就在童年被界定為一樁奇蹟的時候，我們卻又斷言這樁奇蹟只是成人能力的過早達標。因此，童年的特別之處依然曖昧矛盾，被這同一股矛盾所侵襲——這股矛盾影響了古典世界中的所有對象：就像沙特的小豌豆譬喻，童年與成年是兩種不同的年紀，各自封閉，難以互通，卻如出一轍：小貓圖薇的奇蹟，是在製造一種成人的詩作，即便作品出自小孩筆下；也是讓詩的本質進入孩童的本質之中。在此，驚異之感並非來自各種本質的真實破壞（這樣會非常有益身心），而是來自各式本質的提早混合。這完全就是布爾喬亞所闡述的**天才兒童**概念（莫札特、韓波、羅貝托．班奇〔Roberto Benzi〕[1]之類）；他們是令人讚嘆的對象，完成了一切資本主義作用的理想功能：節省時間，將涉及人力的過程縮小為珍貴時刻的單純計算問題。

當然，這種屬於孩童的「本質」，根據使用者的不同年紀而有不同的形式：對「思想現代派」來說，童年透過不理性本身而獲得自身的尊嚴（在《快報》上，我們不會不提到教育心理學〔psychopédagogie〕：所以才會跟超現實主義可笑地混淆在一起！但對於拒絕歌頌一切混亂來源的亨利歐（Henriot）先生來說，童年唯一該創造出來的，就只有可愛及優雅的事物：孩子不能是粗俗平庸之輩，這就是又在想像一種理想美好的兒童本質，從天而降，超脫一切的社會決定論之外，也是把一大群小孩子拒於童年大門之外，只認可布爾喬亞優雅的後裔。人確實**發展成自己**的年紀，也就是人開始快速地進入社會與人為染缸的年紀，對亨利歐先生來說卻是「自然」的年紀，這頗不尋常；而到了一個孩子有能力殺掉另一個孩子的年紀（一樁與小貓圖薇事件同期發生的社會案件）——仍然以亨利歐先生的標準來考量——，到了這個年紀，我們不能頭腦清楚，愛開玩笑，只該「真誠」、「可愛迷人」、「出類拔萃」。

但有一件事情，各大評論者找到了共識，那就是詩的某種自足特質：對每一位評論者來說，是**靈感意外收穫**持續不斷的串連結果，也是隱喻的質樸之名。詩越是塞滿了「固定套路」，就越被視為成功之作。然而，只有拙劣的詩人會製造「美好的」形象，或至少，有的詩人專門作這種詩：他們天真地構思詩的語言，把尋章摘句時遇上的好運氣加在一起，當然更會說服自己「詩是傳播非現實的工具」，必須不計一切代價將描寫對象**翻譯（傳達）**出

1　法國童星、指揮家（1937-）。早熟的天才兒童，六歲即擔任演奏會指揮。

來，從拉魯斯（Larousse）的字典世界，落實到實際的隱喻運用上，彷彿只需為事物胡亂命名，就可以使之詩意盎然。結果就是，這個純粹訴諸隱喻的詩作，完全建立在某種「詩學辭典」的基礎上，莫里哀早就為他的時代留下了幾頁這樣的東西，詩人可以從中取用他的詩句，彷彿他必須把「散文」轉換成「韻腳」。圖薇風的詩作大量應用了這股源源不絕的隱喻之力，其狂熱的擁護者（男女皆有）滿心喜悅地在當中辨認出詩（**他們**心目中的詩）的這副清晰、迫切的面孔（沒有什麼東西比字典更令人放心了）。

這種靈感來源的超載，本身會製造仰慕讚嘆的加總效果；對詩的極度依賴並非一項完整的行為（緩慢且有耐心地透過一系列的中場暫停而固定住），而是各種狂喜、喝采、致敬的累積，擲向了成功的語言雜技表演：在此，數量又一次奠定了價值。就這個意義來看，小貓圖薇的文字就顯得有點像一切詩的詞意反用，這些文字逃離了作家孤獨的武器——字面意義（littéralité）：然而，也只有字面意義能夠摘除掉詩性隱喻的人為成分，使隱喻展現為真理的靈光一閃，征服了語言持續不斷的厭惡感。這裡只談現代詩（因為我懷疑有一種詩的本質是存在於歷史之外的），我指的當然是阿波里奈爾（Guillaume Apollinaire）的詩，而非伯娜·波凡斯女士的詩。我們可以肯定，現代詩的美與真實，來自一套深刻的辯證法——這套辯證法介於語言的生與死之間，介於語詞的稠密與句法的枯燥之間。但小貓圖薇的詩喋喋不休，相當饒舌，就像那些害怕寂靜的人一樣；看得出來這種詩畏懼文字，倚賴各種權宜之計的堆疊，以此維生：它把生活與煩躁不安混為一談。

而這就是圖薇的詩令人安心的地方。即便我們試圖為之冠上離奇古怪的罪名，即便我們假裝一臉驚訝地接受它，用過度讚揚的形象感染整個社會，甚至是它的喋喋不休，它靈感源源而出的流量，廉價大量產出的計算秩序，這一切，確立了一種華而不實、經濟省力的詩藝：此處，**仿製品**再度支配一切——**仿製品**的概念是布爾喬亞階級最珍貴的發現之一——，它無須減損商品的外觀即可使人獲利。《快報》把這項任務託付給小貓圖薇，並非出於巧合：這種理想完美的詩屬於一個世界，在那方天地裡，**表象**被細心地估算出來了；小貓圖薇替別人吃了一虧：社會只以一名小女孩為代價，便登上了詩的奢華之境。

圖薇的這類詩作自然有其相應的**小說作品**，在其自身所屬的文類裡，會是同樣純淨、實用、具備裝飾性且日常慣用的語言，其功能會以合理的代價展現出來，一部「健康無害」的小說，身上夾帶著引人入勝的小說式虛構符號，一部札實卻廉價的小說：舉例來說，一九五五年的龔固爾獎（Prix Goncourt）頒給了一部象徵優良傳統（斯湯達爾、巴爾札克、左拉，莫札特與韓波也接棒至此）大獲全勝的作品，反抗了前衛風的墮落。重要的是——如同在女性報刊的家庭主婦頁所看到的——與文學的對象打交道（我們在購買它們之前就已經很清楚形式、用法及代價），而且在它們身上沒有什麼會讓我們覺得不習慣，因為要將小貓圖薇的詩作稱為奇特怪異，無須負擔任何風險（如果我們一開始就將之視為詩的話）。然而，文學唯起於不可命名者之前，望見一處他方，而語言對他方感陌生，卻又尋覓他方。我們的社會以好文學之名所責難的，以及藉壞文學之名所驅逐的，正是這種激發創造力的遲疑與這種豐饒的死亡。大聲疾呼「小說就該是小說，詩就應該是詩，戲劇就該是戲劇」，這種枯燥乏味的套套邏輯就如同名詞派生的法則，在民法中支配了財產的所有權：在此，一切都有助於布爾喬亞的偉大事業，那就是最終將存在簡化為擁有，將客體簡化為東西。

這一切到了最後，還是該回來談談小女孩圖薇自身的案例。請社會各界不要虛偽假意地為她悲嘆：吞噬掉小貓圖薇的，是社會自身，因為這個社會、也唯獨因為這個社會，孩子才成了犧牲者。她為了贖罪而犧牲，以便讓世界變得清晰易懂，以便讓詩、天才與童年——簡單地說就是**混亂失序**（désordre）——毫不費力地被馴化，當真正的造反出現時，可以立即在報章雜誌的版面上占有一席之地。小貓圖薇成了受奢華詩風所害的大人的犧牲品，她被守舊秩序（該秩序將自由簡化為奇人妙事）非法監禁起來（或說遭到綁架）。她是被女乞丐推到人前求取施捨的小女孩，但在人後，乞丐的破床下卻滿滿是錢。為小貓圖薇掬一滴同情之淚吧，為詩打個寒顫吧，這麼一來，我們就擺脫了文學。

45 上相的競選照片

某些議員候選人用照片替自己的競選文宣增色。這就是在假設照片具有一種轉化之力，我們且分析之。首先，競選者的肖像建立了他與選民之間的一道個人連結；候選人不只讓人評判他的施政藍圖，還呈現出一股物質環境的氣氛，在體態、衣著、姿勢中，表達出一整套日常生活中的選擇。照片有意藉此重建選舉的父權主義背景及其「代議式」本質——該特質已經被比例代表制及政黨執政模式打亂破壞（右派似乎比左派更擅此道）。這麼一來，攝影成了言語的簡約手法，以及社會整體的「不可言喻」之物的凝聚工具，照片成了一件反智的武器，為了「存在方式」及社會道德身分而迴避「政治」（政治就是一個產生問題、解決問題的主體）。我們很清楚，這種相對性是布賈德主義的核心神話之一（布賈德在電視上說：「看看我，我跟大家一樣喔。」）。

因此競選照片首先是一種對深刻的內涵、對延伸到政治的非理性之物的認可。在候選人照片上所展現的，並非他的政見計劃，而是他的動機，是他在家庭、心理，甚至是情慾方面的所有狀態，這整個存在的風格樣式，候選人在其中既是產物，也是範例及誘餌。大多數候選人在照片中要讓人解讀的東西，顯然是一種社會的穩定基礎，一個在家庭、法律、宗教規範上引人入勝的舒適自在感，以及這些布爾喬亞產物與生俱來的特質，諸如：週日的彌撒、仇外、牛排薯條、戴綠帽的可笑場面，反正就是我們稱之為意識形態的事物。競選照片的使用，自然會假定一種共謀關係：照片好似一面明鏡，投射出熟悉、已知的事物讓人讀解，向選民呈奉上他自身的肖像，這幅肖像清朗、崇高，華麗地臻至典範的型態。此外，也正是這個抬高身價之舉，精準地定義了何謂上相：選民藉此得以表達自身，成為英雄的化身，他接受邀請把票投給自己，為這項委託增添分量，並賦予這份授權一種真實的身體轉移：他授權託付給自己的「同種族」。

託付的類型並不多元。首先是社會地位類型，體面的類型，可能是氣色紅潤、腦滿腸肥的（「民族」陣線〔listes nationales〕），或是平淡雍容的（人民共和運動〔listes MRP〕）。另一種則是知識分子類型（我得說明一下，此處所談的是「表達意義」的類型，而非自然天成的類型：民族聯盟〔Rassemblement national〕道貌岸然的智能或共產黨候選人「敏銳」的智能）。在這兩種情況下，人物肖像所要象徵之物，乃是思想與意志之間、反思與行動之間的稀有連結：眼皮微皺，透射出一線銳利目光，似乎要在美麗的內心夢境中汲取力量，卻不斷停駐於真實的障礙之上，模範生候選人在此好像要巧妙地將社會理想主義與布爾喬亞的經驗主義合為一體。最後一種類型非常簡單，就是「俊美少年」（beau gosse）的類別，以其健康、陽剛的形象吸引眾人目光。除此之外，某些候選人將兩種型態運用得出神入化：在文宣上，一邊是劇中的年輕男角（jeune premier），是個英雄（穿著制服）；而另一邊，則是一位成熟男子，富有男性氣概的公民，把自己的小小家庭成員也推到幕前。體態上的類型往往藉助極其明顯的特徵來展現：候選人身旁兒女環繞（就像在法國所有的兒童拍照時一樣，精心打扮〔pomponné et bichonné〕）、袖口高捲的年輕傘兵、全身佩掛勳章的軍官。照片此時真正構成了對道德價值（祖國、軍隊、家庭、榮譽、戰鬥）的勒索。

話說回來，攝影的基本慣例也塞滿了符號。面部的表情姿態凸顯了候選人的實在感——如果他又戴著一副流露探究精神的眼鏡，更是如此。在這樣的畫面中，一切都表現出穿透有力、莊重嚴肅與坦承率真：我們這位未來的議員直直瞪視敵手、障礙以及「問題之所在」。只露出四分之三臉龐的取鏡方式比較常見，它暗示了一種理想的專橫力道：目光莊重地陷入未來，這道目光並不正視，而是俯瞰，低調地散播一個廣泛無垠的他方願景。幾乎所有露出四分之三臉龐的照片都呈現仰角構圖，人物的臉孔迎向一道超自然的光芒，面部表情帶有一份憧憬，使之提升到高尚人性的精神境界，於是候選人便抵達崇高情感的奧林帕斯之巔。在那裡，一切政治上的矛盾衝突都解決了：阿爾及利亞的戰爭與和平、社會進步與資方的利潤、「私立」學校與甜菜補助、左右派之爭（這其實一直是種「落伍」的對立！），這一切都莊重地鎖定在這道深思的目光中，和平共存於秩序的隱藏利益之下。

46《失落的大陸》

《失落的大陸》(*Le Continent Perdu*)[1]這部電影清楚呈現了當下的異國情調神話。這是一部關於「東方」的大型紀錄片,其動機託詞是某個含混不明的人種學踏查,但其中的虛作假造之處卻顯而易見,由三到四位滿面鬍鬚的義大利人在印度群島(Insulinde)進行拍攝。整部片氣氛相當歡快,一切都顯得簡樸天真。我們的探險者為人正直,休息時會像孩子一樣消遣遊戲:把玩一隻小熊吉祥物(吉祥物是所有的探險必不可少的:在關於極地的影片中必然出現被馴養的海豹,任何關於熱帶地區的紀錄報導中也少不了猴子的身影),或是搞笑地

1 一部由李歐納多・彭西(Leonardo Bonzi)執導、一九五五年發行的義大利紀錄片。本片耗費鉅資,大部分場景於東南亞實地拍攝。

在甲板上打翻一盤義大利麵。也就是說這些優秀的民族學家並不怎麼操心歷史或社會學的問題。對這些人來說，深入東方地帶不過就是沐浴在不可或缺的陽光之下，航行在蔚藍碧海中，小小繞行一周而已。而這個東方，今日顯然已經變成全球政治中心，我們在此所見的東方，一切變得扁平、打磨得光亮、布滿色彩，猶似一張老舊的明信片。

這種不負責任的草率態度顯而易見：將世界塗上顏色，總是一種否定世界的方式（也許在此也應該開始探究電影中的色彩運用）。東方被奪走了一切實體，壓印到色彩之中，甚至透過大量豐富的「形象」脫離了現實，這個東方已經準備好承受電影特地為它保留的魔術消失手法。在小熊吉祥物跟搞笑的義大利麵場景之間，這些在攝影棚內的民族學家將毫不費力地設想一個形式上充滿異國情調的東方，但它實際上與西方極度相像，至少很接近唯靈論式的西方。東方人是否有特殊的宗教信仰？沒差，這些變化與唯心主義的深層和諧相比，可說微不足道。如此一來，每種儀式都是特定與永恆的，同時提升到趣味橫生的表演與準基督教象徵之列。雖然佛教嚴格來說並非基督教，但無妨，佛教也有剃髮尼姑（跟所有入教儀式哀婉動人的重要主題一樣），也有跪倒在地向師父懺悔的僧侶，最後，也像在塞維亞（Séville）一樣，信徒前來將黃金包覆在神像上*。的確，最能凸顯宗教間相同特色的總是那些「形式」；不過，這個相似之處在此根本不是為了揭露這些宗教，而是把它們建立起來，將一切歸功於高等的天主教教義。

我們都知道，將各種學說混合為一，長期以來都是教會最主要的一種同化技巧。《失落的大陸》這部影片向我們展示了十七世紀、在同一個東方背景下基督宗教的先天質素，耶穌會傳教士在各種形式的基督教會整合運動上走得很遠：印度馬拉巴爾（Malabar）的基督教儀式最終卻讓教宗下令禁止。我們的人種誌學者所影射的，正是這同樣的「萬法歸一」觀念：東方與西方，兩者皆相同，唯一的差異只在膚色，本質上是一體同觀的，也就是人對於神的永恆呼求，關於這種人類天性在地理上呈現出來的可笑、瑣碎的特質，唯有基督宗教掌握了箇中關竅。這些傳說本身，這整套「原始的」民間傳說——人們似乎在字面上向我們指出其怪異之處——唯一的任務就是去闡明「自然」：即認為儀式、文化事實從來不會與一個特定的歷史秩序或明確的經濟和社會狀態相關，卻只會和宇宙間司空見慣的宏大中性形式（季節、風暴、死亡等等）產生關聯。如果談論的是漁夫，則展示的絕對不會是捕魚的方式，而比較會呈現一種浸沒在亙古的斑斕落日中的漁夫浪漫特質，並不會以他是一位仰賴技

* 我們在此看到一個「音樂具有神祕化力量」的絕妙例子：所有的「佛教」儀式場面都有含糊、濃膩如漿的音樂做為陪襯，有點類似美式的抒情歌謠與葛利果聖歌。這是一種單音旋律（象徵修道生活的單調）。

術與在特定社會中獲取利益的工人身分來定位他，反而會用一個永恆狀態的主題來定位他：男人出海遠航，暴露於大海的險惡中，妻子待在家裡哭泣、禱告。對於逃難者也是一樣，影片開頭，我們看到一排長長的隊伍下山。想定位出他們的所在地，顯然無濟於事：這就是逃難者永恆不易的本質，東方的**特性**就是從中而來。

總之，異國情調在此大幅揭示了其真實深刻的自我證明，也就是去否認歷史的一切情境。透過使東方的現實帶有一些在地的適切符號，我們就必定可以讓東方免除一切需要承擔責任的內容。製造一些「情境」，盡可能表面膚淺的情境，提供了必要的藉口，可以省去處理更深入情境的麻煩。面對異邦的時候，秩序只懂得兩種處理方式，兩者都是對事實的殘缺扭曲：要嘛就將其看作偶戲的木偶，要嘛就使其失去作用，成為西方純粹的映照。無論如何，關鍵在於消除它的歷史。因此，我們會發現，那些在《失落的大陸》這部片子中的「美麗影像」絕不單純：「失去的」大陸在爪哇島的萬隆（Bandoeng）重新尋獲[2]，這也絕不單純。

2 此處指涉一九五五年於印尼萬隆舉行的「萬隆會議」（又稱第一次亞非會議），是有史以來亞非國家第一次在沒有殖民國家參與的情況下討論亞非事務的大型國際會議。會議主要目的為促進亞非國家之間的經濟文化交流，共同抵制美蘇的殖民主義活動。

47 占星術

據說在法國「巫術」的年度預算大約是三千億法郎。例如，我們不妨瞄一眼《Elle》上的星座專欄。與人們所期待的結果不同，我們並未在其中尋得絲毫夢幻的世界，反而看到一個社會現實環境嚴格而精確的寫照，那是一個由女性讀者所構成的環境。換句話說，占星術全然不是——至少在此處不是——通往夢想的出口，它純粹是一面鏡子、純粹是現實的一個制度。

與命運有關的主要欄目（《好運到》〔*Chance*〕、《出門在外》〔*Au-dehors*〕、《居家生活》〔*Chez vous*〕、《您的內心》〔*Votre cœur*〕）一絲不苟地製造出勞動生活的全面節奏。時間計算以一週為度，其中一到二天適合來點「好運」。「好運」在此是內心及情緒的保留部分：它是時間持續的實質符號，主觀時間藉此唯一的類別表達出來、擺脫解放。至於其他日子，天上星辰唯一識得的時間表只有一種：《出門在外》針對的是平常週間的工作日，一週六天、一天七小時的辦公室或商店工作；《居家生活》是晚餐時分，就寢前的那段夜晚時光；《您的內心》則是下班後的約會或週日的探險、偶遇。但是在這些「範疇」之間，毫無交流互通：從一段時間到另一段時間，沒有任何能牽動全面異化的想法；牢房彼此緊鄰，輪替接力，卻不曾相互沾染。星辰從來不會要求打亂秩序，它影響的只是短短的一星期，對社會身分及資方老闆的企業作息相當尊重。

在此，所謂的「工作」指的是女性職員、打字員或店員的工作；聚攏在女性讀者身邊的小圈圈，幾乎必然來自辦公室或商店的環境。星宿強加於我們身上、或者應該說星宿向我們所揭示的變動（因為這種占星術是慎重的神學，並不排除自由意志）是微弱無力的，這些變動一向不會企圖打亂某種生活：命運的重壓僅僅施加在工作的況味之上，諸如緊張不安或輕鬆自在、勤勤懇懇或偷懶懈怠、無關緊要的調職、將明未明的晉升、與同事之間的尖酸刻薄或融洽默契，尤其是疲勞倦怠，星宿會以明智的態度強烈建議——要多睡覺，睡得越多越好。

左右居家生活的，則是生活環境所導致的情緒、對立、信任方面的問題；通常都發生在女性成群的家中，其中最重要的關係就是母女關係。小布爾喬亞的家室在此忠實地呈現，還有「家族親戚」的往來，但卻與「姻親親戚」有所區別，看來天上星辰對後者的評價並不高。這個親戚成群的環境似乎只涉及家庭成員，很少涉及朋友。小布爾喬亞的生活圈主要由親戚及同事所構成，其中並未包含真正的關係危機，只有一些由情緒和虛榮心引發的小小衝突。所謂愛情，則是〈愛心信箱〉所傳達的愛情觀：這是一個獨立於外的「領域」，是情感「事務」的領域。但這一切就像商業交易，愛情在此也必須經歷「前景一片看好」、「失算誤判」或是「選錯投資對象」。在這當中，不幸的波動幅度不大：某一週，排隊等待的仰慕者變少了，行為不得體，毫無根據的猜疑妒忌。情感的天空真的要在提出了「最令人期盼的解決方案」之後才會門路大開，那就是：結婚。不但如此，嫁娶對象還得「門當戶對」。

在這方小巧的星辰世界中，只有一個理想化但也非常具體的特色，那就是絕對沒有金錢方面的問題。活在占星術世界中的人靠月薪過活：月薪就是月薪，我們絕口不提，因為它使人「活得下去」。星辰對生活的描述遠多於對生活的預測；未來很少夾帶風險，預測總是被各種可能情況的平均機率抵銷了：即便遭遇挫敗，也不太礙事；如果有人對您擺出一副陰鬱臭臉，您的好心情能讓他們一展笑顏；雖然碰上令人生厭的麻煩人物，總還能從中獲得點益處吧。諸此種種。或者預測說您的整體狀況得以改善，那可能是因為您接受了治療，也可能是因為您完全沒去治療（原文引述）。

天上星辰具備道德感，它們願意讓自己被美德打動：勇氣、忍耐、好脾氣、自我克制——在我們必須畏畏縮縮預告各類「失算」的時候，總是需要前述這些美德。矛盾在於，這個純粹決定論的世界立即就被自由的性格所馴服：占星術首先是意志的鍛鍊。不過，雖然解決之道純粹就是製造神話，雖然行為舉止的問題被迴避掉了，占星術在女性讀者面前，依然是現實的制度：它並非逃避之道，而是女性員工與女性店員生活狀況的實際寫照。

既然占星術這種單純的描述方法似乎並未包含任何對於夢想的補償，那麼它到底有何用處？它的作用是以「為現實命名」的方式，將現實擺脫、驅除之。藉此名義，占星術在所有致力使現實客觀化的半異化（或半解放）行為中，占有一席之地，但卻用不著將神話揭露出來。我們至少還知道唯名論傾向的另一種型態：那就是文學，在貶低、減弱的形式之下，除了為實際經歷命名之外，沒辦法走得更遠；占星術與文學肩負同樣的任務，就是建立讓現實「延後」的制度：占星術**就是**小布爾喬亞世界的文學。

48 布爾喬亞的歌唱藝術

想為傑出的男中音傑哈・蘇才（Gérard Souzay）[1]「上一課」可能略顯放肆，但就我看來，從唱片上流洩出來、由這位歌手所錄製的幾段佛瑞（Fauré）的曲子可以彰顯整則音樂的神話，據此我們可以再次尋得布爾喬亞藝術的主要象徵符號。這門藝術基本上是**描述體貌特徵的**，它所不斷施加的，並非情感，而是情感的符號。這正是蘇才所做的事：例如，當他需要唱出一種**使人不快的悲傷**的時候，他不會只滿足於這些歌詞的單純語意內容，也不會只滿足那些支撐歌詞文字的聲線；他還必須誇大那種令人不快的語音，中止它、然後讓雙摩擦

1　法國著名男中音演唱家（1918-2004）。與德國男中音費雪—迪斯考（Fischer-Dieskau）齊名，被視為二十世紀藝術歌曲最重要詮釋者之一。

音爆裂開來，甚至在厚實的文字中牽動不幸：沒有任何人可以否認這是特別令人難受的苦痛。很不幸地，這個動機的同義疊用（pléonasme）扼殺了字詞與音樂，以及最主要的、兩者的結合，這甚至就是聲樂藝術的主體。對音樂來說就是這樣，就像其他藝術形式一樣，包括文學也是：藝術表達的最高形式在於字面形式，也就是最終會出現某種抽象結構，一切形式都必須趨於抽象，而我們很清楚，抽象化絕不會與感官功能完全相反。

這正是布爾喬亞藝術所拒斥的；它總是想把消費者當成幼稚無知的人，需要為了這些傻瓜「做點準備工作」，還要把動機說得明白過頭，很怕他們理解得不夠好（但藝術也是一種曖昧，在某種意義上總是在駁斥其自身的訊息，特別是音樂——嚴格說來——從來就不悲不喜）。藉由濫用帶有生動感的語音效果來強調字詞，想要讓 *creuse* 這個字的喉頭音成為劃開土壤的十字鎬，然後讓 *sein* 這個字的齒間音成為穿透一切的輕柔[2]，這就是在練習一種意圖、而非描述的字面性，就是建立一些過度使用的趨同一致。此外，容我再次提醒，通俗劇的精神，也就是屬於蘇才的詮釋方式，正是布爾喬亞所獲得的產物之一：我們可以在傳統演員的表演藝術當中，發現這種意圖的滿溢超載。我們知道，這些演員都是布爾喬亞文化所培訓出來、也為之獻身的演員。

這種語音學上的點畫法，賦予每一個字母一種不合宜的重要性，有時候會觸及荒謬：這是一種的可笑的**故作正經**（*solennité*），必須藉由*solennel* 兩個重複的 *n* 才得以成立，這是一種有點令人作嘔的**幸福**（*bonheur*）[3]，透過這種字首的誇張表現，把幸福這個字從口中吐出來，像吐果核一樣。這就回到了一則堅定不移的神話，我們在討論詩的時候談過這一點：把彙整起來的細節加上去，來構想藝術，就是具備完整的意義：蘇才的點畫法之完美，幾乎可以對等於小貓圖薇對細節隱喻的喜好，或是在《香特克萊》（*Chantecler*）（一九一〇年的作品）劇中羽毛片片疊加製作出來的鳥類服飾。在這項藝術中，有一種經由細節產生的恫嚇效果，這當然與寫實主義背道而馳，因為寫實主義以標準化為前提，也就是要具備結構、因此得有個限度。

這種分析式的藝術注定失敗，特別在音樂上更是如此，因為音樂的真實性永遠只能表現在呼吸、韻律，而非語音之上。若是這樣，蘇才的斷句法就不斷被字詞過度的表現所摧毀，這個字詞的用意是在沒有歌曲縫紉的平面上，灌輸一種知識上的寄生秩序。我們在此似乎碰

2　Creuser此字的cr-自喉頭發音，且creuser原就有「挖掘、掘土」之意，與「劃開土壤」產生彼此呼應的文字遊戲效果；而sein（中間、胸口）的讀法是以s為首的齒擦音，故有「穿透齒隙、撫掠胸膛的輕柔」。此為譯者推斷巴特之意，權供參考。

3　與前註creuser、sein同一邏輯的語音遊戲引申。

到了音樂實踐的主要困難：讓音樂內部區塊的細微差異凸顯出來，無須任何代價，不自外部強加其上，像一個純然的智力符號——一種流於聲色的音樂真實感，一個自足的真實感，無須忍受**表現力**的折磨。這就是為何那些非凡樂手的詮釋表現常常令人無法滿意：他們的散板（*rubato*）表現得太過驚人，看得出來這是一心投入意義的結果，卻摧毀了在其身上一絲不苟地包含了自身訊息的組織結構。有些業餘演唱者，甚至某些專業歌唱家，他們懂得如何找回我們或可稱之為「音樂歌詞整體文本」的東西，就像潘澤哈（Panzéra）[4]的演唱或李帕第（Lipatti）[5]的鋼琴演奏，他們有辦法不為音樂加上半點**意圖**：他們不會在每個細節周邊假獻殷勤地瞎忙，這與總是粗心大意的布爾喬亞藝術風格截然相反。他們對轉瞬之間可以決定一切的音樂材料深具信心。

4　瑞士著名男中音（1896-1976）。被視為二十世紀最偉大的古典歌唱家之一。

5　羅馬尼亞傳奇鋼琴家（1917-1950）。

49 塑膠

儘管「塑膠」這個字的命名跟古希臘牧羊人有關（聚苯乙烯、酚醛樹脂、聚氯乙烯、聚乙烯）——我們才剛在一項展覽集中展示塑膠製品——但它最主要依然屬於一種煉金術式的物質。在展攤入口處，會眾大排長龍，特意要爭睹神奇現象的完成：一場物質的轉換；一座理想完美的、接著管子的狹長機器（這個型態最適合用來凸顯一段路徑的奧祕）輕而易舉地從一堆暗綠色的晶體中，抽出閃閃發亮、刻有凹槽的收納盒。一邊是未經雕琢、初具形貌的大地原質，另一邊則是完美、人性化的物體；在這兩個極端之間，什麼都沒有；只有一條路徑，操作人員戴著頭罩，謹慎、費勁地監管著這條路徑，他一半像神、一半像機器人。

這樣看來，塑膠就不只是一種物質而已，它甚至是一種無盡轉換的概念，它是——正如其俗名所傳達的——我們可以親眼目睹的普遍存在；也正因為這點，它才堪稱一種奇蹟般的物質：奇蹟永遠是一種自然的突發轉換。塑膠依然全盤浸潤在這股驚奇當中：與其說它是物品，不如說它是動作的痕跡。

而且動作在此幾乎無窮無盡，將原始晶體轉變為更加令人驚嘆的大批物件，也因此，塑膠總是一項有待解碼的奇觀：它最終所製造出來的奇觀。在每一個最後成形的形式面前（箱子、刷子、車身、玩具、布料、管子、盆具或紙張），心靈不斷使原始物質成為謎團。那是因為塑膠的急速變裝力（**frégolisme**）是全面的：它能形塑桶子，也能打造珠寶。永恆的驚奇感由此而生：人們看到物質增生蔓長時蘊含的夢想、突然捕捉到物質的單數來源及複數效果之間的連結。這股驚奇令人備感幸福，因為人是根據物質轉換的程度來評估他自身的能力，甚至塑膠生產的路徑，更賦予人一種在自然當中滑動的誘人滿足感受。

但這項成果的代價就是，雖然塑膠昇華為一個動作，卻幾乎不是一種物質的存在。它的結構是否定（**négatif**）的：既不堅硬，也不深厚，它必須在實用的方便效益之外，擁有一種中性的實體特質——**耐力**，此一狀態講求一種放任隨意的純粹懸念。在主要物質的詩學秩序中，塑膠是一種失寵的材料，在橡膠的迸發以及扁平堅硬的金屬之間敗下陣來：它並未完成任何礦物類型（泡沫狀、纖維狀、層次分明）的實體產品。它是一種**變質後**的物質：不論它所表現出來的最終狀態為何，塑膠都保有一種絮團狀的外貌，某種混濁、奶油狀、凝固的東西，一股無能為力感，因為它永遠無法達致自然那種威風凜凜的光滑型態。但是最違背這種感覺的東西，就是它發出的聲音，既空洞又呆板；它的雜音解構了它，它的顏色也有同樣效果，因為它似乎只能固著在一些最具化學感的色彩之上：黃色、紅色、綠色，只留住強烈刺激的狀態，純粹作為一種命名，只能展示幾許色彩上的概念。

塑膠的流行在**仿製**（simili）神話中凸顯了一種演化作用。我們知道**仿製**就歷史上來看是一種布爾喬亞的運用方式（最初用於扮裝假冒的衣著起源於資本主義濫觴之刻）；但截至今日，**仿製**依舊帶有自命不凡的意涵，它曾經身為表象世界、而非效用世界的一部分；它曾經力求以最少經費、重製最珍稀的物質：鑽石、絲綢、羽毛、皮毛、銀器等世間一切豪奢閃亮之物。而塑膠卻降低了自身價值，它只是一種家用物材。這是最早容許平凡乏味的神奇物質；但也正是這種乏味，成了它洋洋得意的存在理由：我們首度看到了人造物針對普遍性，而非稀有性。同時，調整了自然的古老功能了：它不再是概念，不再是有待重獲或模仿的單純物質；有一種人造物質，它比全世界的礦藏更為豐富，將會取代自然的功能，甚至支配形式的創發。一個奢華的物件總是來自於大地，總是以可貴的方式，召喚自身礦物或動物的本質，而在大自然的這項主題中，這個物件僅僅是一樁現實。塑膠在使用的過程中被全盤吞沒、耗盡：說到底，人們將來依然會發明出「使用的本身便是一大樂事」的物品。廢除了物質的階級排序，單一物質取代了全部物質：這整個世界，乃至生活本身，都**可以**被塑膠化，因為，似乎有人已經開始製造塑膠動脈了。

50 人類的大家庭

巴黎舉辦了一場大型攝影展，展覽目的在於呈現全世界各個國家日常生活中人類姿態的普世性：出生、死亡、工作、學習、遊戲，在世界各地硬要呈現出同樣的行為——表示確實存在一個人類的大家庭。

無論如何，「人類一家」（*The Family of Man*）就是這次來自美國的展覽的原始標題。法國人將它翻譯成「人類的大家庭」（*La Grande Famille des Hommes*）。如此一來，一開始可以被視為屬於動物學範疇的表達方式，只考量了行為的純粹相似性與族類的統一性，在此卻大幅地道德化與情感化。我們打從一開始就求助於這則人類「共同體」的曖昧神話，為我們大部分的人文主義提供了託詞藉口。

這則神話的作用分成兩個階段：我們首先確認了人類之間體態的不同，過分強調異國情調，展現人類種族無窮無盡的差異，諸如膚色、頭型、習俗的多元性，我們隨意把世界打造成巴別塔式的混雜形象。其次，我們再從這種多元性中，神奇地抽取出統一性：人類在所有地方都以同樣方式出生、勞動、歡笑與死亡；如果在這些行為中依然存在一些民族的特殊性，則我們至少暗示了在每個民族的實質深處，都蘊含著相同的「本性」，它們的差異只關乎形式，並不否認共同母體（matrice）的存在。這當然又回到了人類本質的假設之上，這下子上帝再度被引入展覽場了：人類的多樣性宣示了上帝的大能與富饒；人類行為的統一性展現了上帝的意志。由安德烈．尚松（André Chamson）先生撰寫的展覽手冊向我們吐露的就是這件事，他斷言道：「這道投向人類處境的目光，必定有些類似上帝對我們可笑卻高尚的蟻窩的仁慈凝視。」

搭配展覽手冊每一個章節的引文，都凸顯了唯靈主義的意圖：這些引文通常都是「原始的」格言及出自《舊約聖經》的詩句、經文；它們全部都在界定不朽的智慧，以及掙脫了歷史束縛的斷言的範疇：「大地是永生之母，吃下麵包與粗鹽，宣講真理，等等。」；這是格言式真理的國度，人類世世代代匯合在其一致性最中立的層面上，在那裡，不證自明的道理只有在純粹「詩意」的語言中才有意義，在別處則毫無價值。這裡出現的所有影像內容與拍攝效果、解釋它們所用的話語，一切都是為了消除歷史的決定性重負：我們被一致性的表面所吸引，甚至任情感阻止我們穿越這片人類處境的未來地帶，在那個地方，歷史的異化將引入「差異」，在此簡單地稱其為「不公不義」。

這則關於人類「處境」的神話奠定在一個非常古老的神話製造過程上，就是始終把**自然**作為**歷史**的基礎。一切傳統的人文主義都假定，只要輕輕觸及人類的歷史、觸及人類制度的相對性與人類膚色的表面多元性（但何不問問艾梅．提爾〔Emmett Till〕的父母〔提爾是一位被白人殺害的年輕黑人〕，他們對「人類的大家庭」是怎麼想的？），我們很快就能抵達普世人類本質的深處岩層。進步式的人文主義則正好相反，它總是想顛倒這個極其古老的騙術的措辭，不停地磨洗自然以及自然的「法則」與「局限」，以便在其中發現**歷史**，最終把**自然**本身確立為歷史。

有沒有具體例子？在這個攝影展中就有不少。生生死死？是啊，這些都是自然會發生的事實，是普世共有的事實。但是，如果我們從這些事實中移除了歷史，就沒什麼好說的了，對它們的評論將變成純粹的套套邏輯句法；在我看來，攝影展很明顯失敗了：嚴格說來，**反覆呈現**死亡與誕生，其實無法啟發什麼。為了讓這些自然的事實能夠進入真正的語言中，必須將它們納入一個知識的範疇中，意思就是，假定我們有能力轉換它們，並將其自然性明確地提交給我們人類來評判。因為無論它們多麼普遍，都只是歷史紀錄的符號。當然，**每天都**

有新生命誕生，但是在人類問題一般容納的範圍中，以其存在模式（這些模式也完全帶有歷史的屬性）為代價的這個誕生行為的「本質」，對我們來說如此重要嗎？孩子出生時順利還是難產？生產過程是否讓母親受苦？是否容易夭折喪命？將面對何種未來命運？這些都是展覽應該告訴我們的事，而非僅僅呈現關於誕生本身、沒完沒了的抒情詩。對於死亡也是一樣的道理：難道我們必須再次真正歌頌死亡的本質，卻可能因此忘記我們仍有不少抵抗死亡的方法？我們應該頌揚的，是這股依然青春、過度蓬勃的力量，而非「自然」死亡枯燥貧乏的一致性。

而針對「工作」這項主題，我們又能說些什麼呢？展覽將它安置於龐大的普世現象之列，讓它與誕生及死亡的主題並陳，有如它們明顯屬於同一種命運的範疇。工作是一種古老的現象，這絲毫不妨礙它持續作為一項完整無缺的歷史事實。首先，依循工作的模式、動機、結果、利益，乃至於僅憑純粹的動作一致，就混淆了移民工人與西方工人，這顯然不太公平（何不也問問巴黎金滴區〔Goutte-d'Or〕[1]的北非勞工對「人類的大家庭」的想法？）。其次，遵循工作本身命運之必然：我們深知，當工作在「能帶來利潤」的情況下，才是「自然」的，而透過改變利益的必然性，也許我們有朝一日能夠改變工作的必然性。展覽應該對我們述說的是這種歷史化（historifié）的工作樣貌，而非勞動行為沒完沒了的美學呈現。

因此，我非常擔心這種亞當主義（adamisme）[2]最終將會證明，它無法對世界的靜止不動狀態做出「智慧」與「抒情」的擔保：它們讓人類的行為化作了永恆的姿態，其實只是為了使其失去作用。

1 位於巴黎十八區、蒙馬特東邊的街區。該區有大批阿拉伯及北非移民。

2 一個基督教派別，約於西元一、二世紀興起，主張在公開場合裸體不穿衣，以示自身純淨無染。

51 在雜耍歌舞劇場

不論哪種劇場，它的時間總是連續不斷。而雜耍歌舞劇場的時間，在定義上是不連貫的；它的時間是當下立即的。這就是**綜藝表演**（variété）之意義所在：舞臺的時間是精準、真實、如恆星般穩定運行的時間，是事物本身的時間，而非可預料的時間（悲劇時間）或必須重溫的時間（史詩時間）。這個字面上時間的好處是，它對動作提供了最大的效用，因為顯然動作只有從時間被切斷的那一刻起才會以表演的形式存在（這點我們在歷史畫作中看得很清楚，在畫作中，人物被捕捉下來的動作，也就是我在別處所提過的**內在靈力**〔*numen*〕，中止了時間的流動）。說到底，綜藝表演不僅是一套簡單的娛樂技巧，而是一種人為的情境（就波特萊爾式的意義而言）。在表演持續到令人發膩的時刻停止動作，在最高峰、最終極的狀態下呈現它，讓動作帶有一眼即可看得清清楚楚的特質，讓動作脫離一切目的，將動作視為表演而非象徵意義，拚命消耗它；這些就是雜耍歌舞劇的原始美學。（變戲法者的）物品與（雜技演員的）動作被時間所淨化（既有感染力〔pathos〕，亦具備理性〔logos〕），像閃亮的純粹煙火，並非來自一個精神性被絕對淨除的世界——更不用說波特萊爾對大麻冷靜精準的看法——，因為那個世界的確拋棄了時間。

所以，在雜耍歌舞劇場，一切都是為了製造一種對象與動作的真實推銷（在現代的西方國家，這只能透過抗拒心理表演來完成，尤其是對戲劇的抗拒）。一齣雜耍歌舞劇節目，幾乎總是由一個動作與一件素材的對接所構成：溜冰選手與他們上漆的跳板，雜技演員交換身體位置，舞者與蹬技演員（我承認我特別喜歡看蹬技表演，因為表演者的身體展現了不慌不忙的悠然姿態：不像在純粹的特技表演中，人必須化身成堅硬的物品、猛力彈射出去；蹬技演員必須非常柔軟、堅實，任憑短小細微的動作擺布），搞笑的雕塑家及他的彩色黏土，魔術師吞紙、咬絲、啃菸頭，扒手把手錶跟錢包摸走，諸此種種。然而，動作與動作施為的對象是一種價值的天然素材，這項價值只能透過雜耍歌舞劇（或馬戲團）才能展現在舞臺上，那就是工作。雜耍歌舞劇，至少就其**五花八門**的面向來看（因為歌唱已經變成美國明星的特色，它屬於另一個神話），就是工作的美學形式。每一場演出都表現得像賣力的演練，或是一種勞動後的結果：有時候，出現在眼前的動作（手技、雜技、啞劇）就像一夜苦練之後的最終成果展現，有時候，工作（畫家、雕刻家、幽默家）從一開始就在觀眾面前完全重現。

總之，一樁嶄新的事件出現了，而這樁事件是由賣力演出之後的完美脆弱所構成。或者說，是一種更細緻的技巧，就在演員賣力到最高潮的那個瞬間被觀眾捕捉到，那是一個幾乎不可能出現的一刻，那一刻完美成就了自己，也同時準備吞沒自己，卻並未完全放棄失敗的可能風險。在雜耍歌舞劇表演中，我們**幾乎**得到了一切；但正是這個**幾乎**，使表演得以成立——儘管有預先準備的做作成分——且讓表演保留了代表工作意涵的效力。因此，雜耍歌舞劇表演所要展現的，並不是動作的結果，而是它表現的模式，這是它看似成功的表象之外另一個精妙之處。這就是讓人類歷史的矛盾狀態成為可能的一種方法：在藝術家的動作中，我們不但可藉過去的名義，看出艱苦勞作的大致肌理，也能一睹簡易動作的靈動翻飛，這動作好似來自神異奇幻的天邊：雜耍歌舞劇場就是紀念、並昇華人類勞動萬象之處；危險與努力同時產生象徵效力，被歸入諧趣與優雅之下。

理所當然，雜耍歌舞劇場必須有一股高深的魔力，把勞動所有的粗糙層面抹除殆盡，只留下它的大綱概要。在這個地方支配一切的是閃亮的彩球、輕巧的魔杖、管狀的家具、化學絲綢、刮出刺耳聲的粉筆與閃閃發光的大頭棒；在此，視覺上的奢華享受展現了**靈巧的天賦**，被安置在物體的明亮以及動作的連續不斷當中：有時候人是被豎立起來的支撐物，一名女子如樹枝一般，順著樹幹滑下來：有時候則是整間秀場共享那股激動奔放又沉重的體感，並未被征服，但因為氣氛反彈而昇華了。在這處閃耀著金屬光澤的世界裡，一些關於萌發的古老神話突然湧現，為這個呈現工作形象的表演，提供了一些非常古老的自然動作的擔保，自然一直都是連續的形象，總之就是，簡單的形象。

所有這些神奇的肌肉展現基本上都是走都市風的：雜耍歌舞表演會成為盎格魯—薩克遜地區的特殊現象，不無理由，它誕生於一個都市人口突然大量集中、貴格派（quakeriste）[1]關於工作的龐大神話湧現的世界：對物品、金屬、完美動作的推銷，透過表演神奇的抹除功能（而非神聖化的功能），使勞動的形象昇華，如同在鄉野民俗中所見，這一切皆具備都市的人為特性。都市否定了「自然不具形貌」的概念，都市將空間簡化成由堅硬、閃亮的物件所構成的連續體，這些物件被製造出來，而藝術家的行為恰好賦予了它們富含人性思想的、引人入勝的身分：尤其是當工作變成神話之後，會創造出令人開心的題材，因為，此時，工作似乎以蔚為奇觀的方式開始思索這些題材：金屬化、被拋向空中、接住墜落之物、巧手操控，這些閃亮耀眼的動作，與身體姿態不斷對話，物品此時失去了它們陰沉頑固的荒誕特性：這些物品雖然是被當成工具使用的人造之物，卻有那麼一刻，它們終於不再**令人厭倦**。

1　基督新教支派，成立於十七世紀英國。該教派堅決反對奴隸制，在美國南北戰爭前後的廢奴運動中起過重要作用。

52《茶花女》

我不知道世界上哪個地方還在演出《茶花女》（*La Dame aux camélias*）（不久前才在巴黎上演過）。這部戲的成功提醒了我們，有一種愛情的神話可能還在延續，因為女主角瑪格麗特・戈蒂耶（Marguerite Gautier）在面對支配者的階級時的異化處境，與今日小布爾喬亞階級的女性面對同樣講究階級劃分的社會處境，並無根本上的不同。

不過，其實《茶花女》的核心神話並非愛情，而是獲得認可，瑪格麗特愛別人是為了得到認可，她的激情（就「激情」這個字的字源意義來看，而非情感上的意義）因而完全來自他人。阿爾芒（Armand Duval）（稅務局長之子）則體現了布爾喬亞的傳統愛情，繼承本質主義的文化，這種形象後來延續到了普魯斯特的分析中：這是一種隔離式的愛情，占有這份愛的人奪走他的戰利品；一種內化之愛，斷斷續續地認知外部的世界，卻總是感到失落，似乎這個世界永遠只是竊取的前兆（忌妒、不和、誤解、擔憂、疏遠、情緒起伏等等）。瑪格麗特的愛則截然相反。瑪格麗特一開始因為覺得阿爾芒**承認**她，大受感動，對她來說，隨之而來的激情只不過是這份認可的持續激勵罷了；這就是為何瑪格麗特同意杜瓦先生的要求（被迫跟阿爾芒絕交）所做的犧牲，絲毫不具備道德涵義（儘管有這樣的用詞），反而含有存在的意義；這項犧牲只是「認可」的前提合乎邏輯的結果，一種讓自己被支配者的世界承認的進階手段（比愛情更為高超）。瑪格麗特如果想隱藏她的犧牲，為其戴上犬儒主義的假面具，可能只有在故事情節真正變成文學之時才可能發生：布爾喬亞認可的目光此時轉移給讀者，輪到讀者**認可**瑪格麗特，即使這要透過她對情人的誤會來達成。

這就表示，推動情節向前開展的各種誤會在此並不屬於心理學範疇（雖然故事的語言也如此不當地使用）：阿爾芒與瑪格麗特不屬於同一個社會階級，兩人之間既不涉及拉辛式的悲劇，也不涉及馬里伏式的愛情喜劇（marivaudage）。衝突來自外界：我們面對的不是同一種激情的內部分裂，而是兩種本質不同的激情，因為兩者來自不同的社會環境。阿爾芒的激情屬於布爾喬亞式的、歸於自身的激情，本質上會對他人產生危險；而瑪格麗特的激情只能透過犧牲來獎勵她為了得到承認所付出的努力，這份犧牲反而構成了對阿爾芒激情的間接謀殺。單純的社會差異，被兩種愛情意識形態的對立所替代、擴大了，因而此處只會產生一種不可能的愛情，瑪格麗特之死（雖然在舞臺上顯得極度煽情），在某種程度上是這種不可能之愛的代數象徵。

兩種愛情的差異顯然來自兩種清醒意識的差異：阿爾芒活在愛情的本質與永恆中，瑪格麗特則活在她自身異化的意識中，她只能依此而活：她自知會成為交際花，在某種意義上，她也**自願**成為交際花。而她使自己適應社會的行徑，也完全是為了獲得認可的行徑：時而過度地承擔與自身相關的傳聞，深陷交際花世界一般常見的漩渦之中（有點類似雞姦者透過公開承認自身行為來坦承自己的特質），時而施展超越自身的力量，旨在使人承認她對自身處境的奉獻投入，而非承認某種「自然的」美德，彷彿她的犧牲具備一項功能，也就是不讓交際花顯露對他人造成的危險，反而以一股高尚的布爾喬亞情感，展現高級妓女的姿態，不喪失任何自我特質，卻同時身價高抬。

我們看到這種愛情的神話內涵逐漸清晰，它是小布爾喬亞的情感原型。這是一種非常特殊的神話型態，它被一種半清醒的意識所界定，說得更準確一點，被一種寄生的清醒意識所界定（我們在談論占星術現實面的時候，已經指出同樣一種情形）。瑪格麗特對自身的異化**心知肚明**，換言之，她把現實視為異化。但是她藉由純粹的卑屈行為來延續這份認知：她要嘛扮演主人期望她扮演的角色，要嘛試著與這個支配者世界特有的內部**價值**契合一致。在前述兩種狀況下，瑪格麗特都只具備異化的清醒意識而已：她明白自己身心煎熬，但除了繼續寄寓在這份自身的苦痛當中，她想不到更好的解方。她知道自己是一件物品，但除了用來填滿主人的博物館，她也想不出其他功能。儘管情節設定有些怪異，這類人物並不缺乏一定的戲劇張力：她的確不具悲劇性（施加在瑪格麗特身上的命運重壓，是社會性的，而非形而上的），也不具喜劇性（瑪格麗特的行徑源自其身分，而非其本質），當然更不具革命性（瑪格麗特對自身的異化狀態沒有一句批評）。不過，瑪格麗特其實不需要太多準備，就能達到布萊希特式的人物狀態，成為異化的對象，也是批評的來源。然而，使她無可挽回地遠離這種布萊希特式狀態的，是她的正面積極性；瑪格麗特．戈蒂耶以自身結核病的痛苦及優美的言語「打動」人心，迷住了所有觀眾，將自己的盲目糊塗傳達給他們：這真是太可笑、太傻了，她本來大可讓小布爾喬亞觀眾睜開雙眼的，結果她卻用華麗的詞藻與高貴的姿態，擺出「一臉正經」的樣子，最後，只能讓觀眾昏昏欲睡了。

53 布賈德與知識分子

對布賈德先生來說，誰才算是知識分子呢？主要大概是「教授」（「索邦大學教師、備受尊敬的教育家、地方的知識分子」）與「技術人士」（「技術官僚、綜合理工大學畢業生、身負多元技能者、多面牟利者」）。布賈德一開始會對知識分子如此嚴苛，可能是基於財稅方面引起的怨恨：「教授」就是一名唯利是圖的人；首先，他是受薪階級（「我可憐的皮耶侯，你都不知道你有薪水領的時候有多幸福！」*）其次，他們的私人家教收入不用報稅。至於技術人士，則是虐待狂：以財務檢查員令人憎恨的面貌折磨納稅人。但由於布賈德主義試圖立刻建構其重要的原型，很快就把知識分子從財政範疇轉移到神話的範疇。

* 本篇大部分引文皆出自布賈德的著作《我選擇了戰鬥》（*J'ai choisi le combat*）。

猶如所有的神話之物一樣，知識分子具有一般主題的特性、實體的特性：**空中**，也就是（雖然這項屬性並不非常科學）**虛空**。知識分子高高在上，在天邊翱翔，他不「貼近」現實（現實，顯然就是指「大地」這個模糊曖昧的神話，它同時代表了種族、鄉村、外省、常理及芸芸眾生等等）。有一位餐廳老闆經常接待知識分子，並稱他們為「直升機」，這副形象帶有貶低的意味，收回了飛機飛越天空所夾帶的雄渾剛強之力：知識分子脫離了現實，但滯留空中，在原地繞圈打轉；他懦弱怯怕，不敢放膽飛升，同時遠離了宗教的浩瀚天穹以及常識的堅實大地。他所缺乏的，是民族之心的「根源」。知識分子並非理想主義者，也非現實主義者，而是憂鬱的「蠢蛋」。他們所在的確切高度是**雲氣渾集**之處，這是阿里斯多芬不斷重彈的老調（那時候的知識分子典型是蘇格拉底）。知識分子懸浮於高廣的虛空，那虛空充塞在他們周身，他們成了「隨風鳴響的鼓」：我們此時看到，一切反智主義必然存在的基礎浮現了——對語言的效用持懷疑態度，將對手的一切言辭簡化為一股噪音，遵循小布爾喬亞既定的論戰程序，亦即揭穿別人的短處，補足他們在自己身上看不到的欠缺，將自身過錯的結果轉嫁給對手，將自身的盲目糊塗稱為對手的晦澀難解，將自身的重聽說成是對手講話顛三倒四。

「高等」心靈的高度在此又一次被同化為抽象概念，當然是以共同狀態為媒介，而與高度及概念相呼應，這個概念就是高處的稀薄感（raréfaction）。這是一種機械式的抽象化，知識分子只是思考的機器（他們所缺乏的，不是溫情主義哲學所謂的「心」，而是「詭計多端」〔roublardise〕，一種由直覺所培養的策略）。這種機械思維的主題自然具備鮮明屬性，強化了其咒術（maléfice）效果：首先是嘲笑（在布賈德面前，知識分子都是懷疑論者），其次是惡意，因為從抽象化的角度來看，機器是一股虐待的力量：利佛里街的公務員都是「壞蛋」，他們以折磨納稅人為樂，是體制的幫兇，具有該體制冷酷無情的錯綜複雜性，而這種缺乏創意及不增反減，米榭勒在論及耶穌會傳教士的時候，早已高聲喊出。然而，布賈德眼裡的綜合理工學院畢業生，就有如往昔自由主義者眼裡的耶穌會傳教士：他們是一切稅制之惡的來源（藉助**利佛里街**的勢力——**利佛里街**是罪惡淵藪的委婉代稱）[1]、體制的構建者。此後他們便如行屍走肉，聽從體制使喚。以耶穌會的用語來說，就是「像一具死屍一樣（至死不渝）」（*perinde ac cadaver*）。

這是因為，對布賈德來說，科學往往出人意料，可能走向極端。一切人類的行為，即便在心智層面，也只以「量」的名義存在，僅需將其體積與一般布賈德主義者的容量相比，便

1　前法國財政部所在地。

可稱其為「過量」：科學的**過量**或許正是其功效之所在，而科學也或許正是在布賈德覺得它毫無用處的地方開始發端。但這種量化對布賈德式的修辭術來說極其珍貴，因為它孕育了綜合理工大學畢業生這類怪胎，他們掌握純粹、抽象的科學知識，且只能以懲罰方式付諸實行。

布賈德對這群人（以及更前面提到的知識分子）的評語並不令人失望，它當然可能「矯正」「法國的知識分子」。讓知識分子受苦的，是畸形發展（所以我們可以拿它來開刀），也是在小商人智力的正常容量之上，添加過度沉重的闌尾：這根闌尾頗為稀奇，也是由科學本身構成的，既客觀化、也概念化，是沉重的質料。它黏附在人身上，或從人身上被抹去，好像是可隨時加減的小蘋果或一小塊黃油，雜貨店老闆用來加加減減，以求得準確的分量。綜合理工大學畢業生被數學搞得暈頭轉向，這句話的意思是，跨越了某個科學劑量，就觸及了毒藥的「質」的方面。科學脫離了量化的健全界線就失去了威信，在此情況下，我們便無法再將科學定義為**工作**。知識分子、綜合理工大學畢業生、教師、索邦大學教授以及公務員，這些人無所事事：他們是唯美主義者，頻繁出入**左岸的時髦酒吧**，而非鄉下的道地酒館。此處出現了對所有強大體制皆顯珍貴的一個主題：對智力活動與游手好閒一視同仁，將知識分子定義為一名懶鬼，最終必須找個事給他做，把只能依憑其有害過度程度來衡量的活動，改變為一項**具體**的工作，達到可以讓布賈德主義分子能夠測量尺寸的地步。我們知道，說到底，沒有什麼比挖洞或堆砌石頭更訴諸量化（也因此更為有益）的工作了：這才是純粹的勞動，而且這更是所有「後布賈德主義」體制最終順理成章地保留給**游手好閒的知識分子**的工作。

這種勞動的量化，自然會導致體力、肌力、胸耐力、臂力的提升；相反地，頭部是可疑之地，在這種情況下，頭部的產物屬於「質」，而非「量」。我們在此又發現了一般人對大腦所投射的不信任感（我們常聽布賈德這麼說：**魚都是從頭部開始腐爛**），這命定的不幸顯然是因為頭腦本身的位置就偏離核心，位在身體最上端，較接近**頂上雲天**，與**根部**相距甚遠。人們盡情地運用**高級至上**的含混曖昧；於是，整套宇宙起源學建構起來了，不斷玩弄身體、道德、社會之間模糊的相似性：身體對抗大腦，這是小人物的起而反抗，也是精力旺盛的蒙昧者對決高高在上者的鬥爭。

布賈德本人很快就展現出他體力的傳奇：他持有體育教練證書，曾服役於英國皇家空軍（Royal Air Force, RAF），亦身為橄欖球員，這些經歷與他的**價值觀**相符。長官向他的手下獻出基本上可以測量的力量（因為這是他身體的力量），以換取他們的擁戴。因此，布賈德主要的魅力來源（可理解成這是我們透過他而得手的商品之信心基礎），就是他的耐力（「布賈德是惡魔的化身，他從不知疲倦為何物」）。他最初的競選造勢活動，首先就是達到超人境界的體能展現（「他是惡魔的化身」）。這股鋼鐵般的狂力製造了遍在感（布賈德同時在各處現身），甚至使物質都屈倒折彎（布賈德搭過的每一輛車都爆胎了）。不過，在布賈德身上除了耐力之外，還有另一種價值：那就是身體的**魅力**，是在力量—商品（force-marchandise）的力量之外，慷慨獻出的額外魅力，就像一種多餘之物，在非常古老的律法中，買主利用這則附加條件拴住不動產的賣家。這筆「小費」奠定了領袖的形象，展現為布賈德的天縱之才，在這個純粹訴諸計算的布局管理中，為他的優秀特質保留了一個位置，那就是**他的嗓音**。無庸置疑，聲音發自身體最得天獨厚的地帶，該地帶既位於正中央，又發達有力，也就是胸膛，它是這整個身體神話中最優異的「反頭部」（antitête）位置；但是，聲音作為「動詞矯正師」（verbe redresseur）的傳播工具，避開了數量的嚴厲法則：它以其脆弱易碎的特性（也就是奢侈品自命不凡的風險），代替了朽壞磨損的結局（常見物品的注定命運）。對嗓音來說，符合需求的，並非英雄對勞累的藐視、堅毅無情的持久耐力，而是噴霧般的柔細輕拂、麥克風悅耳的輔助。布賈德的嗓音歷經轉移過程後，得到了難以估量、魅力四射的價值，這種價值在其他的神話中，則被移轉到知識分子的大腦裡。

布賈德的副手理所當然應該具有同樣的儀表，略顯粗獷，不過比較不是惡魔的樣貌，而是「強壯結實」：「雄壯的勞內（Launay），前橄欖球員……前臂體毛茂密、強壯有力……沒有瑪利亞之子該有的樣子」，康塔盧（Cantalou），「身型高大，健壯英挺，體格雄偉，目光直視，握手剛強有力、坦誠無欺」。因為，根據一項大家耳熟能詳的融接作用（crase），身材健美是明晰道德的基礎：唯強壯者，方能坦率以對。我們會察覺到，所有這些魅力的共同本質，就是陽剛之氣，其道德代替品則是「個性」；個性是智慧的對手，而智慧沒能被批准進入布賈德主義的天空：它被智慧的一種特殊效能——詭計多端——所取代。在布賈德眼中，英雄是一位既有侵略性又帶點淘氣感的人物（「這是個鬼靈精怪的小伙子」）。這種精明奸巧無論如何聰明，都不會把令人厭惡的理性再度引入布賈德主義的萬神殿中：小布爾喬亞的諸神按自身所好，根據純粹依靠**運氣**的秩序，隨心所欲地展現或藏匿這種奸巧：而且，歸根究柢，這幾乎是一種身體的稟賦，可比動物的嗅覺，它只是力量的稀世之花，一種接收風中信息的敏捷能力（「我御雷達之波而行」）。

相反地，知識分子因為身體方面風致盡失而被責難：孟岱斯（Mendès）**長得跟黑桃A一樣醜**，生作一副**維希**（Vichy）**礦泉水瓶**的模樣（這是對水及消化不良的雙重蔑視）。知識分子整個人躲在脆弱無用、過度發展的頭腦中，承受最深重的身體毛病——**疲勞**——的傷害（疲勞是「頹廢」在肉體上的替代品）：知識分子雖然無所事事，卻「天生就感到疲勞」，與布賈德主義者一樣，儘管勞心苦幹，卻總是精力充沛。我們在此觸及了人體於所有道德層面的內在觀念：種族的觀念。知識分子是一族，布賈德主義者則屬於另一族。

然而，布賈德有一種乍看之下略顯矛盾的種族概念。我們看到一般的法國人是多重混合的產物（耳熟能詳的老調：法國是民族大熔爐）。正是這種多元豐富的民族根源，讓布賈德高傲地反對「永遠不與非我族類之人通婚」的狹隘小集團（當然，我們聽得出來，他指的是猶太人）。他指著孟岱斯．法朗士大聲喊道：「你才是種族主義者！」他接著評論道：「在我們兩人之間，只有他才可能是種族主義者，因為他自己就屬於一個種族。」布賈德澈底實行我們所謂的混融式種族主義，而且不帶風險，因為根據布賈德的說法，如此大肆誇耀的「混融」從來不會混淆杜邦（Dupont）、杜朗（Durand）及布賈德，也就是不會搞混同樣的人。綜合式的「種族」觀念顯然極為珍貴，因為它有時可以把賭注押在融合上，有時則可以押寶在種族上。在前者的情況中，布賈德掌握了以前曾經富含革命精神的老觀念（關於「民族」的觀念），它為法國所有的自由主義思潮提供養分（米榭勒反對奧古斯坦．提耶利〔Augustin Thierry〕[2]，紀德反對莫里斯．巴雷斯〔Maurice Barrès〕[3]等等）：「我的祖先，塞爾特人，阿維爾尼人（Arvernes），所有人都混融在一起。我是人口遷入與外移所造就的民族熔爐之子。」在後者的情況中，布賈德輕輕鬆鬆就找到了種族主義者的根本之物：血統

（此處主要談的是塞爾特人的血統，也就是勒朋〔Jean-Marie Le Pen〕[4]的血統，**牢固的布列塔尼血統**，他們藉著種族的鴻溝與**新左派的唯美主義者**區別開來；或者是高盧血統〔這是孟岱斯所不具備的〕）。就像關於智力的討論一樣，此處我們碰到的是價值隨機分配的問題：某些血統相加在一起（杜邦、杜朗及布賈德的血統）只會產生純正的血統，依然能處在令人心安的秩序當中（同源之人數量總合的秩序）；但是其他的血統（尤其是**無國籍的專家治國論者**的血統）就只是素質上單純的現象，甚至在布賈德主義的天地裡失去影響力；他們無法混融一體，達到成為大部分法國人之救贖的地步，無法融入這群「庶民」，這批人在數量上占盡優勢，與「崇高卓越」的知識分子的疲乏形成了對比。

在強健者與疲憊者、高盧人與無國籍者、平凡者與崇高者之間的這種族群對立，其實很單純，就是外省與巴黎之間的對立。巴黎是法國一切缺陷的縮影——體制、殘暴、理智、疲乏：「**巴黎是隻怪物，因為那裡的生活偏離常態：不分晝夜的紛亂忙碌，令人厭煩，使人**

2 法國歷史學家（1795-1856）。被視為最早深入研究「歷史原始檔案」的學者之一。

3 法國小說家、散文家（1862-1923）。受象徵派影響甚大，尤其是波特萊爾。

4 法國極右派政治家（1928-）。一九七二創立極右翼政黨「民族陣線」，多次競選法國總統，二〇〇二年更進入總統大選第二輪投票，輿論震撼。二〇一一年，勒朋卸任黨魁，由女兒瑪琳・勒朋（Marine Le Pen）接手。

變笨，等等。」巴黎具備同樣的毒性，基本上是性質方面的實體（布賈德沒想到他在別處說得這麼好——他稱之為「辯證法」），我們看到，這個實體與「常理」的數量世界相互對立。正面迎戰「性質」是布賈德的關鍵考驗，是他的破釜沉舟之役：**上巴黎去**（monter sur Paris），到那裡迎回被首都生活腐化的外省溫和派議員；他們是自身種族真正的叛徒，族人在村落的岔路口等待他們歸來。這項冒險之舉，與其說是對政治擴張的定義，不如說它界定了一場壯大的種族回流。

面對如此糾纏不休的質疑，布賈德是否能夠保全知識分子的某一種形式，為之賦予一種理想的形象，換句話說，他是否有辦法設想一種布賈德式的知識分子典型？布賈德只告訴我們，唯有「擔當得起知識分子之名的知識分子」方能躋身他的奧林帕斯諸神行列。如此，我們就再度回到透過同一性而成立的那項著名定義（A＝A）。我在此處及先前多處都稱之為套套邏輯，也就是「什麼也沒說」。一切的反智主義便如此以語言之死收場，也就是以社會交流的破壞作結。

布賈德主義的大部分主題看似極其矛盾，卻都是逐漸弱化的浪漫主義主題。當布賈德想要定義人民這個概念時，他大量引用了《呂．布拉斯》（*Ruy Blas*）序言裡的文字：布賈德眼中的知識分子，大概就是米榭勒所描述的法學家及耶穌會修士那類人，枯燥乏味，自視甚高，胸無點墨，貪笑他人之短。這乃是因為今日的小布爾喬亞繼承了往昔自由派布爾喬亞意識形態的遺產，正是後者這種意識型態幫助小布爾喬亞提升了社會地位：米榭勒的溫情主義蘊含了許多反動思想的萌芽處。關於這一點，巴雷斯老早心知肚明。若不考慮才華上的差距，布賈德應該還是能在米榭勒一八四六年作品《人民》（*People*）書中的某些頁面，留下一點什麼印記的。

　　這就是為何，在關於知識分子的這項明確問題上，布賈德主義遠遠超越了布賈德本人；反智主義的意識形態掌控了風雲變化的政治圈，未必要身為布賈德主義者才會對概念表示痛恨。因為此處所瞄準的，是可以說明清楚的、涉入政治的文化形式，而得以保全下來的，是「天真無害」的文化，其中這股無知傻勁，讓專制者可以為所欲為。這就是為何作家（就其本意而言）並未被布賈德主義的大家庭排斥在外（有些頗具名氣的作家還在自己的作品上寫下拍馬屁的題詞，寄給布賈德）。被指責的，是知識分子，他們代表一種良知，說得更好聽一點，是一道**目光**（布賈德在某處曾經回憶，他如何在剛上中學時，受同學檢視的目光所苦）。「請大家不要盯著我們看」，這就是布賈德式反智主義的基本原則。只不過，在人種學家的角度看來，歸併與排斥之舉顯然是相輔相成的，而且，在某種意義上（當然不是布賈德心中真正所想），布賈德仰賴知識分子，因為如果他指責他們，也是以「眩惑眾人耳目的惡行」為名義來定罪：在布賈德主義的社會裡，知識分子的戲份是扮演被詛咒（卻不可或缺）的失格巫師。

第二部分

今日神話

在今日，何謂神話？我會立即給出一個非常簡單的初步回答，它完美地符合了語源學的意義：**神話是一種言談**（parole）*。

* 人們可能會用**神話**一詞其他成千上百的意思來駁斥我。不過我試圖追求的，是界定事物，而非界定語詞。

1 神話是一種言談

當然，這不是隨便哪一種言談：語言必須具備特殊條件，才會成為神話。我們馬上就會看到。但首先必須提出的是，神話是一種溝通系統、一種訊息。我們藉此可以理解，神話不可能是一個物品、一項概念、一種想法，它是一種溝通模式、一種形式。之後必須對這種形式劃定歷史的界線、使用的條件，將社會重新投注到這種形式之中：這並不妨礙首先必須將社會描寫為一種形式。我們會發現，自認為能在神話對象之間作出實質上的區分，根本就是種錯覺：既然神話是一種言談，那麼，必須透過**話語**（discours）表達的一切事物皆可成為神話。神話並非透過其訊息所針對的對象來定義，而是透過其表達的方式來定義：神話有形式上的界線，卻沒有實體上的界線。這麼說來，一切事物都可以是神話？我想是的，因為宇宙帶有無限的暗示。世界上的每一個事物都可以從一種封閉、緘口不言的存在，轉變為適合社會自由使用的口語狀態，因為不論是否合情合理，沒有一條法則會禁止談論各種事物。一棵樹就是一棵樹，這點毫無疑問。但是經由小貓圖薇之口所說出來的一棵樹，就不再只是一棵樹，它經過裝飾，適用於某種「消費」行為，飽含了文學的自滿、反叛與形象，總之充滿了添加到純粹物質中的社會**用法**（usage）。

當然，一切事物並非同時表達出來：某些事物會在一段時間當中被神話言談捕獲，接著它們就消失了，以其他事物取而代之，提升為神話。是否有某些事物**必定**夾帶暗示，如同波特萊爾關於女人的暗示？當然沒有：我們可以設想一些相當古老的神話，但永恆的神話並不存在；因為正是人類歷史將現實事物轉變為言談的狀態，是歷史，且唯獨歷史，掌握了神話語言的生死大權。無論神話是否久遠，都只能具有一種歷史基礎，因為它是由歷史所選擇的言談方式：神話不可能從事物的「原始狀態」中突然湧現。

這種言談是一個訊息，所以它除了口頭形式以外，還可以是其他的事物，可由文字書寫或表現方式所構成：不只是寫下來的話語，還可以是攝影、電影、報導、運動、戲劇表演、廣告，這一切都可以作為神話言談的載體。神話無法透過其對象或材料定義自身，因為任何材料都能被任意賦予意涵：好比我們「攜箭以示挑釁」，這也是一種言談。毫無疑問，在感知的範疇中，圖像與文字並不會激起相同類型的意識；圖像本身就有各種解讀的方式：圖表比畫作更適合表達意義，仿作勝過原作、漫畫優於相片，都是同樣的道理。更準確地說，重點不只是再現的理論模式，關鍵在於**這個**形象被賦予的**這種**意義：神話言談由**已經**精心準備好的材料所構成，目的是為了更恰如其分地傳播訊息。這是因為所有的神話材料，不論是再現性或文字性的，都預設了一種產生意義的意識，我們可據此對這些材料思考一番，卻無須理會材料本身的內容。這種材料並非無關緊要：圖像反倒比文字更有強制力，它突然強加了意義，而非對意義作出分析、讓意義四散。但這已不再是一種構造上的差異。圖像一旦具備意義，就成了一種文字：與文字一樣，圖像也引出了**陳述**（lexis）。

因此，從現在起，我們可以把**語言**（langage）、**話語**（discours）、**言談**（parole）等概念，理解為意義上的所有單位（unité）或綜合（synthèse），不論它是語詞上或視覺上的：對我們來說，一張照片與一篇報紙上的文章，都是一種言談；如果物品本身意指某物，也會成為言談。何況，這種用來設想語言的一般方式，也透過文字本身的歷史來證明：早在字母發明之前，類似印加人的結繩記事（kipou）或類似圖畫文字（pictogramme）的圖案描繪，都是有規則可循的言談。這並非意味我們必須用對待語言的方式去對待神話言談：實際上，神話屬於已拓展到語言學的一門一般科學，這門科學就是**符號學**（sémiologie）。

2　神話作為符號學系統

作為對言談的研究，神話學只是牽涉廣泛符號科學的一部分（這門學問由索緒爾〔Ferdinand de Saussure〕[1]於四十多年前以**符號學**之名設想出來）。當時符號學尚未成形。然而，在索緒爾之後——甚至有時候也未必倚賴他——當代研究的一大部分不斷回歸「意指作用」（signification）的問題：精神分析、結構主義、遺覺心理學、某些文學批評的新嘗試（巴舍拉已提供不少範例），都不願意再研究事實，只想研究事實的意義。但是，想要以意義為前提，就必須求助於符號學。我的意思並不是符號學可以闡釋所有這些研究：因研究的

1　瑞士語言學家（1857-1913）。他是現代語言學之父，將語言學塑造為一門影響巨大的獨立學科，深刻啟發了結構主義，亦延伸、創立了符號學。

內容各不相同。但它們有一個共通的身分，它們都是關乎價值的科學；它們並不滿足於與事實相遇：它們將事實作為**等值交換**（valant-pour）來定義與探索

符號學是一門形式科學，因為它研究的是意義以外的形式，而不論其內容。對於這樣一門形式的科學，我想就其必要性與局限說幾句話。必要性，就是一切明確語言的必要性。日丹諾夫（Andreï Jdanov）[2]嘲笑哲學家亞力山托夫（Alexandrov）[3]論及「我們地球的球狀結構」。日丹諾夫說：「彷彿直到此刻，只有形式才能是球狀的。」日丹諾夫說得有理：我們無法透過形式來談論結構，反之亦然。在「生命」的層面上，可能只有結構與形式不可分辨的總體性。但科學並不需要難以言明之物：如果科學想要改變「生命」，就必須談論「生命」。一切反對唐吉軻德式且可嘆同時也是柏拉圖式綜論概括的批評，都應該同意分析是禁欲而刻意人為的工作，而在分析中，批評應該掌握各種方法與語言。要是歷史批評較少受到「形式主義」幽靈的威嚇，可能也不會如此貧乏；歷史批評應該明白，對形式的特定研究絲毫不會違背總體性與歷史的必要原則。恰好相反：一個系統越是特定在形式上取得定義，就越服從於歷史批評。如果戲擬一個人盡皆知的字詞，我會說少許的形式主義讓人脫離歷史，但大部分的形式主義都把人帶回歷史之中。沙特的《聖．惹內》（*Saint Genet*）一書對神聖性的描寫兼具形式與歷史、符號學與意識形態的特色，還有比這個更好的總體批評的案例

嗎？相反地，危險在於將形式視為「半形式、半實體」的含混之物，賦予形式一種形式的實體，就像日丹諾夫的現實主義所做的那樣。符號學被設定在自身的局限之內，就不會產生形而上的困擾：符號學在其他學科中是一門必要但並不充分的科學。重點在於，解釋的單一性無法仰賴對某某研究取徑的刪減，而是依照恩格斯（Friedrich Engels）的說法，必須仰賴牽涉其中的特定學科在辯證法上的搭配協調。如此一來，神話學的分析方法應運而生：它既屬於作為形式科學的符號學，也屬於作為歷史科學的意識形態。神話學研究的是「透過形式所展現的概念」（idées-en-forme）*。

因此，我再次重申，所有的符號學都在符徵（signifiant）與符旨（signifié）這兩則術語

2 蘇聯政治家（1896-1948）。史達林時代掌管意識型態的蘇聯主要領導人之一，其思想被稱為「日丹諾夫主義」，為蘇聯特有的文化產物。他試著建構一套新的藝術哲學，主張大量減少文化元素，改以簡單、科學性的圖表或符號來象徵某些道德價值。

3 蘇聯哲學家、數學家、物理學家（1912-1999）。

* 廣告、大眾報刊、廣播、插圖的發展流行，且不論今日猶存的無窮無盡的交流儀式（社會表象的儀式），使得建立符號科學的需求比以往都更加急迫。我們在一日之間可曾走過任何**不觸發意義**的場所？這種機會很少，有時根本不可能。我站在岸邊，眼前是汪洋一片：大海的確不包含任何訊息。但在海灘上，符號學的材料竟如此豐富！旗幟、標語、招牌、服飾，甚至曬成棕色的皮膚，對我而言都是訊息。

之間設立一種關係。這種關係針對的是不同範疇的對象，這就是為什麼它並非一個「相等」（égalité）的關係，而是「等值」（équivalence）的關係。此處必須特別注意，與一般說法所謂「符徵只是單純地把符旨**表達出來**」的這種概念相反，在任何的符號學系統中，我必須處理的不只兩種、而是三種不同的術語概念；因為我所理解的，絕對不是一個接一個分散的術語概念，而是將它們連結在一起的相互關聯：因此就有了符徵、符旨以及符號（signe），而符號就是符徵與符旨連結起來的整體。設若有一束玫瑰花：我讓它**示意**（signifier）我的激情。因此，這裡我們所看到的，不是只有一個符徵、一個符旨、玫瑰花與我的激情嗎？其實不是的：老實說，這裡出現的只是「被灌注激情的」玫瑰。但是在分析的層面上，確實有三個概念；因為這些承載「激情」意涵的玫瑰花讓自己可以完美且準確地分解為玫瑰與激情：兩者結合在一起形成第三物，也就是符號；但在此之前，玫瑰與激情都是各自存在的。同樣地，在實際層面上，我確實無法把玫瑰與其蘊含的訊息雙雙分離，而在分析的層面上，我也無法將作為符徵的玫瑰與作為符號的玫瑰混為一談：符徵是空無一物的，符號則充實飽滿，它是有意義的。再舉一例，假如有一顆黑色的小石頭：我可以用許多方式讓它產生意義，它只是一個單純的符徵；但如果我為它賦予一個確定的符旨（例如死刑審判的匿名投票），它就變成了符號。當然，在符徵、符旨與符號之間，存在著功能上的相互牽涉關係（猶如部分與整體的關係），這種關係太過緊密，想要仔細分析它們，根本徒勞無功；不過我們等等就會看到，這種區分對「神話作為符號學模式」的研究來說，至關重要。

這三項概念自然都是形式上的，我們可以對其賦予不同的內涵。來看看幾個例子：索緒爾針對一套特定的符號學系統——也就是「語言」——展開研究，立下了方法論的典範，對他來說，符旨是概念，符徵是「音響形象」（image acoustique）（屬於心理範疇），概念與印象的連結關係則形成符號（例如詞語），或所謂具體的實體*。我們知道，佛洛伊德認為心理現象是一種等效的、**等值交換**的厚度。第一項術語概念（我避免為它賦予超卓的地位）由行為的明顯意義構成，第二項則由潛在意義或自身原始的意義所構成（例如夢的基質）；至於第三項概念，在此也是前面兩項的連結：以總體性來看，它就是夢的本身，是錯失的動作（acte manqué）或精神官能症，因為形式（第一項概念）與意圖功能（第二項概念）的結合，而被想像成折衷情境與操作而成的協調狀態。我們在此明白了，把符號與符徵區分開來是多麼必要的一件事：在佛洛伊德眼中，夢之所以為夢，不只在於它明顯的感知，還在於它潛在的內容，它是兩者在功能上的連結。最後，在沙特的批評中（我僅限於談論這三項著

* 字詞（mot）的概念在語言學中爭議頗多。為方便起見，我還是留用了。

名的例子），符旨由主體的原始危機所構成（波特萊爾與母親異地分離，惹內〔Genet〕對竊盜的命名）；文學作為話語形成了符徵；危機與話語的連結定義了作品，作品本身就是一種象徵意義。當然，這種三維模式不論形式如何恆穩不變，都不會以同樣方式實現：因此我們不能總是說符號學唯有在形式層面才具備一體性、在內容層面則否；符號學的領域有其極限，它只牽涉到語言，只懂得唯一的手段：解讀（lecture）或破譯（déchiffrement）。

我們在神話裡再次發現了前述提出的三維模式：符徵、符旨與符號。但是，神話是一套特殊的系統，它是根據在它之前即已存在的符號學語鏈（chaîne sémiologique）而建立起來的：**神話學是一套第二層的符號學系統**。在第一層系統裡仍是符號（也就是概念與形象互為連結的整體），在第二層系統中則變成單純的符徵。在此必須提醒大家，神話言談的材料（嚴格意義上的語言、攝影、繪畫、廣告、儀式、物品等）即便一開始大異其趣，一旦被神話所利用，都會回到純粹的表意功能：神話在這些材料身上只看到同樣的原始材料；它們的一體性就在於它們全部都被簡化成單純的語言狀態。不論涉及的是文字的書寫或繪畫的書寫，神話想看到的只是各個符號的整體，一個整體的符號，第一層符號學語鏈的最後一項概念。正是這最後一項概念將成為據此建立的下一級更大系統的第一項或部分項。這整個過程就好像神話把第一層象徵意義的形式系統向下擴充了一格。由於這種移位對於神話的分析無比重要，我將以下列圖表的方式來呈現，當然這種模式的空間化展示，在此只是單純的隱喻：

由此可見，神話中有兩個符號學系統，其中一個被拆開來與另一個相對比：一個是語言學系統，也就是語言（或與之類似的表達模式），我稱之為**語言—對象**（langage-objet），神話掌握了它，以打造專屬自身的系統；另一個就是神話本身，我稱之為**元語言**（méta-langage），因為它是第二層語言，而我們**利用第二層語言**來談論第一層語言。符號學家在思考元語言的時候，不再需要探討關於**語言—對象**的組成問題，也無須考量語言學模式的細節：他只要在其中了解整體概念或整體符號就行了（而且這項整體概念必須適用於神話）。這就是為何符號學家可以根據同樣的方式處理文字及圖像：他從這兩者當中學到的，就是它們皆為**符號**，跨過了神話的門檻，具備同樣的表意功能，兩者都構成了**語言—對象**。

是時候舉出一、兩個神話言談的例子了。第一個例子我借用瓦萊里（Valéry）的看法*：我是法國公立中學二年級的學生，我打開拉丁文文法書，在上面讀到一個引用自伊索寓言或費德爾（Phèdre）的句子：*quia ego nominor leo*。我停下來想了一下：這個句子的命題語焉不詳。一方面，其中的字詞涵意相當簡單：**因為我的名字叫雄獅**。另一方面，這句話很明顯要對我傳達其他的意思。對這名初二生，它說得很明白：「**這是一個文法範例**」，旨在闡明表語（attribut）的配合規則。甚至被迫承認這個句子完全沒有向我**表達**它真正的涵義，它根本沒有試圖跟我談談獅子以及它為自己命名的方式；這句話最終的真正意義是要逼我接受某種語法配合的方式。我的結論就是，我正面對一個特別的、擴大了的符號學系統，因為它可以延伸為語言：此處當然有一個符徵，但這個符徵本身乃是由一個整體符號所構成，而這整體符號對符徵來說只是一個第一層的符號學系統（**我的名字叫雄獅**）。至於其他方面，形式的模式就正確地展開了：有一個符旨（**我是一個文法範例**）以及一個整體的象徵意義，後者就只是符徵與符旨的連結關係；因為雄獅之名與文法範例都不是各自分開傳遞給我的。

現在來看看另一個例子：我去理髮店剪頭髮，等待的時候店員拿了一期《巴黎競賽畫報》給我看。封面上，一位身穿法國軍服的年輕黑人行了一個軍禮，雙目仰視，顯然正在凝視隨風起伏的三色旗[4]。這是這張圖片的真正**意思**。不論我是否想太多，我都感覺到它正在向我傳遞意義：法國是一個偉大的帝國，她所有的子民，不計膚色，都在國旗之下盡忠職守，而這位黑人為所謂的壓迫者服務的熱誠，不啻是對所謂的殖民主義的毀謗者最好的回答。因此，我再一次面對著一個擴大、升級後的符號學系統：有一個符徵，本來就已經由一個先前的系統所構成（**一名黑人士兵行法國軍禮**）；有一個符旨（這裡則是法國特性與軍事特性的刻意混合）；最後還有一個符旨透過符徵所**呈現**的意義。

在開始分析神話系統的每一項概念之前，必須讓使用的術語統一一致。我們現在知道在神話中，符徵可以從兩個角度來觀察：可以將它視為語言學系統的終端，或是神話系統的開端。因此，我們需要兩種名稱：在語言的層面上，也就是第一層系統的終端，我把符徵稱為**意義**（sens）（**我的名字叫雄獅**、**一名黑人行法國軍禮**）；在神話的層面上，我把符徵稱為**形式**（forme）。至於符旨則不可能有曖昧含糊之處：我們就把它稱為**概念**（concept）吧。第三項是前兩項的連結關係：在語言系統中，它就是**符號**；但當我們再度使用這個詞的時候，

---

* 《太凱爾》（*Tel Quel*），第二期，頁一九一。

4 即法國國旗。

不太可能避開含混不明之處，因為在神話裡（而且在此處就是主要的特色），符徵已經由語言的**各種符號**所構成。我將神話的第三項稱為**意指作用**（signification），這個詞在此用得恰到好處，因為神話實際上就有雙重功能：它指出某項事物並告知我們，它也使我們理解某件事，並強迫我們接受。

3 形式與概念

神話的符徵以曖昧含糊的方式呈現：它既是意義也是形式，既完滿、亦空洞。作為意義，符徵已經預設了一種解讀方式，我以雙眼捕捉符徵，它具有感官的現實性（與語言學的符徵相反，後者純屬心理範疇），也具有豐富性：雄獅之名、黑人的敬禮都是合情合理的整體現象，兩者都具備充足的合理性；作為語言學的整體符號，神話的意義具有一種特有的價值，它成了雄獅或黑人歷史的一部分：在意義之中，意指作用已經建構完畢，如果神話沒有理解它，也沒有突然將其轉變為空洞、寄生的形式，那麼意指作用極可能可以自給自足。意義**已經**完整，它設想了一種知識、一段過往、一段記憶，以及一種包含了事實、觀念與決定的比較式秩序。

意義變成了形式之後，就拋開了偶然性；它變得空洞、貧瘠，歷史煙消雲散，只餘文字。在解讀意義的過程中，出現了一種反常的調換，一種從意義到形式、從語言符號到神話符徵的異常倒退。如果我們將**因為我的名字叫雄獅**這句話封閉在純粹語言學的系統中，這句話就重新找回了充實性、豐富性與歷史性：我是一隻動物，一頭獅子，我出沒在某個地帶，剛剛獵食歸來，大家要我把獵物跟小牛、母牛及山羊一起分享；但我是最強的王者，我可以用各式各樣的理由將所有獵物盡歸自己享用，最終的理由很簡單，就只是因為**我名叫獅子**。但作為神話的形式，這句話幾乎不包含這麼長的一段故事。意義包含了整個價值系統：歷史、地理、道德、動物學、文學。形式遠離了這整套豐富性：它新的貧乏淺薄需要意指作用來填補。必須從獅子的故事中遠遠地退出來，才能讓個位子給文法範例；如果我們也想解放那張敬禮的圖片，安排它接收其符旨，就必須把黑人的生平故事暫放一旁。

但當中最關鍵的一點是，形式並未消除意義，它只是讓意義變得貧瘠，讓它走遠，形式將意義納入掌中，任意支配。我們以為意義即將死去，但這其實只是延遲的死亡：意義失去了自身的價值，但保住了生命，讓神話的形式從中吸取養分。對形式而言，意義將如同歷史的瞬間儲藏，如同任憑擺布的一股豐富性，都可能用一種迅速交替的方式使其恢復或遠離：形式必須不斷根植於意義中，並在其中吸收實際的養分；形式尤其要能隱身在意義之中。正是意義與形式之間這種有趣的躲貓貓遊戲定義了神話。神話的形式並非象徵（symbole）：

行軍禮的黑人並非法蘭西帝國的象徵，他表現得太明顯，他自以為擺出了一副豐富、實際、發自內心、天真樸實且**不容質疑**的形象。但同時這種表現方式又容易被支配，也與現實天差地遠，卻被塑造得顯而易見，它稍稍後退一步，成為催生某個概念的共謀者，使之全副武裝；這個概念就是法蘭西的帝國性：圖片上的姿態因此成為**借用**的素材。

我們現在來看看符旨：這段歷史在形式之外流動，概念會將其全數吞併。概念本身是確定不移的：它兼具歷史性及意圖性；它是讓神話得以高聲表達的動機。文法的範例性與法蘭西的帝國性都是神話本身的推進力。概念重建了原因與結果、動機與意圖的關係鏈。概念與形式相反，它毫不抽象：它被情境所填滿。透過概念，整個嶄新的歷史被植入到神話之中：在獅子的名稱裡，偶然性預先被排除，文法範例將喚起我的整個存在：**是時間**，讓我誕生在那個課堂上還會教拉丁文法的年代；**歷史**，透過整個社會隔離的作用，將我與那些不學拉丁文的小孩區別開來；教學的傳統讓我們選擇這則出自伊索或費德爾的範例；我自身的語言習慣，在表語的搭配中看出了值得注意並加以闡述的事實。敬禮的黑人也是一樣：作為形式，意義是簡短、孤立、貧乏的；作為法蘭西帝國性的概念，在此又與世界的總體性——法國通史、其殖民歷險與當前的困境——相互纏結。老實說，投注到概念中的，與其說是真實，不如說是對真實的理解；在意義過渡到形式的過程中，形象失去了部分認知：這是為了更有效地接收概念中的認知。其實，蘊含在神話概念中的認知是一種含糊的認知，由柔軟薄弱、無邊無際的聯想所構成。必須特別強調概念的這種開放特性；這絕對不是一種抽象、淨化後的本質，而是一種形貌未定、變化無常、模糊不清的凝結，其一體性與連貫性尤其取決於功能。

在這個意義上，我們可以說神話概念的基本特質就是要能**恰如其分**：文法的範例性非常明確地針對一班被選定的學生，法蘭西的帝國性則應該觸及某個讀者群，而非另一群。概念密切地符合某項功能，將自身定義為一種傾向。這一定會讓我們想起另一個符號學系統——佛洛伊德主義（freudisme）——的符旨：在佛洛伊德眼中，系統的第三項是夢境、失誤動作或精神官能症的潛在意義（內涵）。然而，佛洛伊德清楚指出，行為的第二層意義即是本義，意思是它符合了一個完整、深刻的情境；它與神話概念一模一樣，都是行為本身的意圖。

一個符旨可以擁有若干符徵：語言學的符旨與精神分析學的符旨尤其如此。對神話概念來說也一樣。它掌握了無窮無盡的一大堆符旨，任憑驅遣：我可以找出一千句拉丁文句子提醒我注意表語的配合用法，我也可以找來一千張圖片對我宣示法蘭西的帝國性。這就意味著，**在數量上**，概念比符徵更為匱乏，它通常只是讓事物「重新再現」（se re-présenter）。

從形式到概念，匱乏與豐富成反比：形式是稀有意義的保管人，而向整個歷史開放的概念的豐富性，對應了形式在質方面的匱乏；少量的概念也對應了形式在數量上的豐富性。這種透過不同形式所導致的概念重複，對神話學家來說極其寶貴，使他得以破譯神話：對某種行為的不斷強調，透露了它的意圖。這就證明了在符旨的容量與符徵的容量之間，並沒有固定的關聯：在語言中，這份關聯是比例均衡的，它幾乎不會超出字詞的範疇，或至少不會超出具體的單位。在神話中則相反，概念可以擴展到符徵極其廣大的範圍中：例如，一本完整的書可以是一個單獨概念的符徵；反過來，一個細微的形式（一個字詞、一個姿勢，只要被人注意到就行）可以作為符徵，運用於一個滿載豐富歷史的概念上。符徵與符旨之間這種不成比例的關係並非神話所獨有，即便在語言中也並不多見：譬如在佛洛伊德的理論中，失誤動作是一個纖細的符徵，與它所暴露的本義不成比例。

我曾說過，神話的概念不會固定不變：它們會成形、變化、瓦解，甚至消失得一乾二淨。而正因為它們具備歷史性，所以歷史可以輕而易舉地消除它們。這種不穩定性逼迫神話學家使用適合的術語，我想就此再說一句話，因為這則術語經常成為嘲諷的來源：這裡指的是「新詞」（néologisme）的運用。概念是神話的組成元素：我若想破譯神話，就必須能夠為概念命名。字典為我提供了一些名詞：善良、仁慈、強健、人性等。但依照原本的定義，因為前述名詞是字典提供給我的，所以此時概念便不具備歷史的屬性。不過，我最常需要的是轉瞬即逝的概念（它們與有限的偶然性息息相關）：這時候就很難避免使用新詞了。中國是一回事，一名法國的小布爾喬亞不久前對中國抱持的想法是另外一回事：關於這個由鈴鐺、人力車與鴉片煙館所構成的特殊混合之物，除了**中國性**（sinité），沒有其他的詞可以用來形容此項概念了。覺得這樣講很糟糕嗎？體認到概念上的新詞從來不是任意而為的——它是由甚合情理、成正比的規範所構成＊——，這至少能令人稍感安慰吧。

＊ 拉丁語／拉丁性＝巴斯克語／X（X＝巴斯克性）

4 意指作用

我們已經知道，在符號學中，第三項就只是前面兩項相互連結的結果：這是唯一以實在且充足的方式呈現在我們眼前的一項，也是唯一有效被利用的一項。我稱之為「意指作用」。我們看得出來，意指作用即為神話本身，有如索緒爾的符號就是字詞一樣（說得更準確一些就是具體的實體）。但在提出意指作用的特色之前，得先稍微思考一下它成形的方式，也就是思考一下神話的概念與形式相互連結的模式。

我們首先必須指出，在神話中，前兩項完全是顯而易見的（與其他符號學系統中出現的情況相反）：其中一項並沒有「躲藏」在另一項後面，這兩項都出現**在此**（而非一項在此，另一項在他處）。雖然這看起來似乎極度反常，但**神話什麼也不隱藏**：其功能是歪曲事實，而不是使它消失。就形式而言，概念沒有任何潛在性：根本不需要利用潛意識來解釋神話。

顯然，我們面對的是兩種不同的表現類型：形式的展現是字面上的、直接的，此外，它還是被延展開來的。這是基於——我們實在不用一直重複說——神話符徵原本就屬於語言學的本質：因為它是由已經被勾勒出來的意義所構成，只能憑藉某種材料來呈現（而在語言中，符徵仍然屬於心理狀態）。在口語神話的情況中，這種延伸是線性的（**因為我名叫雄獅**）；而在視覺神話的情況中，延伸則是多維的（圖片中央是黑人的軍服，上方是他的黝黑臉孔，左側則是致敬的手勢，等等）[1]。如此，形式的各種元素彼此間產生了位置的關係以及鄰近的關係：形式的呈現模式是空間性的。概念則相反，以整體的模樣出現，類似某種星雲的模糊團繞、某種朦朧不清的知識濃縮。它的種種元素藉由各式聯想的關係交織在一起。它靠的不是寬度、而是厚度（不過這則隱喻的空間意味也許還是太重）：其展現方式是訴諸記憶力的。

將神話概念與意義聯繫起來的關係，基本上就是一種**扭曲變形**（déformation）的關係。我們於此處再度發現了與精神分析這種複雜的符號學系統在形式上的某種相似之處。同樣地，對佛洛伊德來說，行為的潛在意義扭曲了其明顯的意義，在神話中也一樣，概念扭曲了意義。當然了，這種扭曲之所以可能，是因為神話的形式已經由語言的意義所構成。在一個如同語言的單純系統中，符旨什麼也無法扭曲，因為符徵是空洞、任意的，無法對符旨展現任何抵抗力。但是在此，一切全然改觀：符徵可說具有兩種面貌：一種充實飽和，也就是意義（雄獅與黑人士兵的故事）；另一種空洞無物，也就是形式（**因為我的名字叫雄獅**、**法國黑人士兵向三色旗敬禮**）。概念所扭曲的，顯然是充實飽和的面貌，就是意義：獅子與黑人被奪走了自身歷史，轉換成姿勢。拉丁文法範例所扭曲的，是獅子完全偶然的名稱；而法蘭西的帝國性所打亂的，也是第一層的語言，是客觀陳述事實的話語，向我訴說身著軍裝的黑人敬禮之事。但是，這種扭曲並非消除：獅子與黑人仍在原地，概念仰賴他們的存在。我們把他們切成兩半，移除他們的記憶，而非奪去他們的存在權：他們既固執，又無聲無息地默默扎根，而且話還很多，言語隨時待命，以便全盤為概念所用。嚴格來說，概念會扭曲意義，但不會消滅意義。有一個詞語可以說明這種矛盾：概念「異化」了意義。

我們必須時時記得，神話是一個雙重系統，它在自己身上製造出一種「無所不在」的狀態（ubiquité）：神話的開端由意義的終點所構成。為了保留那個空間隱喻（我已經強調過其大致特徵），我會說神話的意指作用是由一扇不停轉動的旋轉門所構成的，這扇門使符徵

1　即326頁所指《巴黎競賽畫報》的封面，一位身穿法國軍服的年輕黑人行了一個軍禮，雙目仰視，顯然正在凝視隨風起伏的三色旗。

的意義及其形式、「語言─對象」及元語言、純粹表意的意識與純粹表象的意識交替出現；此交替現象幾乎被概念所收攏，概念運用這種交替，就像運用一個模稜兩可的符徵一樣，而這個符徵既充滿智性、又仰賴想像，既隨機任意、又渾然天成。

我不想針對這種機制的道德指涉預作評判，但如果我能讓大家注意到神話中符徵的無所不在，準確重現了**不在場**（我們知道這是一個空間用語）的面貌，我就不算偏離了客觀的分析：在「不在場」當中，也有一個充實之處與空無之處，兩者以否定的同一種關係相互糾纏（「我不在您以為我在的地方，我在您以為我不在的地方」）。但原本的不在場（例如警察的不在場）有一個終點，現實會在某個時刻讓它停止轉動。神話是一種**價值**，其真相不是用來認可神話的：沒有任何事物可以阻止神話「永遠不在場」。神話的符徵必須擁有兩種面貌，才能永遠地支配他者：意義總是在那**表現著**形式；形式總是在那與意義**拉開距離**。在意義與形式之間，從來沒有矛盾、衝突與分裂：它們從來不位在同一點上。同理，假設我正在車上，隔著車窗看窗外風景，我可以隨意調節我的視線，一下專注於風景，一下盯著窗玻璃本身：有時我會察覺窗玻璃的存在，忽略遠處的風景；有時卻相反，我眼中會看不到窗玻璃，而專注在風景的遠近縱深。不過，這種交替作用的結果卻始終不變：在我眼中，窗玻璃既有存在感，又空洞不留痕；而風景既非現實，卻也豐富充盈。神話的符徵也是一樣：其形式既空洞又實在，其意義既缺席又完滿。如果我刻意讓這道形式與意義的旋轉門暫停；如果我將目光集中在它們之中的某一個、集中在與其他對象大異其趣的事物上；如果我把靜態的破譯手段應用於神話；簡單地說，如果我妨礙了神話專屬的動力：一言以蔽，如果我從神話解讀者的角色轉變為神話學家的角色。唯有到了此刻，我才會對這種矛盾感到訝異。

而且依然是這種符徵的雙重性會決定意指作用的特色。如今我們知道神話是一種言談，由其本身的意圖所定義（**我是一則文法範例**），遠非由其字面意義所定義（**我名叫雄獅**）；然而，其中的意圖在某種程度上來說，依然因為字面意義而固定、淨化、無限延長乃至**消失**了。（**法蘭西帝國？但這純粹只是一樁事實：這名正直的黑人就像我們法國的年輕小伙子那樣敬禮**）這種含糊曖昧構成了神話的言談，對意指作用將造成兩種結果：它將同時作為警示／通告（notification）及評定／陳述（constat）呈現出來。

神話有一種命令、質問的特性：它從歷史的概念出發，直接從偶然性（一堂拉丁文課、遭受威脅的帝國）當中冒出頭來，它要找的人就是**我**：它走向我，我必須承受它意圖的力量，它催促我接納它流露出來的曖昧性。假設我在西班牙的巴斯克地區（Pays basque）散步*，我

---

* 我會特別說「在西班牙」，是因為法國小布爾喬亞地位的提高，使得巴斯克小屋的「神話式」建築樣式風靡一時。

一定會注意到房舍之間建築樣式的統一性、一種共同的風格，這會促使我將巴斯克一帶的房屋視為確確實實的民族產物。不過，我個人並不覺得與這種統一的風格有任何關係，也不會因此就受到侵犯：我只是很清楚地看到，這種風格在我來到之前早就在那了，就算我沒出現也是一樣；這是個複雜的產物，在廣大的歷史層面上有其固定不移的現象：它並未召喚我，也沒有引誘我為它命名，除非我打算將它納入一幅鄉村住宅的巨大圖景中。但如果我今天去的地方是巴黎地區，在甘必達街（rue Gambetta）與尚．饒勒斯街（rue Jean-Jaurès）[2]盡頭撞見一棟雅致的白色小屋——紅瓦、棕色壁板、不對稱的屋簷、正面有一大片柵欄排開——，我會覺得我收到了一項不可推辭的個人邀請，必須將它命名為巴斯克小屋：我甚至從中看出了**巴斯克特性**（basquité）的本質。正是在此，概念以其最適合的面貌向我展現出來：它來找我，以便迫使我將意圖的主要部分看成個人歷史的標誌，看成一種信賴與默契（那個主要部分引起概念並安置了概念）。那是小屋主人們向我發出的真實召喚。這種召喚為了更加強迫的效力，便同意了一切的匱乏化。所有在技術範疇裡用來證明巴斯克式屋舍的元素：穀倉、戶外樓梯、鴿舍等等，這一切都被廢除了。只餘下簡潔且確實無疑的標誌。其挑空原意／自我表述（adhomination）太過明顯，讓我以為這座小屋是當下才立刻**為我**建造的，好像在我眼前突然用魔法憑空變出來一樣，沒有任何線索足以探得它的來龍去脈。

因為這種強迫式的言談，同時也是一種僵化的言談：它在觸及我的那一刻就把自己懸置起來，繞著自己轉，重新贏回了一般性（généralité）：它僵化了、為自身辯白、為自己脫罪。概念的適應性突然發現自己被字面意義遠遠拋棄了。這裡出現了一種**停頓**（arrêt）[3]——就該字物理上與司法上的意義來說。法蘭西的帝國性判定那位敬禮的黑人只是一個工具性的符徵而已，而那名黑人卻以法蘭西帝國性的名義向我呼喊；但在同一時刻，黑人的致敬動作變得濃稠、透明，凝結成**奠定**法蘭西帝國性的永恆理由。在語言的表面，某樣東西不再移動：意指作用的用途就在於此，潛藏於事件背後，向事件傳達引人注目的樣貌；事件讓意圖動彈不得，體會到寸步難行之苦：為了意圖的清白，事件就把意圖冷凍起來。那是因為神話是一種**被竊走之後又重新歸還**的言談。只不過重回我們之手的言談，已經不完全是原先那個被竊走的言談了。在將它取回來的時候，我們並未確切地擺回它原本所在的地方。正是這短暫的扒竊、這作弊行為悄悄發生的瞬間，構成了神話言談的僵化面目。

意指作用還剩下最後一個因素要檢驗：它的動機。我們知道語言中的符號是任意選定

2　兩條路皆位於巴黎，用以紀念法國共和派政治家甘必達與社會民主主義提倡者尚—饒勒斯。

3　也有「判決」的意思。

的：誰都無法「理所當然地」強迫**樹**（*arbre*）這個聽覺印象一定要表示「**樹**」的概念，此處的符號缺乏動機。不過，這種任意性有其限度，這限度來自於字詞的聯想關係：語言能夠透過與其他符號的類比，產生符號的一個個片段（例如我們會說*aimable*〔親切的〕而不說*amable*，是因為與*aime*〔表示**喜歡**、**愛**的字根〕的類比作用）。而神話的意指作用本身，絕對不是完全隨機任意的，它總有一部分具備動機，不可避免地包含一部分可供類比之處。為了讓拉丁文法的範例性與獅子的命名能夠相遇，就必須藉類比之助，也就是表語的搭配；為了讓法蘭西的帝國性可以利用敬禮的黑人，就必須在黑人的敬禮與法國士兵的敬禮之間建立同一性。對神話的雙重性本身而言，動機是不可或缺的。神話玩弄著意義與形式的類比：沒有任何神話不含具備動機的形式*。為了掌握神話動機的力量，只需稍微思考一個極端的案例：在我面前有一大堆雜亂無章的物品，我無法從中找出任何**意義**；形式在此似乎被奪走了先前的意義，無法把類比根植在任何地方，神話也因此變成不可能的了。但形式總能讓人解讀的，是混亂無序的本身：形式可以對荒謬賦予意義，讓荒謬本身成為神話。例如，這就是當常識將超現實主義製造成神話的時候會發生的事：即便缺少動機，也不會妨礙神話。因為這個缺乏本身也會充分地表達出來，以使人容易解讀：最後，動機的缺乏會變成第二層的動機，神話也將藉此重建。

動機必然存在，無可避免。但它卻相當零碎。首先，它不是「渾然天成」的：正是歷史為形式提供了類比。其次，意義與概念之間的類比永遠都只是局部的，形式拋棄了許多相似之物，只留下了其中某幾個：它保留了巴斯克小屋的斜面屋頂與醒目梁柱，拋棄了樓梯、穀倉與日久風化的色澤等等。甚至必須說得更深一點：一個**整體的**形象可能會排斥神話，或至少逼迫神話只掌握其總體性。後者是我們在拙劣的畫作中會看到的，這類畫作完全依賴「填滿」（rempli）與「完善」（fini）的神話繪製而成（這與荒謬的神話相反且對稱：在此，形式將「缺乏」神話化了；在另一處，神話化的對象則是「過度充實」〔un trop-plein〕）。不過，一般來說，神話較偏好藉助貧乏、未完成的形象來運作，其中的意義變得相當貧瘠，準備好接受意指作用：如諷刺漫畫、仿擬、象徵等。最後，動機是從其他可能的動機當中選出

---

* 從倫理的觀點來看，神話令人困擾之處在於其形式的動機明確。因為如果有所謂的語言「健康」狀態，那是因為符號的任意性為其奠定了基礎。神話使人厭惡之處在於，它仰賴一個虛假的自然，其意義形式也**豐富過頭**，就像那些物品以自然外觀裝飾其實用性。這股意志保證全數出於自然，讓意指作用變得無比沉重，令人作嘔：神話太過豐富，而過度之處恰好就是其動機。這種噁心感與我面對藝術時的感覺如出一轍，這種藝術不願意在**自然**與**反自然**之間抉擇，將前者視為理想狀態，而將後者視為節約省事。在倫理層面，將賭注同時押在正反兩面皆相當卑鄙。

來的。除了黑人的敬禮動作之外，我可以為法蘭西的帝國性賦予更多其他的符徵：一位法國將軍為獨臂的塞內加爾人頒授動章、一位好心修女為臥病在床的北非阿拉伯人遞上藥湯、一位白人老師為專心聽課的黑人小孩上課。報刊媒體的任務就是每天向我們展示，神話符徵的儲量是取之不竭的。

此外，還有一項比喻可以詳盡地闡述神話的意指作用：它不偏不倚，與表意文字（idéogramme）同樣是任意隨機的。神話是一個單純的表意文字系統，概念在其中建立了形式的動機（形式重現了概念），卻遠遠無法涵蓋重現的整體。就如同歷史上，表意文字漸漸遠離了概念而與聲音相結合，其動機越來越弱，神話的耗損同樣可透過其意指作用的任意性來辨認：**從醫生的環領邊可以一窺莫里哀的全貌**[4]。

4　應是對莫里哀名劇《奇想病夫》（*Le malade imaginaire*）的指涉。該劇充滿對醫學、醫生階級與小貴族的諷刺及隱喻運用。

5 神話的解讀與破譯

神話是如何被接受的？此處必須再一次回到其符徵的雙重性（意義與形式）。根據我關注的是其中一個或另外一個，乃至於同時關注兩者，我創造了三種不同的解讀類型*。

（一）假設我關注的是空洞的符徵，我讓概念占滿了神話的形式，毫無模糊地帶，然後我就會面對一個簡單的系統，其中意指作用再度變回字面上的狀態：敬禮的黑人是法蘭西帝國性的一個**例證**，也是其**象徵**。這種關注方式是神話製造者及新聞編輯者的作法，他們從一項概念出發，然後為這個概念尋找適合的形式†。

---

* 「關注」的自由度不屬於一個符號學的問題：它端視主體的具體情勢而定。

† 我們把獅子的名稱視為一個單純的拉丁文法範例，因為**我們身為大人**，處在一個「創造」的位置上。我稍後還會提到這個神話模式的語境（contexte）價值問題。

（二）假設我關注的是一個充實的符徵，我在其中清楚地分辨形式的意義，從而注意到意義與形式兩者相互施加的扭曲與變形力量，這麼一來，我就拆解了神話的意指作用，把它當成一種假冒之物：敬禮的黑人此時變成了法蘭西帝國性的**不在場證明**。這種調節的類型屬於神話學家的類型：他破譯了神話，也領會了這種扭曲變形。

（三）最後，假設我關注神話的符徵如同關注意義與形式錯綜複雜的整體，我會得到模稜兩可的意指作用，我回應了神話的構成機制及神話專屬的原動力，我成了神話的解讀者：敬禮的黑人不再是例證與象徵，更不是不在場證明——他就是法蘭西帝國性的**存在**（présence）本身。

前面兩種關注的模式屬於靜態與分析的範疇；它們展露神話的意圖，或者揭穿這項意圖，藉此摧毀神話：第一種關注的模式是厚顏恥笑，第二種是揭密。第三種則是動態式的，它根據神話結構本身的目的來消費神話：解讀者透過既真實又虛構的故事方式來體驗神話。如果想要將神話模式與一般歷史聯繫起來，解釋這種模式如何回應一個明確的社會的利益，總之，想要從符號學轉移到意識形態，那顯然必須從第三種關注的層面著手：應該彰顯神話基本功能的，就是神話解讀者本人。**今日**，他該如何理解神話？如果他以單純的方式理解神話，那麼向他呈現神話的意義何在？假使他如神話學家那樣以考慮周延的方式解讀神話，那麼向他展示不在場證明又有何重要？假如神話的解讀者在敬禮的黑人身上看不出法蘭西的帝國性，那又何必讓他承載這樣的意義呢？假設他看出來了，那麼神話就只是一個光明正大陳述出來的政治主張而已。總歸一句話，不是神話的意圖太過隱晦、導致效果不彰，就是它太過明確、不夠質樸。在這兩種情形中，神話的含混不明究竟在何處？

這不過是一種虛假偽裝的「二中選一」（alternative）。神話什麼也不藏匿，什麼也不展露，它只是扭曲事實；神話既不是謊言，也不是招認，它是一種改變（inflexion）。神話面對著我方才提到的二中選一處境，找到了第三條出路。神話如果拱手讓位給前面兩種關注模式的其中一種，就面臨消失的威脅，於是它便藉助折衷的方式，從威脅中抽身而退。神話就是這種方式本身：神話身負讓充滿意圖的概念「安然通過」的任務，它在語言中只會遭逢背叛，因為語言只會抹除概念（若神話將概念藏匿起來）或揭露概念（若神話將概念說出來）。**第二層**符號學系統的轉化，將使神話跳脫進退兩難的困境：神話陷入必須揭露概念或消除概念的絕境，於是就會把概念**自然化**（naturaliser）。

我們在此觸及了神話本身的原則：神話將歷史轉變為自然。我們現在知道為什麼在神話消費者的眼裡，概念的意圖與概念的自我表述可以一如往常地明顯，卻不用看起來夾帶利害關係：使神話言談高唱入雲的原因完全清晰可見，但它立刻又凝固到自然當中；這項原因並沒有被解讀為動機，而是論據。假使我把敬禮的黑人解讀為帝國性純粹而簡單的象徵，我就必須放棄圖片的現實性，當它變成了被利用的工具，在我眼中就信譽全失。反過來說，假使我把黑人的致敬解讀為殖民行為的不在場證明，藉助其明顯的動機，我會更有把握將神話摧毀殆盡。但對神話的解讀者來說，結局全然不同：整個過程就好像圖片**自然而然**引動了概念，好像是符徵**創立了**符旨：自法蘭西帝國性轉變為自然狀態的那一刻起，神話就存在了：神話是一種**過度**正當化的言談。

下面是一個新的例子，可以讓人清楚地理解，神話的解讀者如何透過符徵讓符旨合理化。現在是七月，我在《法國晚報》（*France-Soir*）上讀到一個大標題：**價格／首度降低**；**蔬菜／開始跌價**。我們不妨立刻建立一個符號學模式：這個範例是一個句子，其第一層系統純粹是語言學的系統。第二層系統的符徵在此由特定數量的詞彙變化（字詞：**首度**，**開始**，**陰性冠詞**（跌價））或印刷變化所構成：報紙頭版的斗大標題。在頭版上，讀者通常會讀到全世界的重大新聞。符旨或概念必須以毫無規範卻無可避免的新詞——**政府性**（gouvernementalité）——來命名。各大報刊將政府設想為一個如同效率本質的事物。神話的意指作用很明顯地隨之而來：水果與蔬菜降價是**因為**政府的決定。總之，雖然這種情形相當罕見，但報紙有時也會——或出於允諾，或出於誠實——在兩行文字之後，拆解了前面才精心設計出來的神話；然後加上這句（還真的是用不起眼的小號字體印在上面）：「**季節性的豐收重現，助長了跌價。**」這個案例相當予人啟發，理由有二。其一，我們從中充分地看到了神話令人印象深刻的特徵：我們對神話的期待，就是一個直接的效果。神話隨後是否會被拆解並不重要，其行動被假定為比理性的解釋更加強大，之後有可能揭穿神話的謊言。這意味著神話的解讀可能瞬間乾枯耗盡。我在趕路的時候順便瞄了一眼隔壁先生正在讀的《法國晚報》：我在上頭只獲得一個**意義**，但我從中讀出了真正的意指作用。我**接收**到的訊息，是蔬果跌價現象中政府行動所展現的作用。這就是一切，這樣就夠了。一個過度加重的神話解讀，並不會為神話提高絲毫的效能與無能：神話既非盡善盡美，卻也無可置疑。時間與知識都無法為它添加什麼或減去什麼。其二，我方才將概念的自然化視為神話的基本功能，在此可作為典型。在第一層系統內（純粹語言學的系統），因果關係完完全全是自然的關係：蔬果跌價，是出於季節的自然因素。在第二層系統內（神話系統），因果關係是人為、假造的，但它在某種程度上滑入了**自然**的運貨車（fourgon）內了。正因如此，神話才被看成是天真自然的言談：並非因為其意圖是隱藏的——如果意圖隱藏起來，就不會帶來任何效用

——，而是因為這些意圖被自然化了。

事實上，讓讀者無意間消費神話的，是因為他並未將神話看成一個符號學系統，反而看成了歸納系統。唯獨在「等效關係」存在之處，他看出了某種因果的過程：在他眼裡，符徵與符旨具有自然的關係。我們可以用其他方式表達這種混淆：一切的符號學系統都是一個價值系統；不過，神話的消費者將意指作用當成一個事實系統：神話被解讀為一個純屬事實的系統，即便它只是一個符號學系統。

6 神話作為被竊奪的言語

神話的特性是什麼？就是將意義轉變為形式。換句話說，神話永遠是一種語言的「竊奪」（vol）。我竊奪了敬禮的黑人、白色與棕色的小屋、當季水果的降價，不是為了讓它們成為例子或象徵，而是透過它們，把帝國、我對巴斯克風格的愛好以及政府「自然化」。所有原初的言語都必然是神話的獵物嗎？沒有任何意義能夠抵抗這種被形式所威脅的截奪（capture）嗎？其實，沒有任何事物能夠避開神話的入侵，神話可以從任何意義中（我們也看到，藉由意義本身的剝奪）展開其第二層的模式。但並非所有言語都能以同樣的方式抵抗神話。

語言（langue）是最常遭到神話竊奪的言語作用，它付出的抵抗相當薄弱。它本身就包含了某些神話的布局，以及為了展現語言使用意圖的神話工具半成品；可以將其稱為語言的**表達性**（expressivité）。例如，命令式（impératif）及虛擬式（subjonctif）是特殊符旨的形式，與意義不同：符旨在此是我的意願或請求。這就是為什麼某些語言學家將對應於直陳式（indicatif）的虛擬式及命令式，界定為一種狀態或零度（degré zéro）。不過，在充分架構而成的神話裡，意義絕對不處在零度的位置，正因如此，概念才有辦法扭曲意義、讓意義自然化。還得再一次記住，意義的剝奪完全不是零度：神話因而能夠完整掌握意義，使意義產生荒謬及超現實等意指作用。最終，可能只有零度能夠抵禦神話。

語言以另一種方式適應神話：很少看到語言在一開始就強加一種充實且不易扭曲的意義。這是源自其概念的抽象性：**樹**的概念很含糊，它順應各式各樣的偶然性。語言確實可以支配、運用所有適合的工具（**這棵樹**，**那顆如何如何**的樹，等等）。但在最終的意義四周總是留下一片潛在的厚度，其餘可能的意義在當中漂浮：意義幾乎總是可以被**詮釋**（interprété）。可以說，語言為神話提供了一個「鏤空」的意義。神話可以輕而易舉地滲入語言之內，並充塞其中：這是一種殖民式的竊奪（例如：**那一波**〔用定冠詞la〕降價開始。但是是哪一類降價？是因為季節還是政府所導致的跌價？意指作用在此干擾了冠詞，不過這裡倒是一個定冠詞）。

當意義太過充實，神話便難以入侵，它會在意義周圍繞行徘迴，伺機將它全盤奪去。這便是數學語言所遇到的狀況。它本身是一種無法扭曲的語言，採取了所有可能的預防措施以抵抗**詮釋**：沒有任何寄生式的意指作用能夠滲入其中。這正是為何神話會將它全數奪走；神話採用某種數學的格式（$E=mc^2$），將這種無可改變的意義，轉化為數學性的純粹符徵。我們看到，神話在此劫走的，是一種抗拒、一種純粹。神話可以命中一切、腐蝕一切，直搗正在抗拒神話的行為本身；「語言─對象」一開始抵抗得越激烈，最終就被糟蹋得越嚴重：誰抵抗得越澈底，誰就讓步得越澈底。一邊是愛因斯坦，一邊是《巴黎競賽畫報》。我們可以為這股衝突賦予一種時間的形象：數學語言是一種**完成了的**語言，從這種對死亡的認可中，抽取出完美；相反地，神話則是一種不願死去的語言：它從意義中奪走了潛伏、降格的生存機會（神話藉這種意義汲取養分），也在意義身上激起了人為的延緩效果，在其中輕鬆自在地安頓下來，把意義轉變為表現力十足的屍骸（cadavre parlant）。

這裡還有另外一個盡全力抗拒神話的語言，就是詩歌的語言。當代詩歌*是**一種退化的**

---

* 相反地，古典詩則是一個神話特質濃厚的系統，因為它在意義之上，強加了一個額外的符旨，也就是**規則性**（régularité）。例如亞歷山大詩行（十二音節詩）就同時具有話語意義的價值，以及新的整體（詩的意指作用）的符徵價值。這種詩體會大受歡迎，源自兩個系統的明顯融合。由此可見，這絕不是內容與形式的協調問題，而是因為一種形式**優美地**吸收了另一種形式。我所謂的**優美**，意思是盡可能經濟、節省的方法。百多年來的長期誤用，使批評混淆了**意義**與**內容**。語言從來都只是一種形式系統，意義就是一種形式。

（régressif）**符號學系統**。而神話鎖定的目標是「超意指作用」（ultra-signification）、第一層系統的擴充，詩歌則反其道而行，試圖發現「下意指作用」（infra-signification），即語言的「前符號學狀態」（état présémiologique）；總之，詩歌奮力將符號重新轉變為意義：其帶有傾向性的理想狀態不在於觸及字詞的意義，而是觸及事物本身的意義*。這就是為何詩歌打亂了語言，盡其可能提高概念的抽象度及符號的任意性，將符徵與符旨的連結關係拉伸到可能的極限。概念的「浮動」結構在此被利用到極致：與散文相反，詩歌符號試圖展現的是符旨的所有潛在可能，希望最終可以達到事物的某種超越性，以及它的自然意義（而非人文意義）。因此，詩歌的本質主義式抱負，就是在它想成為「反言語」（antilangage）時獨自掌握的**事物本身**。總之，在所有言詞的使用者當中，詩人是最沒有形式主義色彩的一群，因為只有他們相信字詞的意義只是一種形式，他們身為現實主義者，不可能對此感到滿意。因此，現代詩歌總是被公認為語言的殺手，一種與「沉默」在空間上和感覺上相似之物。詩歌占據了神話的相反位置：神話是一種自認為可以超越自身變成事實系統的符號學系統；而詩歌則是一種自認為可以收縮自身變成本質系統的符號學系統。

但是，正如同數學語言，是詩歌本身對神話的抗拒，使自己再度成為神話的理想獵物：符號的明顯失序就是基本秩序的詩歌面貌，被神話所捕捉，並轉換成空洞的符徵，用以**示義**

詩歌。這就解釋了現代詩歌未必擁有的特性：詩歌堅決地抗拒神話，放任自己綁手綁腳地聽憑神話擺布。相反地，古典詩歌的**規範**構成了一個人人皆贊同的神話，其顯著的任意性形成了某種完美，因為符號學系統的平衡源自於符號的任意性。

對神話的主動認同其實可以界定我們整體的傳統**文學**：自規範上來看，這種文學是一個極富特色的神話系統：它包含了一個意義，就是話語的意義；它包含了一個符徵，就是作為形式或文字的這同一種話語；它也包含了一個符旨，就是文學的概念；它還包含了一個意指作用，也就是文學的話語。我在《寫作的零度》（*Le Degré zéro de l'écriture*）中點出了這個問題，這終究只是一種文學語言的神話學。我在書裡將寫作定義為文學神話的符徵，也就是一種已經塞滿意義的形式，從**文學**概念中接收一個新的意指作用†。我曾經提出，歷史

---

* 按照沙特的說法，我們在此將**意義**這個詞還原為事物的自然特性，處在符號學系統之外（《聖．惹內》，頁二八三）。

† 至少就我先前的定義而言，**風格**並非一種形式，它並不屬於文學的符號學分析。事實上，風格是一個不斷被形式化所威脅的實體。首先，它很可能降格成寫作，有一種馬樂侯（André Malraux）式的寫作，也可以在馬樂侯本人身上得到印證。其次，風格也極可能變成一種特殊的語言：**只限作家本人使用**。如此一來，風格就成了一種「唯我論」（solipsiste）的神話，成為作家**自言自語**的一種語言。我們很清楚，在這般固化的程度上，風格需要被破譯，需要透徹的批評。尚—皮耶．理查（J.-P. Richard）的作品是這種不可或缺的風格批評的範本。

改變了作家的意識，大約在一百年前引發了文學語言的道德危機：寫作展現為符徵，文學展現為意指作用，作家拒絕了傳統文學語言的虛偽本質，激烈地偏離成「反自然」的語言。對寫作的顛覆成為根本之舉，不少作家藉此試圖否認作為神話系統的文學。每一樁類似的反抗行動，都是對作為意指作用的文學的一場謀殺：一切都假定文學話語簡化成一個單純的符號學系統，或甚至，對詩歌來說，簡化為一個「前」符號學系統。這是一項重大的任務，需要斬草除根的力道：眾所周知，其中有些行為甚至到了完全擊沉（saborder）話語的地步；沉默，無論是真實的或是經由轉換，都展現為反抗神話的主要力量——反覆（récurrence）——唯一可用的武器。

如此看來，要從內部簡化神話真是難上加難，因為為了脫離神話所作出的舉動，本身卻成為神話的獵物：神話最終總是可以意指那些原本對它的抵抗。說真的，抵抗神話的最佳武器，也許就是轉而「將神話神話化」，製造**人為的神話**：這種經過重組的神話就成為真正的神話學。既然神話偷走了語言，為何不乾脆偷走神話本身呢？為此，只需讓神話本身成為第三層符號學語鏈的起點，拿意指作用充當第二層神話的第一項即可。文學為這些人為的神話學提供了若干強大的例證。我在此只考慮談談福樓拜的《布瓦爾與貝庫歇》（*Bouvard et Pécuchet*）[1]。我們可稱之為實驗性的神話，第二層的神話。布瓦爾與其友貝庫歇代表了某一種布爾喬亞階級（不過他們與布爾喬亞的其他階層也有衝突）：他們的話語**已經**構成了某種神話的言談，語言確實夾帶意義，但這種意義是概念式符旨的空洞形式，在此是一種技術層面的無法滿足狀態；意義與概念的相遇，在這個神話的第一層系統中形成了意指作用，那就是布瓦爾與貝庫歇的修辭之術。作者福樓拜此時介入其中（我為了分析的需要，將其分解）：他在這個神話的第一層系統中（本身已經是符號學的第二層系統）疊上了第三道語鏈，其中第一環是意指作用或第一層神話的最後一項。布瓦爾與貝庫歇的修辭術將變成新系統的形式；概念在此由福樓拜本人及福樓拜對神話的關注所製造，布瓦爾與貝庫歇兩人依此概念而成形：他們固有的消極奢望，他們的貪得無饜，他們在學習過程中交替出現的恐慌不安，總之，我很想如此稱其為（但我感到天邊已有雷電要劈下來）「布瓦爾與貝庫歇性」（bouvard-et-pécuchéïté）。至於最終的意指作用，就是作品本身，就是我們所讀到的這本《布瓦爾與貝庫歇》。第二層神話的力量，是為第一層神話奠立基礎，將其視為天真無邪。福樓拜致力於對神話言談進行考古式的真實復原：他是有著某種布爾喬亞意識形態的維

1　福樓拜小說遺作。小說主角是兩位抄寫員布瓦爾與貝庫歇，窮畢生之力讀盡一切典籍，最終發現仍是一場空。為了寫作此書，作者福樓拜自己也讀了一千五百本書，書中引用各領域的專門知識，浩瀚淵博，可謂一部百科全書式作品。可惜尚未寫成，作家便告別人世。

歐勒・勒・杜克（Viollet-le-Duc）[2]。但他比勒・杜克少了些天然質樸之氣，他利用額外的裝飾品恢復原狀，揭穿了布爾喬亞的意識形態；這些裝飾品（它們是第二層神話的形式）屬於虛擬式（subjonctif）的範疇：在布瓦爾與貝庫歇虛擬式修復的話語以及他們的光說不練之間，存在著一個符號學層面的等值關係*。

福樓拜的成就在於（也是一切人為神話學的成就：在沙特的作品中就有這般令人激賞之處），他為現實主義的問題明確地提供了符號學的出路。這項成就當然不夠完善，因為福樓拜的意識形態不具備絲毫現實性，在他眼裡，布爾喬亞只是一種美學上的醜惡集合。但至少他在文學上避免犯下大罪，也就是避免了犯下混淆「意識形態的真實」與「符號學的真實」這項罪行。作為意識形態，文學的現實主義絕不倚賴作家所說出來的語言。語言是一種形式，它不可能不是現實主義的，就一定是非現實主義的。語言能達成的一切事情，不是神話性的，就是非神話性的，或甚至是「反神話性」的，像在《布瓦爾與貝庫歇》書中那樣。但是，很可惜，在現實主義與神話之間，沒有任何不相容之處。眾所周知，我們的「現實主義」文學經常具有神話性（卻只是現實主義粗製濫造的神話），而我們的「非現實主義」文學至少具有「神話性極少」的這番長處。聰明的做法顯然是將作家的現實主義，界定為根本上屬於意識形態的問題。但這並不代表不存在一種關於現實的形式責任。但這項責任只能以符號學的術語來衡量。形式只能作為意指作用、而非表達手法來評判（因為它有一個過程）。作家的語言並不以**再現**現實為條件，而是以**示義**現實為目標。這就導致批評時被迫使用兩種天差地遠的方法：要嘛必須將作家的現實主義視為意識形態的實體來處理（例如布萊希特作品中的馬克思主義主題），要嘛就是將這種現實主義以一種符號學的價值來看待（布萊希特劇場藝術中的物品、演員、音樂與色彩）。理想的境界當然是結合這兩種批評手法：常見的錯誤就是讓這兩者混淆不清：意識形態有它的方法，符號學也自有其招數。

2　法國建築師與建築理論家（1814-1879）。法國哥德式建築復興的核心人物，最有名的成就為中世紀建築之修復，其思想亦深刻啟發現代建築。巴黎聖母院近代的修復整建即由他統籌，可惜在他主導下、十九世紀建成的聖母院尖塔，已於二〇一九年四月十五日的聖母院大火中燒毀倒塌，不復存在。

*　拉丁文以虛擬形式來表達「間接的風格或話語」，因此虛擬式就成了一種揭露神話的實用工具。

7　布爾喬亞作為匿名社會

神話在兩方面與歷史相容：一個是透過其形式，相對來說動機十足；一個是透過其概念，在本質上是歷史性的。我們因此可以想像對神話進行歷時性（diachronique）的研究：一是將神話納入回溯（rétrospection）的觀點（建立一套關於歷史的神話學），二是遵循某些昔日神話、直至其今日的形式（創造出展望未來的歷史觀）。我若在此讓它留在當代神話的共時性（synchronique）框架之內，那是出於一個客觀的理由：我們的社會是神話意指作用發揮的優勢地帶。現在必須解釋一下為何我這麼說。

無論歷史為我們帶來了哪些政治上的意外、妥協、讓步、冒險，或是帶來了哪些技術、經濟甚至社會上的變化，我們的社會依然是個布爾喬亞社會。我並無意忽視自一七八九年法國大革命以來，各種類型的布爾喬亞階級在法國都陸續掌權；但是，最深層的身分持續存在，或許是某種所有制、某種秩序，乃至某種意識形態。然而，在為這個體制命名之際，產生了引人注目的現象。布爾喬亞作為經濟事實，可以毫無困難地被**命名**：資本主義得以公開主張*；布爾喬亞作為政治事實，卻難以獲得認可：議會裡並沒有所謂「布爾喬亞黨」；布爾喬亞作為意識形態事實，卻消失得一乾二淨：在從現實到現實的表象、從經濟人（homme économique）到心理人（homme mental）的過程中，布爾喬亞抹除了自己的名字。它與事實達成協議，但並不與價值和解，它讓自己的身分經受一種真正的**除名作用**（ex-nomination）；布爾喬亞被界定為一個**不想被命名的社會階級**。「布爾喬亞」、「小布爾喬亞」、「資本主義」†、「無產階級」‡都是汩汩湧冒的「出血點」：意義從這些詞語中源源流出，直到名稱變得可有可無。

這種「除名化」的現象至關重要，必須更深入地檢視一番。在政治層面，布爾喬亞這個名詞的失血現象起因是**國家**（nation）的概念。這在當時曾經是一個進步的觀念，可以用來排除貴族階級；今日，布爾喬亞已經稀釋、化入國家當中，哪怕必須拋棄被布爾喬亞認定為異族分子的人（共產主義者）。這種被操縱過的整合思想，讓布爾喬亞獲得「一時的盟友」在數量上的保障，這些盟友屬於所有的「中間」階級，因此並無定形（informe）。長期使用**國家**一詞，已無法自根本上除去該詞的政治色彩；政治的基質就在那兒，近在眼前，某種形勢可以立即使之展露無疑：在議會裡有各種「國家黨」，而名詞的綜合運用，使其打算隱藏的事物欲蓋彌彰，那就是「本質上的差異」。我們看到布爾喬亞的政治語彙已經假設了普遍性的存在：在布爾喬亞身上，政治已是一種表現、一個意識形態的片段。

無論政治上布爾喬亞在語彙方面付出了多少普遍性的努力，它最終都一頭撞上奮力抵抗的核心力量，也就是定義上所謂的革命黨派。不過這個政黨僅能構成政治上的豐富多元：在布爾喬亞的社會中，並沒有無產階級的文化，也沒有無產階級的道德觀，更沒有無產階級的藝術。在意識形態層面，一切不屬於布爾喬亞的事物都被迫**借用**布爾喬亞的觀念。因此，布爾喬亞的意識形態四處充斥，可以安然地失去它的名字：在此，沒有人會把名稱送還給它。它也可以毫無阻力地將布爾喬亞的戲劇、藝術及人性，歸入永恆的相似物之列（永恆的戲劇、藝術及人性）。一言以蔽之，即便世上最後只剩下一種同樣的人性，這個意識型態依然

---

* 《巴黎競賽畫報》告訴我們：「資本主義被迫讓勞動者富裕起來。」

† 「資本主義」這個詞在經濟上並非禁忌之語，而是意識型態上的禁忌：它不可能進入布爾喬亞表象的字彙中。只有在法魯克國王（Farouk）統治下的埃及，法庭才會以「反資本主義陰謀」為名起訴犯人。

‡ 布爾喬亞從未使用「無產階級」這個字眼，因為這被視為左翼神話——除非它有興趣去想像共產黨如何使無產階級誤入歧途。

可以毫不節制地進行「除名」：布爾喬亞之名所產生的「叛離」作用（défection）在此展現得相當澈底。

確實發生過對布爾喬亞意識形態的反抗，也就是我們一般所稱的先鋒派（l'avant-garde）。但這些反抗在社會層面效果有限，仍屬可以彌補的範疇。首先，它們本來就出自布爾喬亞本身的一部分，出自少數的一群藝術家與知識分子，除了他們所反抗的階級之外沒有別的觀眾，為了一展長才還得仰賴這個階級的資助。其次，這些反抗總是從道德布爾喬亞及政治布爾喬亞的明顯區別中吸收靈感：先鋒派所反對的，是藝術與道德層面的布爾喬亞，如同在浪漫主義巔峰時期所反對的市儈（l'épicier）與庸俗（le philistin）；但在政治方面的反對，從來不曾發生*。先鋒派無法容忍的是布爾喬亞的語言，而非其身分。這並不一定表示先鋒派贊同布爾喬亞的身分，而是將這個身分暫時擱置一邊：無論激起了何等暴烈的力道，先鋒派最終都擔任「被遺棄者」的角色，而非「異化者」的角色；被遺棄之人依然是永恆之人†。

當我們從狹義的布爾喬亞文化過渡到其延伸、普及、使用過的形式，過渡到所謂的大眾哲學時（這種哲學維繫了日常道德、國民禮節以及世俗儀式，總之就是布爾喬亞社會的人際關係不成文的規範），布爾喬亞的這種匿名性（anonymat）就更加沉重了。想將統治階級的主導文化簡化為創造力的核心，這真是一種錯覺：還有一種純粹訴諸消費的布爾喬亞文化。整個法國都沉浸在這個匿名的意識形態中：我們的報刊媒體、電影、戲劇、大眾文學、禮節、司法、外交、交談、天氣、罪案評判、打動人心的婚禮、令人渴望的菜色、身上穿的服裝，我們日常生活中的一切，都倚賴表象，這些是布爾喬亞自身擁有、也為我們所打造的人與世界的關係。這些「標準化」的形式不太會引人注目，越是向外延伸擴展，效果就越差；但它們的源頭卻輕易就消失了：它們滿足於中間的位置，既不直接牽涉政治，也不直接牽涉意識形態，安穩平和地處在戰鬥分子的行動與知識分子的論爭之間；這些形式或多或少被雙方拋棄，重新回到未經分化、個性模糊，總之是自然原始的廣大群眾當中。然而，布爾喬亞正是透過其倫理道德滲透了法國。布爾喬亞的各式規範在全國落實，人人視之為自然秩序顯

* 布爾喬亞在倫理（或美學）方面的反對者對政治上的決定冷漠無視、甚至依附之，這值得注意。相反地，布爾喬亞在政治上的反對者忽略了對其表象的深刻譴責：他們甚至還會分享、散播這些表象。這種攻訐上的斷然分野對布爾喬亞是有利的，可以讓它把自己的名字弄得模糊難辨。因此，我們只該透過（政治）決定與（美學）表象的綜合來理解布爾喬亞。

† 也許會有被遺棄者「無跡可尋」的形象（例如劇作家尤涅斯科〔Eugène Ionesco〕）。這也絲毫不會剝奪本質的安全性。

著的法則：布爾喬亞階級越大力推廣其表象形式，這些表象就越趨自然化。布爾喬亞的事實消失在一處模糊的世界中，這個世界獨一無二的居民是永恆之人，既非無產階級，也非布爾喬亞。

因此，滲透到中間階級之內，必定能讓布爾喬亞意識形態失去自己的名稱。小布爾喬亞的規範是布爾喬亞文化的殘留，是降格的、貧瘠的、商品化的、帶有一點古拙味的、或可說過時的布爾喬亞真相。布爾喬亞與小布爾喬亞之間的政治聯盟已維持超過一世紀，確立了法國的歷史：這種聯盟極少被打破，即便曾經打破也都為時甚短（一八四八、一八七一、一九三六）[1]。隨著時間流逝，該聯盟關係更趨緊密，逐步形成相依為命的共生關係（symbiose）；一時的覺醒可能出現，但共同的意識形態從未被質疑。同樣的「自然」色彩覆蓋了一切的「國家」表象：源自階級儀式的布爾喬亞式盛大婚禮（財富的炫示與消耗）與小布爾喬亞的經濟地位不會有任何關聯，但透過報章雜誌、新聞時事、文學作品的作用，它逐漸成為規範本身，雖然並非真實存在，卻也至少是小布爾喬亞夫妻的夢想。布爾喬亞不斷將所有的人性吸納到自身的意識形態中，這種人性並沒有內在的身分，只能處在想像之中，也就是處在意識的固著與貧瘠之中*。布爾喬亞將自身的表象，分散於適合小布爾喬亞使用的一套集體形象目錄中，藉以接受社會階級未分化的幻象：一名月入兩萬五千法郎的打字員在布爾喬亞的盛大婚禮中**為自己找到了定位**；從這一刻開始，布爾喬亞的除名作用就達到了最圓滿的效益。

因此，布爾喬亞這個名稱的叛離就不是一個虛幻、偶然、附帶、自然或無足輕重的現象：它是布爾喬亞的意識形態本身，布爾喬亞透過這項舉動，將世界的現實轉變為世界的形象，將歷史轉變為自然。而這個形象有引人注目之處，它是一個顛倒過來的形象†。布爾喬亞的身分是特殊且蘊含歷史性的：它所代表的人是普世的、永恆的；布爾喬亞階級將權力恰到好處地建立在技術與科學的進步之上，也建立在自然無窮無盡的轉變中。布爾喬亞意識形態重建了永世不易的自然：最初的布爾喬亞哲學家洞穿了意指作用的世界，讓一切事物服從於合理性，並宣稱這些事物是為人類設計的。布爾喬亞的意識形態是唯科學主義的

1　這些年代應是指涉一八四八年的法國二月革命、一八七一年的巴黎公社，以及一九三六年法國左翼政黨「人民陣線」（Front populaire）贏得立法選舉。

*　想激發集體的想像從來不是一件人力可及之舉，不只因為夢想將命運的本質賦予生命，還因為夢想極其貧乏，也是一種缺乏欲望的證明。

†　「如果在所有的意識型態中，人及他自身的處境就像在暗箱中所呈現的倒立影像，那麼這種現象也是從人之生命的歷史過程中誕生……」（馬克思，《德意志意識型態》，卷一，頁一五七）

（scientiste）或憑直覺行事的，它察覺事實或看出價值，但拒絕解釋：世間的秩序是自足自滿或不可言喻的，卻從來都不會具有意義。最後，一個仍有進步空間、變幻不定的世界的最初概念，產生了永恆人性的顛倒形象，無限重來的同一性界定了這個形象。總之，在當代的布爾喬亞社會中，從現實到意識形態的過渡，可以界定為從**反自然**（anti-physis）到**偽自然**（pseudo-physis）的過渡。

8 神話是一種去政治化的言談

我們在此重拾了神話。符號學告訴了我們，神話的任務是將歷史意圖建立在自然之上，將偶然性建立在永恆之上。而這個手段，也正好是布爾喬亞意識型態的手段。假設我們的社會客觀上是神話意指作用的優勢地帶，那是因為神話在形式上是最適合推翻意識型態的工具（這種推翻界定了我們的社會）：在人類溝通交流的所有層面，神話操控了從**反自然**到**偽自然**的顛倒過程。

世界提供給神話的是歷史的真實，由人類製造或使用它的方式來界定，這個情況由來已久，需要回溯過往；而神話所重建的，則是這種真實的**自然**形象。正如同布爾喬亞的意識型態是由布爾喬亞名稱的叛離所定義，神話的構成也是來自事物的歷史特質之消失：在神話身上，事物喪失了記憶，忘了自己是如何被記憶所造就。世界作為各種活動與人類行為的辯證關係，進入了語言：世界作為本質的和諧圖像，從神話中誕生。戲法變幻，翻轉了真實，也掏空了歷史的真實，再用自然去填補，抽走了事物中的人性意義，讓這些事物表達出「人類的無意義的意義」。神話的功能就是排除真實：嚴格來說，它是一種源源不絕的排出現象、一種流失狀態，或者說「蒸發」現象，總之是一種可以感受到的缺失。

現在終於可能完成布爾喬亞社會神話的符號學定義了：**神話是一種去政治化的言談**。當然，必須理解**政治**這個字的根本涵義，就如同從現實、社會的結構，從世界的製造能力來理解人類關係的整體；尤其必須賦予前綴詞 *dé* 一個積極的價值：它在此表現了操作上的行動，不斷使叛離現實化。在黑人士兵的例子中，被排除的並非法蘭西的帝國性（正好相反，圖片所要呈現的就是法蘭西帝國性）；它呈現了殖民主義偶然的、歷史的，總之是**塑造出來**的特質。神話不會否認事物，它的功能反而就是談論事物。簡單來說，神話淨化了事物，讓事物天真無邪，使事物以自然與永恆為基礎，讓事物清晰明確，不是一種需要解釋的明確，而是觀察的明確。如果我觀察法蘭西的帝國性，卻不解釋它，我幾乎很容易就發現這是一個自然而然、**不證自明**的事實：如此我就放心了。從歷史過渡到自然，神話使用一種省力的方法：它消除了人類行為的複雜性，為這些行為賦予本質的單純；它也廢除了一切的辯證法、一切對立即可見物之外的回溯；它還規劃了一個因為缺乏深度所以沒有矛盾的世界，一個攤開拉平、坦誠相見的世界；它建立了一種令人愉悅的明確性。事物看起來能夠自己把意義表達出來*。

可是等等，神話真的永遠都會是去政治化的言談嗎？換句話說，現實永遠都帶有政治色彩嗎？為了讓事實變成神話的事實，自然地談論事實就足夠了嗎？我們可以借用馬克思來回答這些問題，即便是最自然的事物都包含了政治的痕跡——儘管這些痕跡可能既微弱又分散——，也包含了人類行為或多或少值得紀念的存在，這個存在是透過人類行為所製造、配置、使用、遵循與拋棄而形成的†。「語言—對象」會談論**特定的**事物，它可以很輕易地將那道痕跡表現出來；元語言會談論**一些**事物，但無法輕易做到一樣的事。然而，神話總是含有元語言的成分：它所造成的去政治化效果經常涉入早已自然化的基礎，而一般的元語言也已經使之去政治化了，這種元語言建立的目的是**歌頌**事物，而非讓事物**產生效益**。理所當然，神話為了扭曲其對象所需的力量，在一棵樹的例子中比在一位蘇丹人的例子中還來得弱小：在蘇丹人的例子中，政治的責任近在咫尺，需要大量的人為自然，才能令其消散；而在

---

* 我們可以把神話式人性的清晰原則，添加到佛洛伊德式的人的快樂原則上。神話的一切曖昧性皆在此：其清晰明瞭令人開心。

† 請見馬克思與櫻桃樹的例子（《德意志意識型態》，卷一，頁一六一）。

樹的例子中，政治的責任則遙不可及，被元語言百年間累積的厚實所淨化。因此，存在著強大的神話與微弱的神話。在強大的神話中，政治的定量（quantum）是直接立即的，去政治化則是突如其來的；在微弱的神話中，物品的政治特色**消逝**了，像顏色一樣消散了，即便是一個微不足道的事物也能讓它突然打起精神：有什麼比海洋更加**自然**？有什麼比《失落的大陸》片中導演所歌詠的那片海洋更加「政治化」＊？

其實，元語言為神話形成了一處保護地帶。人與神話間的關係並非出自真理，而是出自使用：人們根據自身需求除去政治色彩。有些神話之物在一段時間裡進入沉眠狀態，如此一來，它們只是含糊的神話模式，其政治的承載看來似乎不偏不倚。但這獨獨只是處境的適切時機而已，並非結構上的差異。我們提過的拉丁文法的例子就屬於這一類。在此必須注意一下神話言談對長期以來已扭曲變形的材料所產生的作用：伊索的句子屬於文學，但其實這個句子早在一開始就被虛構所神話化了（所以是天真單純的）。但我們只需迅速將語言鏈的初始項目重新置放到其「語言—對象」的本質中，便能測定由神話所操控的現實被驅散的狀況：假設動物也被轉變為文法範例與表語屬性，不妨想像一下這種動物的**真實**社會感！為了評斷某個對象的政治承載以及與之相符的神話空洞，絕對不能從意指作用的觀點來研判，而必須從符徵（也就是隱藏之物）的角度來觀察，然後在符徵之中以「語言—對象」（也就是意義）的角度來考量：假設我們去問一頭**真實的**獅子，牠肯定會斷言文法範例是一種**高度**去政治化的狀態，然後追討牠完全政治化的身分，並希望法院的判例得以讓牠享有獵物，因為牠是萬獸之王，除非我們交手的是一頭布爾喬亞雄獅：牠必然不會忘了要將自身的力量神話化，並賦予這股力量一個「盡義務」的形式。

此處，我們清楚地看到，神話在政治上的無意義來自於它所面對的處境。神話是一種價值，這點我們都心知肚明：為了更仔細地調整神話力量可及的範圍，只需改變它的周邊條件以及它所在的一般（或暫時的）系統就夠了。此時，神話的範疇就被縮限為法國公立中學二年級的一班學生。但我想一個孩子**沉迷**於獅子、小牛、母牛的故事，透過想像的生命力還原了這些動物本身的現實性，不太可能像我們大人那樣老神在在，眼睜睜看著（真實的）獅子消失無蹤，被轉變為表語。如果我們認為這個神話在政治上微不足道，其實純粹是因為它並非為我們專門打造，如此而已。

---

* 同前註，頁一七八。

9 左翼神話

若說神話是一種「去─政治化」的言談，那麼至少有一種與神話相對立的言談，那就是依然**保持**政治性的言談。這裡我們必須先回到「語言─對象」與「元語言」之間的區分。如果我是一名伐木工，最終必須為我所砍的樹命名，無論我的句子形式為何，我都只是**說出了**（眼前這棵）樹木這個字，而不是在**談論**關於樹木的種種。這就意味我的語言是操作性的，以「及物」的方式直接與指涉的對象相連：在樹木與我之間，只有我的工作，也就是我的行為，這便是政治語言。它只有在我要改變它的時候，才對我展現出本質原貌，我透過這個語言對對象**產生作用**：樹木對我來說不是形象，它只是我行為的意義而已。但我若不是伐木工，就再也無法說出眼前的這棵樹，我只能**談論**樹木及相關的概念；我的語言不再是直接對樹產生作用的工具，而是對樹木的歌頌成了我語言的工具，我與樹之間只餘「不及物」的關係；樹不再具有人類行為的那種真實意義，它成了**隨人擺布的形象**（image-à-disposition）：相對於伐木工的真實語言，我創造了一種第二層語言、一種元語言，我透過這種語言對事物的名稱產生作用（而非作用於事物本身），而第二層語言之於第一層語言，就如同姿勢之於行為。這種第二層語言尚未完全具備神話的屬性，但它卻是神話安身之地；因為神話只能對已接受第一層語言中介化（médiation）的對象造成影響。

因此，有一種語言不具備神話性，那就是生產者的語言：人在各處說話是為了改變現實，不再是為了保存現實的形象；人處處將自身語言與事物的製造連結起來，在此情況下，元語言被退回給「語言—對象」，神話便不可能產生了。這就是為何專屬於革命的語言不可能是神話語言的原因。革命被定義成一種滌化（cathartique）的行動，旨在揭露世界的政治責任：革命**造就**了世界，一切的革命語言都在功能上專注於這項行動。因為革命創造了**充實的**言談，也就是從頭到尾都是政治言談，這與神話不同，神話言談一開始是政治的，最終卻變成自然的。因此，革命排除了神話。布爾喬亞的除名作用同時定義了布爾喬亞的意識形態與神話，同樣地，革命的命名法也辨認出革命以及神話的剝奪：布爾喬亞掩飾自己的布爾喬亞身分，藉此製造神話；革命標榜自己的革命精神，藉此廢棄神話。

有人問我是否存在著「左翼」的神話？當然有，但是要在左翼並非革命的情況下。革命自行轉變為「左翼」，也就是願意偽裝自己，隱藏自己的名稱，製造單純的元語言，讓自己變形為「自然」。正是在此刻，左翼神話翩然而生。革命的這種除名作用是否為一種策略，此處暫不討論。無論如何，它遲早會被視為革命的反面手段，革命史在定義其「異端」（déviationnisme）的時候，總是多少與神話有關。譬如，若有那麼一天，社會主義自行定義了史達林的神話。史達林作為言談的對象，許多年來以純粹的狀態展現了神話言談的構成特色：意義，是歷史上真實的史達林；符徵，是祈禱儀式中的史達林，是圍繞其名的自然修飾語**必然的**特徵；符旨，則是正統、紀律、統一的意圖，被共產黨**特別用於**既定的場合；最後是意指作用，是一個被神聖化的史達林，各種歷史的限定發現了自身原本就根植於自然，因天才之名而變得崇高（天才，也就是非理性及不可言喻）：此處，去政治化的作用相當明顯，它充分暴露了神話的存在*。

是的，確實存在著左翼的神話，但它與布爾喬亞神話的屬性完全不同。**左翼神話並不是訴諸本質的**。首先，它所掌握的對象罕見稀少，只不過是幾個政治方面的概念，除非它自行

* 值得注意的是，赫魯雪夫主義（khrouchtchevisme）並不把自身視為政治上的變動，而是在根本上僅視之為**語言的變換**。但這項變換並不澈底，因為赫魯雪夫貶抑史達林，卻未對此多作解釋：他並未將史達林重新政治化。

藉助於布爾喬亞神話的整個庫藏。左翼神話從未抵達人類各式關係的廣大地帶，也就是「無足輕重的」意識型態的廣闊表層。左翼神話無法打入日常生活：在布爾喬亞社會中，並不存在與婚姻、烹飪、家庭、戲劇、正義、道德等相關的「左翼」神話。其次，它也是一個偶然出現的神話，其用法並非策略的**一部分**（如同布爾喬亞神話那樣），只是一種戰術，或者更糟糕，只是一種偏離；左翼神話如果製造出來，也會是一種符合方便的神話，而非必要的神話。

最後、而且最重要的一點就是，左翼神話非常貧乏空洞，是本質上的那種貧乏。它不懂得如何繁衍增生；它應訂製需求而生產，只有短暫的狹隘視野，創造力極差。它缺乏一種主要能力，就是天馬行空的虛構能力。無論它做什麼，總是可以在它身上嗅出生硬、不加掩飾的味道，一種服從集體秩序精神的殘留，說得更明白一點就是：它真是乾枯乏味。有什麼比史達林的神話更枯燥貧弱的嗎？此處，沒有半點創造性，只有笨拙的占為己有：神話的符徵（我們已了解布爾喬亞神話中該形式無窮的豐富性）一成不變，被簡化為一連串老調重彈（litanie）。

請容我冒昧地說，這股缺陷來自「左派」的本質：不論「左」這個詞多麼不明確，左翼總是界定自己與被壓迫者、無產階級或被殖民者關係密切*。然而，被壓迫者的言談只能是枯燥、單調、直接的：其貧乏正好是衡量其語言的標準。他只有一種語言，而且總是同一種語言，就是關於他行為的語言；元語言是一種奢侈，他還沾不上邊。被壓迫者的言談是真實的，與伐木工的言談一樣，是一種及物的言談：它幾乎無力說謊。謊言是一種豐富的資源，它意味著資產、真理與可供替換的形式。這種本質上的貧乏，製造了稀少而枯燥的神話，有的轉瞬即逝，有的冒失不得體；它們在自己身上展現它們的神話本質，親自指出它們的面具所在。這副面具幾乎不是偽自然的面具：因為這種自然依舊是一份資源，被壓迫者只能借來一用；他無力掏空事物的真實意義，無法賦予這些事物一個奢華的空洞形式（這個形式展現了假冒自然的天真單純）。我們可以說，在某種程度上，左翼神話永遠都是一個人為的神話，一個重建過的神話：它的笨拙愚蠢概源於此。

＊　今日，正是被殖民者完全接受了倫理與政治的處境（馬克思將這種處境描寫為無產階級的處境）。

10 右翼神話

就統計來看，神話是屬於右翼的。在右翼中，神話成為根本要素：營養充足、光彩奪目、伸展自如、喋喋不休，它不斷發明創造。它掌握一切：司法、道德、美學、外交、家政、文學、戲劇表演。其向外擴展具有布爾喬亞除名作用的衡量標準。布爾喬亞想要在保留本質的同時去除表象：這便是布爾喬亞外在表象的否定性，跟所有的否定性一樣無窮無盡，也會永無止盡地煽動神話。被壓迫者一無是處，他只掌握了一種言談，就是能夠使他解放的言談；壓迫者就是一切，他的言談豐富多元、千形萬狀、靈活彈性，支配著「尊嚴」所有可能的程度：他擁有元語言的獨家使用權。被壓迫者**改造**世界，他只有一種活躍、及物的（政治）語言；壓迫者維持世界原貌，他的言談是完整的、不及物的、姿態性的、戲劇性的：這就是**神話**。被壓迫方的語言意在改造現狀，壓迫方的語言則意在永恆不變。

秩序神話的這種完滿性（布爾喬亞以「秩序」來為自己命名）是否包含了內在的差異？譬如，是否有一種布爾喬亞神話與一種小布爾喬亞神話呢？其實並不會有什麼根本上的差異，因為無論消費這種神話的群眾是誰，神話都假定了「自然固定不變」的前提。但其完成的程度與延伸的程度會有不同差別：某些神話在某些社會地區更能順利地成熟。對神話來說也是一樣，它也有自己的「微型氣候區」（microclimat）。

例如，兒童詩人的神話是一個關於**早熟**的布爾喬亞神話：它幾乎不是出自創造力的文化（譬如考克多），而且才剛剛觸及消費文化（《快報》）。一部分布爾喬亞仍然可能覺得這個神話創造性太旺盛，但神話性太少，以致無法認可我們接受這個神話的權利（有整整一部分的布爾喬亞批評，只針對正式的神話素材）：這個神話還沒有磨合得很好，尚未包含足夠的**自然性**。為了使兒童詩人成為宇宙起源論的組成要素，必須捨棄神童的概念（莫札特、韓波之類），接受新的規範，例如教育心理學、佛洛伊德主義等規範：這是一個依然青澀的神話。

每個神話都可以如此具備自身的歷史與地理：每個神話其實都是另一個神話的符號；神話因為擴張而告成熟。我無法對神話的社會地理學進行任何真正的研究。但很有可能勾勒出語言學家所稱的神話「等語線」（isoglosse）[1]，這是用來定義所說語言的社會地區的界線。

由於這個地區會四處移動，因此最好先談論神話的「安插曲線圖」（onde d'implantation）。如此一來，小貓圖薇的神話至少經歷三股擴散的漣漪：(1)《快報》(2)《巴黎競賽畫報》、《Elle》(3)《法國晚報》。某些神話搖擺不定：它們會出現在各大報刊、郊區領年金者的家中、理髮廳或地鐵上嗎？只要我們對媒體的社會學分析做得不夠，神話的社會地理學便難以建立*。但我們可以說其地位已經存在。

雖然缺乏建立布爾喬亞神話辯證形式的能力，我們總還可以稍微勾勒它修辭形式的輪廓。在此必須理解修辭術是固定、有規律、要求嚴謹的一整套辭格（figure），神話符徵的各種形式在其中排列組合。這些辭格清晰明顯，因此它們不會打亂符徵的可塑性；但它們已經充分地概念化了，便可適應世界的歷史表象（正如古典修辭術可以闡釋亞里斯多德式的表

1　也稱作「同言線」，是指某個特定語言學特徵的分布地理界線。譬如，某個元音的發音、某個詞彙的意義或某種句法。方言界線的劃分一般就是許多條大致重疊的等語線。

*　報紙發行量的數據並不充足，其他資訊也是偶然得到的。《巴黎競賽畫報》（意味深長地在廣告的下端）提供了一份讀者於生活層面的構成狀況（《費加洛報》，一九五五年七月十二日）：在市區，每一百名讀者中，五十三名擁有一輛汽車、四十九名擁有一間浴室……等。但法國人的平均生活水平卻是如此：百分之二十二擁有汽車、百分之十三擁有浴室。《巴黎競賽畫報》的讀者購買力極高，可以透過這份出版品的神話學修辭預先推知。

象）。布爾喬亞神話憑藉其修辭術勾畫出這種偽自然的整體景觀——這種偽自然界定了當代布爾喬亞世界的夢想。下列是其主要的修辭手段。

（一）**疫苗接種**（Vaccine）：關於這種常見的修辭手段，我已舉過不少例子。這種手段旨在承認階級制度的偶發惡行，以便更有效地掩飾主要之惡。拿眾所皆知的惡行小小打一針，因而對集體想像有了免疫力，如此一來便抵禦了全盤顛覆的風險。這種**開明**的處理方式在一百年前還不可能出現；那個時候善良的布爾喬亞態度強硬，不肯妥協，後來它變得靈活許多，在承認局部顛覆的事情上，不再猶豫：例如先鋒派、兒童的不理性等。如今它生活在一個補償式的經濟體系中：就像在所有結構健全的股份有限公司裡，小股份在法律上（而非實際上）補償大股份。

（二）**剝奪歷史**（Privation d’Histoire）：神話剝奪了它所談論對象的一切歷史成分*。在它身上，歷史不復存在；這有如某種理想的僕人：他打點、準備好一切，把東西帶來，布置好、分配好，主人駕到後，他就默默地退場。人們只要盡情欣賞這件美麗的物品，不用問其來歷。或者更好的回答是：它只來自永恆。它自始至終都是為了布爾喬亞階級而打造；自始至終，西班牙的《藍色指南》都是為了遊客而設計；自始至終，那些「原始人」為了讓遊客體驗異國情調的歡樂感，為他們排練了舞蹈。我們看到這種令人愉悅的修辭手法使擾人至深的事物——決定論與自由——同時消失無蹤：什麼都沒有製造，什麼都沒有選擇，只需擁有這些新對象，關於所有來源與選擇的髒污痕跡就會消失。歷史這種奇蹟式的煙消雲散，是大多數布爾喬亞神話共通概念的另一種形式：也就是「人無須負責」的概念。

（三）**同一化（Identification）：**小布爾喬亞是無法想像他者的人†。當他者出現在小布爾喬亞面前，他會視而不見，忽略、否定他者，甚至直接讓他者變身成自己。在小布爾喬亞的世界中，所有的衝突現象都是反射的現象，所有的他者都被簡化為同一人。戲劇表演、法庭審判，這些場合都必須冒著暴露於他人面前的風險，

---

* 馬克思說：「〔…〕我們必須關注這段歷史，因為意識型態不是簡化成關於這段歷史的錯誤概念，就是簡化成這段歷史的全然抽象的概念。」（《德意志意識型態》，卷一，頁一五三）

† 馬克思說：「〔…〕代表小布爾喬亞階級的，是他們的精神與意識並未超越這個階級為其活動所劃出的界線。」（《路易．波拿巴的霧月十八日》）高爾基（Maxime Gorki）則認為：「小布爾喬亞喜愛自己，更勝於喜愛他人。」

這時卻成了一面明鏡。因為他者令人難以容忍，侵害了我們的本質。老多米尼奇與杜皮耶先生必須事先還原為重罪庭長與主審法官的擬像（simulacre）狀態，否則無法獲得社會身分：這是想要全然公正地判決所必須付出的代價，因為司法判決是一種權衡的操作，天平兩端必須重量相當才能秤重。在小布爾喬亞的意識中，存在著諸如流氓、弒親者及雞姦者等擬像，司法機關每過一陣子就會從腦中抽出這些角色，將他們放在被告席上，責罵他們並為其定罪。人們一向只會審判**誤入歧途**的同類之人：這是人生道路的選擇問題，而非本性問題，因為**人就是如此被塑造**。有時候——極其少見——他者會展現出不可化約的樣貌，不是因為突然認真起來，而是因為**常理**妨礙了他：某人膚色不是白色，而是黑色；另一人喝的是梨子汁，而非「保樂」（Pernod）茴香酒。如何才能同化黑人與俄國人呢？這裡有一個可應急的修辭法，那就是「異國風」。他者成為純粹的對象，成為表演，成為偶戲木偶：他被降格至人類的邊界，不再侵害居家安全。這尤其是一種小布爾喬亞的修辭法。因為布爾喬亞即便無法體驗他者的生活，也至少可以想像他者的處境：這就是我們所稱的自由主義，對於已認可的處境一種非常省力的理解方式。小布爾喬亞並非自由主義者（小布爾喬亞催生了法西斯主義，而布爾喬亞只是利用了法西斯主義）：小布爾喬亞遵循了布爾喬亞的路線，但大幅落後。

（四）**套套邏輯**（**Tautologie**）：對啦，我知道這個字不怎麼討人喜歡，但事情本身也非常醜陋啊。套套邏輯就是這種語言的手段，旨在用同樣的詞來界定同一件事（「**戲劇就是戲劇**」）。我們可以在套套邏輯身上看出沙特於《情感理論概要》（*Esquisse d'une théorie des émotions*）中所關注的那種魔法行為：當我們陷入恐懼、憤怒與悲傷時，一時不知如何解釋，就會躲到套套邏輯後方尋求保護；語言的偶然無能與我們針對對象的自然反抗融為一體。套套邏輯中存在著一種雙重謀殺：因為理智抗拒你，你就把它殺了；因為語言背叛你，你也把它殺了。套套邏輯是一種適時的消失，一種有益身心的失語症，是一種死亡，或說一齣喜劇，是現實**權利**對抗語言的憤怒「表象」。套套邏輯有一股神奇魔力，當然只能躲到權威論據後頭：孩子打破砂鍋問到底，苦苦糾纏，要求父母給出解釋，他們避無可避，只好回答：「它之所以會這樣，是因為它就是這樣」，這樣說也許更好：「因為就是這樣，少廢話」。這是令人不齒的魔法，它讓語言行為含有理性，但卻立刻拋棄理性，自認為清償了因果關係，因為它大聲說出了起頭的字。套套邏輯證明了對語言極度的不信任：人們拋棄語言，因為它冒犯了眾人。然而，一切對語言的排斥都是一種死亡。套套邏輯建造了一個死去的世界，一個一成不變的世界。

（五）**非此非彼**（Ninisme）：我以「非此非彼」來稱呼這個神話修辭法。該手段之目的在於同時表達出相反的兩方，藉其中的一項來平衡另一項，但最終是為了將兩邊全數否決（我**既不要**這個，**也不要**那個）。這其實比較屬於布爾喬亞神話的修辭法，因為它屬於自由主義的現代形式。我們在此又遇上了平衡的修辭法：現實首先被簡化成類比；再來，我們幫它秤一秤重量；最後，確認兩邊達到平衡了，便直接擺脫它。此處也有一樁魔法行為：我們原封不動辭退難以抉擇之事；人們從不堪忍受的現實中抽身，將其簡化為相反的兩方，它們只有在作為形式的時候才會相互平衡，減輕了它們特定的重量。非此非彼修辭法可以有兩種退化的形式：例如，在占星術中，禍福相倚。他們總是從一個補償的觀點謹慎地預言。最終的平衡使價值、人生、命運等固定不動。不再需要選擇，只需承擔即可。

（六）**特質的量化**（Quantification de la qualité）：這個修辭法在所有先前出現過的修辭法四周徘徊不去。神話將一切的「質」簡化為「量」，節省了智力：它更廉價地理解了現實。關於這項機制，我已經舉出不少例子。布爾喬亞、尤其是小布爾喬亞的神話學毫不遲疑地應用在審美現象上，而這套神話學在另一方面顯示了非物質本質的跡象。布爾喬亞的戲劇就是這種矛盾的最佳案例：一方面，戲劇展現為本質，它無法化約為任何語言，它只對內心與直覺吐露事實，它透過這種特質吸納過於敏感的尊嚴（我們被禁止**科學地**談論戲劇，因為這是一種「損害本質」的罪過，或者不如說一切重視戲劇的理智方式，都會因唯科學主義與學究語言之名而威信掃地）；另一方面，布爾喬亞的戲劇藝術取決於效果的純粹量化：一整個「可計算的外觀」的循環，在門票價格、演員淚水與奢華布景之間，建立了數量上的平等。譬如我們所謂演員的「自然」首先是大量醒目的效果。

（七）

事實陳述（Constat）：神話傾向於用諺語（proverbe）表述。布爾喬亞的意識型態在此投注了它的根本利益：普世主義，拒絕解釋，持久不變的世界體系。但我們必須再次將「語言—對象」及元語言區分清楚。民間諺語及祖傳格言依然把世界當作可如工具般掌握的對象。在鄉間聽到的一項事實陳述，例如「天氣真好」，與好天氣的實用性保持了真實的關係，這是一個技術上的隱含陳述；此處的語詞，即便形式一般且抽象，卻為各種行為預先準備，納入了製造經濟當中：那名鄉下人並未針對好天氣**發表任何意見**，他只是對好天氣發生作用，將其帶入自己的工作中。我們所有的民間諺語都以這種方式再現了生動的言談，它一步步固化成一種自我反射的言談，但這種反射被縮短、簡化為事實陳述，某種程度上是一種膽怯畏縮、謹慎小心、極度仰賴經驗的事實陳述。民間諺語所預見的比它所斷定的還多，它依然是一個人性成形中的言談，而非已經存在的言談。布爾喬亞的格言（aphorisme）屬於元語言，是一種第二層的語言，對已經準備妥當的對象產生作用，其常見的形式就是箴言（maxime）。在此，事實陳述不再導向一個有待造就的世界；它必須涵蓋一個已經完成的世界，將這項產品的痕跡隱藏在永遠一目了然的外觀之下：這是一種「反—解釋」（contre-explication），也是套套邏輯高貴的同義詞，學識不足的父母用決斷口吻說：「因為這樣！」，不解釋，高懸在小孩頭頂上。布爾喬亞事實陳述的基礎，就是**常理**，以說話的人恣意下的命令決定什麼是真理。

我不按順序隨機列出這些修辭手段，但一定還有更多我沒列到的：有些已經用到不能再用，有些才正要創造出來。我們會發現，這些手段可以歸結成兩大類別，有如布爾喬亞天地的黃道十二宮：本質與均衡。布爾喬亞的意識型態不斷將歷史產物轉變成本質類型，就像烏賊噴出墨汁保護自己，這種意識型態不停地混淆世界永不歇止的製造過程，把世界固定為可以無限擁有的對象，分類盤點其握有之物，用防腐劑永久保存它，對現實注入幾許純潔的本質，停止其轉變，阻止它逃向其他形式的存在。這件擁有之物便得以固定與凝結，最終成為可供計算之物：布爾喬亞的道德本質上就是一個秤重的程序。各式本質置放於天平上，而布爾喬亞人士則是固定的秤桿。因為神話的最終目的就是讓世界靜止不動：神話必須模擬普世和諧並引發這類聯想，這份和諧一勞永逸地固定了持有之物的等級分層。如此一來，人類日日夜夜、四處遭逢神話擋路，藉神話指涉這個固定的原型，這個原型活躍在人的地盤之上，以巨大內部寄生的方式逼人窒息，把人的活動縮限在狹窄的界線內。人在其中受苦受難，卻不反抗世界：布爾喬亞的偽自然完全是一種禁止，禁止人自我創造。神話就只是這種持續不斷、不知疲倦的煽動，這種暗處潛伏卻又不可改變的要求，希望所有人在這副永恆卻過時的形象中認識自己，將一日的短暫神話當作代代相傳的永恆神話來打造。因為**自然**不過是一種**用途**，以永恆生命為理由將人類封閉其中。而這個用途無論多麼崇高，人類都必須握在掌中，並改造之。

11　神話學的必要性與局限

作為總結，我必須談一談神話學家本人。這個稱謂聽起來派頭很大，自信滿滿。如果有那麼一天真能碰上一位神話學家，我們可以預想他即便不在方法上、也會在情感上遭遇一些困難。當然，他毫不費力就能感到自己是有憑有據的：無論神話學的習慣作法是什麼，它肯定會參與世界的造就過程。布爾喬亞社會中的人，分分秒秒都沉浸在假造的**自然**中，神話學的方法便試圖從人際關係最為純樸的單純狀態中，重新發現深處的異化；而異化正是這種單純狀態所負責傳遞散播的。對此所進行的揭露行為，因而是一項政治行動：它建立在語言的負責任的概念上，假設了語言的自由彈性。在這個意義上，神話學就必然與世界保持**一致**，不是這世界原本的樣子，而是它想讓自己成為的樣子（布萊希特為此創造了一個效果極佳的曖昧之詞：*Einverständnis*[1]，既是對現實的理解，也是與現實達成的默契）。

神話學的這種統一一致，建立了神話學家的正當性，但他卻不太滿意：他最根本的身分依然遭到排斥。神話學家雖在政治上站穩腳步，卻還是跟政治離得很遠。他的言談是一種元語言，對一切事物都產生不了作用；他頂多就是揭露，只是，要揭露誰呢？他的任務總是曖昧不明，被自己的倫理出身所拖累。他只能以代理人的身分投入革命行動：這便造成了其角色功能的不自然特性，有點生硬，有點認真，行事不打草稿，看事情也過度簡單，凸顯了所有公開建立在政治之上的理智行為（「毫無掩飾」的文學更為「雅致」；它們占據元語言的地位）。

其次，神話學家與所有的神話消費者互不相容，但這不打緊。他依然被視為特定的大眾*。但是當神話觸及了整個集體，若想擺脫神話，就必須遠離那個共同體。所有稍嫌普遍的神話實際上都是曖昧不清的，因為它再現了那些自身一無所有、卻從神話處借取人性者。想破譯環法大賽或高級法國葡萄酒，就必須超脫那些藉此得到消遣與喝酒取暖的人。神話學家注定要活在理論式的社會性中；對他來說，社會化的最理想狀態就是真實：其最大的社會性存在於其最大的道德性當中。他與世界的連結屬於諷刺的範疇。

必須再更深入研究：在某種意義上，神話學家被排除於歷史之外。他原本想藉歷史的名義對歷史本身產生影響。對他來說，他對集體語言的破壞是絕對的，這塞滿了他的工作事項：他必須體驗這種破壞，不抱任何回頭的希望，也不能期望得到報償。當他批評的對象直接消失以後，他就被禁止去想像世界大概的樣子。烏托邦對他來說是不可能享受的奢華。他強烈懷疑「明日的真理就是昨日謊言的顛倒」這句話。歷史從不保證「相反的相反」即可獲勝：歷史在成形的過程中揭露了無法想像的結局、料想不到的歸納綜合。神話學家甚至無法處在摩西式（moïséen）的局面中：他看不到應許之地。在他眼裡，今日的消極負面完全遮蓋了明日的積極正面；他所從事工作的全部價值，對他來說，都是破壞行徑的表現：這一方完全覆蓋了那一方，雙方都沒有越界。未來的強大萌發**只不過**是對當下最深刻的啟示，對歷史的這種主觀掌握，聖茹斯特（Louis Antoine de Saint-Just）[2]以奇妙的一段話表達出來了：

1　德語字，意為「贊同、同意、批准、准許、默許」等。

*　神話學家不只與大眾分開，有時還與神話對象本身分開。例如，為了揭露兒童詩人的神話製造過程，我必須在某種程度上對小貓圖薇**失去信任感**。她被籠罩在巨大的神話之下，局促不安，我得忽略她身上稚嫩、坦率的可能特質。對一名孩子**抱持異議**，絕不是一件令人開心的事。

2　法國大革命雅各賓專政時期政治領袖（1767-1794）。他帶頭推動處決國王路易十六的運動，隨後負責起草激進的共和元年憲法（Constitution de l'an I）。

「構成共和國者，是對其相反者的完全破壞。」我覺得這句話不應該由一般的意義去理解：「在重建之前，應該先大掃除。」此處的系詞有著透澈的定義：對某些人來說，存在著一種「歷史的主觀之夜」，未來在此成為本質，成為對過去的根本破壞。

還有最後一種排斥作用威脅著神話學家：他不停冒著使他原本打算保護的現實消失的風險。超越了一切的言談，雪鐵龍DS19車款是一個在技術層面得到界定的對象：它可以駛出一定的速度，也用某種方式迎風馳騁，等等。神話學家無法談論這個現實。機械員、工程師及用戶甚至可以把對象**說出來**；神話學家則被迫使用元語言。這種排斥已經有了名字，就是人們所說的「意識形態主義」（idéologisme）。日丹諾夫主義（jdanovisme）強烈地責難早期盧卡奇（György Lukács）[3]、馬爾（Nicolas Marr）[4]語言學、貝尼舒（Paul Bénichou）[5]、戈德曼（Hans Goldmann）[6]等人作品中的意識型態主義（尚無法完全證實，所以目前**暫時**可以迴避罪名）。與之相對的，是意識型態不得其門而入的現實保留區，就像史達林的語言。的確，意識型態主義可以解決異化現實的矛盾，透過的是切除斬斷，而非綜合概括（但是，日丹諾夫主義甚至連這項矛盾都無法解決）：葡萄酒在客觀上風味十足，但同時，「葡萄酒的優質」也是一則神話，這就是疑難之處。神話學家會努力跳脫這項難點：他留意的是葡萄酒風味的優質，而非葡萄酒本身，好比歷史學家關注的是巴斯卡（Blaise Pascal）的意識型態，而非《沉思錄》（*Pensées*）本身*。

這彷彿是一個時代的困境。今日，到目前為止，依然只有一種可能的選擇，而這個選擇僅涉及兩種同樣極端的方法：一種是設定一個完全被歷史所滲透的現實，然後使之意識型態化。或是反過來，設定一個**最終**無法穿透、難以簡化的現實，藉此使之詩化。總之，我還沒看過意識型態與詩歌的合成之物（我以相當普遍的方式來理解詩，它追尋的是事物不可異化的意義）。

我們無法跳脫對現實的不穩定掌握，所以當然可藉這點來估測異化的程度：我們不斷在

3 匈牙利哲學家、文藝批評家（1885-1971）。傳統西方馬克思主義創始人，將物化和階級意識引入馬克思主義哲學及理論。

4 喬治亞歷史學家、語言學家（1865-1934）。他因提出了有關語言起源的「雅弗理論」（高加索地區的南高加索語系與中東地區的閃米特語族相關）而聞名，其概念被蘇聯用於小民族的語言拉丁化。

5 法國文學史專家（1908-2001）。曾任法國國家科學研究中心（CNRS）研究員，致力譯介西班牙語作品，也是波赫士的好友。

6 瑞士眼科醫師、發明家（1899-1991）。曾開發多種眼科儀器。

* 在本書所分析的神話學中，我有時也會略施詭計：不斷進行讓現實消散解離的工作，其實很痛苦，我讓現實變得過分稠密、厚實，並在其中發現了令人驚嘆的緊密結構，我自己樂在其中，也提出了一些關於神話對象的實體精神分析。

對象及其神話的揭破之間航行不定，沒有能力賦予總體性。因為，如果我們穿透對象，我們就解放了它，同時也破壞了它；如果我們讓對象保有原先的分量，我們就尊重了它，但會讓它恢復成更加神話化的狀態。看來我們會在一段特定時間內備受責難，因為我們總是**過度地**談論現實。這當然是因為意識型態主義及其相反面依然是神奇的行為，是由於社會階級斷裂所導致的駭人、盲目、沉迷的行為。不過，我們應該追尋的其實是下面這件事：現實與人、描寫與解釋、對象與知識之間的和解。

國家圖書館出版品預行編目資料

神話學／羅蘭．巴特（Roland Barthes）著；江灝譯. -- 初版. -- 臺北市：麥田, 城邦文化出版：家庭傳媒城邦分公司發行, 民108.09
面；　公分. --（麥田人文；173）
譯自：Mythologies
ISBN 978-986-344-686-6（平裝）
1. 神話　2. 語意學
280　　108011791

麥田人文 173

神話學（羅蘭．巴特經典代表作，華文世界首度全譯版）
Mythologies

作　　者／羅蘭．巴特（Roland Barthes）
譯　　者／江灝
審　　訂／許綺玲
校　　對／韋石
主　　編／林怡君

國 際 版 權／吳玲緯　楊靜
行　　銷／闕志勳　吳宇軒　余一霞
業　　務／李再星　李振東　陳美燕
總 編 輯／劉麗真
事業群總經理／謝至平
發 行 人／何飛鵬
出　　版／麥田出版
台北市南港區昆陽街16號4樓
電話：(886)2-2500-0888　傳真：(886)2-2500-1951
發　　行／英屬蓋曼群島商家庭傳媒股份有限公司城邦分公司
台北市南港區昆陽街16號8樓
客服服務專線：(886) 2-2500-7718、2500-7719
24小時傳真服務：(886) 2-2500-1990、2500-1991
服務時間：週一至週五09:30-12:00．13:30-17:00
郵撥帳號：19863813　戶名：書虫股份有限公司
讀者服務信箱E-mail：service@readingclub.com.tw
麥 田 網 址／https://www.facebook.com/RyeField.Cite/
香港發行所／城邦（香港）出版集團有限公司
香港九龍土瓜灣土瓜灣道86號順聯工業大廈6樓A室
電話：(852)2508-6231　傳真：(852)2578-9337
馬新發行所／城邦（馬新）出版集團Cite (M) Sdn Bhd.
41-3, Jalan Radin Anum, Bandar Baru Sri Petaling, 57000 Kuala Lumpur, Malaysia.
電話：(603)9056-3833　傳真：(603)9057-6622
讀者服務信箱：services@cite.my

封 面 設 計／莊謹銘
印　　刷／前進彩藝有限公司

■2019年9月　初版一刷
■2024年5月　初版十三刷
Printed in Taiwan.

定價：499元

ISBN 978-986-344-686-6